编委会名单

顾　问　陈春声　陈平原　林　岗
主　编　张培忠　肖玉华
副主编　孔令彬

编　委（以姓氏笔画排序）
江中孝　李　彬　李伟雄　吴亚南
余海鹰　张　超　林　茵　林洁伟
赵松元　段平山　黄景忠　曹亚明

韩山师范学院2017年省市共建中国语言文学
重点学科经费资助

广东省普通高校人文社科重点研究基地
岭东人文创新应用研究中心阶段性成果

张竞生集

第五卷

主　　编　张培忠　肖玉华
副　主　编　孔令彬
本卷主编　余海鹰

生活·讀書·新知 三联书店

Copyright © 2021 by SDX Joint Publishing Company.
All Rights Reserved.
本作品版权由生活·读书·新知三联书店所有。
未经许可，不得翻印。

图书在版编目（CIP）数据

张竞生集／张竞生著.—北京：生活·读书·新知三联书店，2021.1
ISBN 978 – 7 – 108 – 06928 – 3

Ⅰ.①张…　Ⅱ.①张…　Ⅲ.①社会科学－文集　Ⅳ.① C53

中国版本图书馆 CIP 数据核字（2020）第 145000 号

张竞生(左)与化工专家张占先 1951 年摄于广州南方大学

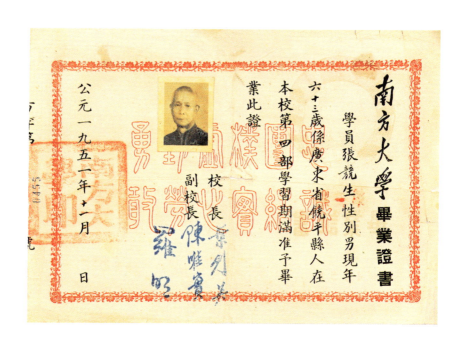

张竞生的南方大学毕业证书

20世纪50年代出版的《十年情场》《浮生漫谈》《爱的漩涡》封面

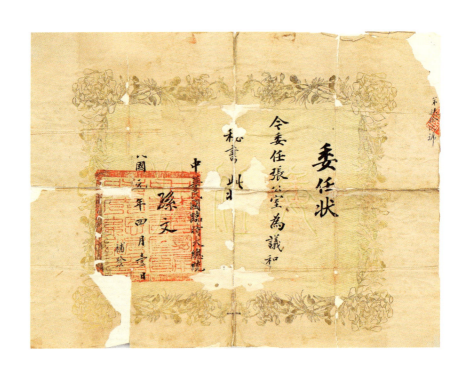

张竞生 1912 年任南北议和秘书的委任状

本卷说明

本卷所收主要是张竞生的回忆录。

本卷收入作者自传体散文三部：《十年情场》《浮生漫谈》和《爱的漩涡》。三部散文集都创作于20世纪50年代，《十年情场》先在新加坡《南洋商报》副刊连载，后由新加坡夜灯报社出版单行本；《浮生漫谈》曾在香港《文汇报》副刊《新晚报》连载，1956年5月由香港三育图书文具公司辑录成书出版；《爱的漩涡》曾在香港《知识》半月刊连载，1957年10月由香港《知识》半月刊出版单行本。其中，《十年情场》和《浮生漫谈》部分内容有雷同之处，《浮生漫谈》与《爱的漩涡》也有少量重复的地方。2008年，生活·读书·新知三联书店出版《浮生漫谈：张竞生随笔选》一书，收录了这三部散文。本卷以三联版为底本进行校注。

三部散文集是张竞生带有个人忏悔性质的回忆性文章，用今天更易于接受的概念来讲，应该属于"生命写作"。读者从中可以读到张竞生两度旅欧的求学经历和所谓的巴黎"猎艳"生活，以及由此形成的崇尚自然派的生活方式、浪漫主义的文学观、美的乌托邦主义。也可以读到作者回国前后各种事业的努力与挫折、生活的奔波与遭遇、名人往来的惺惺相惜，以及晚年回归故园致力于乡村建设的实干契合和怡然自得的乡土人生乐趣。细心的读者还可以发现，张竞生散文中的叙述者经常是一个敢于面对真实的自我、敢于暴露自我隐秘的一切、略带感伤而又始终保有理想主义的"浪漫的主体"形象，这个叙述者形象与晚清民初苏曼殊诗文中的抒情者，郁达夫小说、散文中的叙述者的气质遥相呼应，甚至我们在西方18世纪浪漫主义文学开创者卢梭的《忏悔录》中叙述者的形象中也可以发现其精神的渊源。

在20世纪50年代散文创作开始出现的大我掩盖小我、知识代替体验、虚假冒充真实的时代潮流中，张竞生的散文可以说是另类文本，他用亦真亦幻的笔触真实地表达了自己，以自我书写对抗整个时代压制个性表达的滔天洪流，他是"五四的遗民"，是"中国的卢梭"。

本卷还收入张竞生20世纪30—60年代写作的历史回忆文字九篇。《两度旅欧回想录（导言）》写于1932年，原文载《读书杂志》第2卷第6期，是目前为止发现的张竞生最早发表的回忆性文字，对了解张竞生第二次旅欧的经历、学习和翻译工作计划有一定的益处；张竞生后来致力于性学，这里可以找到最初的解释。

另外八篇文章写于20世纪五六十年代，是张竞生担任广东省文史馆馆员时期完成的历史回忆录，有一定的史料价值。这几篇文章有一部分在60年代发表于政协内部刊物，但全部文章直到80年代才由后人陆续整理并公开发表。一些重要的文字，如《南北议和见闻录》涉及手稿与不同版本的处理问题，在该文的篇目注释部分，编者做了详细的说明。《"北大"回忆》一文更是直到2012年才由于特殊的机缘得以公之于众，张培忠先生为此专门属文做了详细介绍。

张竞生一生特立独行，被视为20世纪最具争议的"文化奇人"，其散文创作有才、有料、有趣，其历史回忆录更是一位历史亲历者留存下来的第一手史料，历久弥珍。本卷编者做了简单的注释，只对文中涉及的篇目出处、地名、人名、诗文出处、历史典故、民风民俗、历史事件、必要的人事背景等做出简单的说明，尽量提供材料，不做定性，不涉及价值判断。为尊重作者本人的写作风格及行文习惯，同时也最大程度地保留那一时期的文体风貌，本书在编校时对字词、语句等尽量保持原貌，只对典型讹误进行了修改，特此说明。

目　录

十年情场 1

序　言 3
第一章　开始研究性学 4
第二章　我竟守身如玉 11
第三章　与褚女士言归于好 19
第四章　在巴黎惹草拈花 27
第五章　留学时代的浪漫史 35
第六章　欧洲大战时的奇遇 44
第七章　人有悲欢离合 53
第八章　三个月的情侣 60

浮生漫谈 67

一、小　叙 69
二、忆故园 70
三、怀念情人 76

四、美的春节　83

五、开书店和打官司　89

六、女店员和我　93

七、记孙中山先生　97

八、法国猎艳　99

九、和瑞士女郎的情爱　101

十、法国情人　103

十一、恨不敢娶欧妇　105

十二、玻璃宫中　107

十三、巴黎画家的生活　109

十四、法国的饮食　111

十五、花都美容术　113

十六、华工刻苦　115

十七、香醇的咖啡　117

十八、莱比锡的一夜　119

十九、乘长风破万里浪　121

二十、我学了些什么　123

二十一、美的生活法　125

二十二、青菜水果麦芽糖　127

二十三、谈饮料　129

二十四、美的服装　131

二十五、长寿法　133

二十六、我的童年 *136*

二十七、学校生活 *138*

二十八、黄埔陆军小学时代 *140*

二十九、盲婚、入震旦学校 *143*

三十、辜负潮州父老 *145*

三十一、未能实现的志愿 *147*

三十二、陈璧君约我救汪精卫 *149*

三十三、痛家庭之多故 *151*

三十四、说　鬼 *153*

三十五、四鬼重生记 *155*

三十六、梦　境 *157*

三十七、浓厚深挚的友情 *159*

三十八、和李大钊同事时 *162*

三十九、林美南公道待人 *164*

四十、佳时令节 *166*

四十一、我们的秋天 *168*

四十二、最美的秋天旅行 *170*

四十三、持螯赏菊 *172*

四十四、人生乐事浴温泉 *174*

四十五、消遣法 *176*

四十六、欣赏古迹 *178*

四十七、种花和养鱼 *180*

四十八、游　湖　182

四十九、读活书的消遣法　184

五十、暑假期与云、山、海　186

五十一、适意事：建设　189

五十二、剃光头、裸睡与买古董　191

五十三、室内旅行与研究　193

五十四、夜之美　195

五十五、笑与哭的艺术　197

五十六、节　育　199

五十七、红颜与美眼法　201

五十八、接吻的艺术　203

五十九、我变成儿童了　205

爱的漩涡　207

一、情人手抄本　209

二、美的住居和风景的创造　223

三、美的饮食　228

四、美的娱乐法　234

五、美的行动　240

六、美的性欲　247

七、美的服装和裸体　258

八、鉴赏的态度　266

九、情趣作用 *272*

两度旅欧回想录（导言）*279*

丁未潮州黄冈革命 *297*

南北议和广东代表团之实权 *303*

南北议和见闻录 *307*

一、南北首次对话 *309*

二、武汉停战 *312*

三、清廷派袁世凯为议和大臣，袁委唐绍仪为全权代表南下议和 *313*

四、南方十二省公推伍廷芳为民国议和总代表 *315*

五、议和地点由鄂转沪 *317*

六、南北议和第一次会议 *319*

七、第二次会议 *322*

八、议和中的关键问题是政体问题 *323*

九、第三次会议 *324*

十、唐绍仪辞职 *325*

十一、袁世凯与伍廷芳直接交涉 *327*

十二、清廷内部共和与君主之争 *329*

十三、南方讨论孙文辞职和推举袁世凯问题 *333*

十四、段祺瑞联合北方诸将电奏要求清帝退位 *334*

十五、袁世凯奉旨起草临时政府草案　337

十六、几经争议，清廷终于接受共和政制　339

十七、清帝宣布逊位　345

  附　张竞生按语　348

"北大"回忆　351

  附　张竞生佚文《"北大"回忆》钩沉始末　356

  中山先生关于"系统"的一番话　361

  中山先生在辛亥南北议和时口头的两个指示　367

  在新加坡成为"中山信徒"的回忆　371

  京津保同盟会二三事　377

  附　录　381

漩涡内外自浮沉　383

民元南北议和见闻录（旧作）　395

  附　张竞生按语　422

十年情场

序　言

王　娟

张竞生博士的自传《十年情场》在星洲出版，可说是马来亚出版史上辉煌的一页。

当张氏从巴黎学成归国后，出版了一本有名的著作《美的人生观》。这本书完全是一种小资产阶级乌托邦思想的反映，很适合于当时正在彷徨和苦闷中的一班青年的衰弱的胃口，成为那时中的一本畅销书。继《美的人生观》后，张氏便开始编辑《性史》，《性史》一经问世，他就立刻成为家喻户晓的人物了。三十年前的中国社会，封建思想还是根深蒂固，而我们的张博士竟敢向它投枪，出版了使正人君子摇头叹息，而又在暗中读得津津有味的《性史》，我们实在不能不佩服他的大胆与反抗的精神。

现在张氏在这部自传《十年情场》中，非常坦白地写出他青年时期的一段如火如荼的浪漫史，处处实践他自己的主张。

我们还可以从这本书中，看到张氏的一生，是一部动人的悲剧，在依然实行女人三从四德的时代，他提倡婚姻以感情为基础；在一个贞操重于生命的社会里，他拥护情人制；在一个连《红楼梦》也视为淫书的读书界，他编《性史》，因此终于被人当作叛徒，看成怪人，既不见容于乡党，复不见容于社会，一生所经历的尽是颠沛流离的遭遇了。

毫无疑问的，这本《十年情场》就是张氏的现身说法，就是他本人的一部悱恻缠绵、刻画入微的性史。

第一章 开始研究性学

一、提倡性交的自由

《性史》第一集[1]是我介绍出版的。以后那些"集"都是假冒我名。至于《性艺》更用恶毒的笔墨假借我名,把我自己骂得狗血淋头!这些都可见出那时的上海文氓,投机发财,累得我声名狼藉。[2]可是我这个"祸首"自作自当,除自己忏悔外,尚有什么话可说呢!有些人以为我出《性史》,目的在发财,只顾自己利益不惜陷害青年。果然如此,我真是一个狗还不如的人了!但我确不是这样的人呵。我敢向天,向自己良心宣誓,我的立意是正当的,但效果则竟出我意料之外!

我当时是哲学博士,北京大学教授。在我未出《性史》之前,我已在社会上蜚声我的《爱情定则》[3]与《美的人生观》[4]了。就当时说,

---

[1] 张竞生1926年编著的一部性学资料集,收录了一舸女士(张竞生夫人褚松雪)等七人的作品,共七篇。张竞生亲撰序言和赘语,并在每篇文章后附上点评,由光华书局出版。
[2] 《性史》第一集出版畅销之后,出现了大量的盗版书,并且有人冒用张竞生之名出版了《性史》第二、三、四、五、六至十多集和《性艺》《性典》《性史补》《性史补外补》等色情书籍,张氏为此长期承担"淫虫""性博士""卖春博士"等恶名。
[3] 1923年,北大教授谭鸿熙续娶陈璧君之妹陈淑君一事在《晨报副刊》引发了一系列讨论,张竞生首倡其议,提出了"爱情四定则",随后又不断参与讨论,成为当年轰动一时的事件。2011年,生活·读书·新知三联书店重新编辑出版了《爱情定则:现代中国第一次爱情大讨论》。
[4] 北京大学印刷课,1924年初版。

我的经济极优裕，对于傥来物的钱财我是看不上眼的。那么，是为名吗？这也不是。我那时纯粹是一个书呆子；说好些，是一个学者，只是发表自己的意见，并未想到在社会得到什么名誉与什么不名誉呢。

那么，是什么动机呢？近来有些人以为我是巴黎长期的学生，习染了法国的淫风。看《性史》如猪狗的苟且，尽情地任它发泄出来。又有人疑我是一个"大淫虫"，荒诞淫逸。《性史》就是现身的说法！

我敢说，这些都不是事实的。那么是哪种动机呢？当然此中有许多动机。

第一，我当时是"北大风俗调查会"[1]主任委员。在调查表中由我编出了三十多项应该调查的事件，其中有性史的一项。会员们（都是教授）在讨论之下，觉得性史的调查，恐怕生出许多误会，遂表决另出专项。所以我就在北京报上发出征求的广告了[2]，这个可见性问题在我们当时看来，也是风俗的一门，应该公开研究的。

第二，我当时受了英国大文豪蔼理士（Havelock Ellis）[3]那一部六大本世界闻名的性心理丛书极大的影响。在这部书中，蔼氏于论述各种性的问题后，就附上许多个人的性史。因为要成为一种科学，当有这件科学的证据做材料。那么，假如性也要成为科学，当然要先有性史做材料。性史就是"史"，就是性的材料愈多愈好，不管它是正常的，或是变态的，都应一齐包括，搜集起来，然后就其材料整理，推论它的结果，而成为一种科学的论据。我当时抱着这个野心想在我国人性行为中，做出一点科学的根据，所以我也学蔼氏先从性史搜集材

---

[1]《歌谣周刊》在编辑过程中因为需要而决定成立"北大风俗调查会"，该会于1923年5月由北大研究所国学门组织成立，张竞生任主任委员，参加活动的主要人员有容肇祖、顾颉刚、常惠、董作宾、孙伏园、容庚等。调查会做了几件歌谣研究会没有做过的事情：一是搞了风俗物品陈列展览；二是印发风俗调查表；三是进行庙会风俗调查；四是制定了《风俗调查会简章》等，为我国民俗学和民间文艺学的形成奠定了基础。

[2] 1925年，张竞生在《京报副刊》发表征集性史的广告：《一个寒假的最好消遣法——代"优种社"同人启事》。

[3] 蔼理士（1859—1939），世界著名的性学先驱。

料了。

第三，确是我在法国习惯了性交的解放与自由后，反观了我国旧礼教下的拘束，心中不免起了一种反抗的态度，所以我想提倡性交的自由。在我当时以为这样可以提高男女的情感，得到美满的婚姻。而且我痴心由这样春情奔放，可以生出身体强壮、精神活泼的儿女。当然我所希望的性交自由不是乱交如禽兽一样的无选择性的。我在《性史》出版之前，已经发表我的情人制了。在一本《美的社会组织法》[1]中我所希望男女的结合是一种情人制，不是如我国那时的婚姻制。我以为性交能得到自由发展就可帮助情人制的发展，就是把旧时婚姻制打垮了。

二、法国盛行猎艳的风俗

在法国，尤其是青年的男女们，对于性交是极其自由的；可以说一切男女都有获得接触的机会。在我们学生区（巴黎的拉丁区）中的某条大街上，都盛行了一种"猎艳"的风俗，即晨街上遇到你中意的女郎，你就可向她问安，并请她食咖啡茶点。她如不愿意么，只说一声多谢，彼此哈哈一笑离开。她如愿意那就有机会可乘了。当然不能初相识就发生肉爱，可是经过多次的相识，就不免于"那个"了。你们习惯于"礼教之邦"的，必以为这些是"野鸡"。实则完全不是的，她们都属好人家的闺女呢。当她们有男子做伴时，表示有爱人了，"猎艳者"就不敢去挑拨她。

或者你们习惯于旧礼教者必以这是一种淫乱的风俗吧，但放开眼光去看，这是男女互相认识与求爱的好机会。巴黎男女在青年时（当然是以青年时，若是老年，这个猎艳的行为就变成为野狐狸了），可

---

[1] 北京大学出版部，1925年12月出版。

说是无一个无情人的。这样可长了许多性的智识与社会的人情，也可领略了许多风流的滋味，与两性的快乐（精神的与肉体的快乐吧）。当然女子们如无情趣的，就不肯去玩街。在街上闲玩的，便是有意于求偶，这也是自然天性的表现吧。

或有疑这种的随便性交（我在此说"随便"，未免侮辱了她们，她们并不是随便，必须经过许多乐意承受之后，才肯与男子发生肉体的关系。不过她们从少就有性与人情的经验了，所以只要在极短时间内观察，她们就知那个男人是什么人了），必定有许多性病。不错，巴黎患淋病者甚多，但并未如那些旧礼教国家娼妓制的那样多。上海的妓女，无一个不患淋病的（据调查患梅毒的，一百妓女中尚有二人）。据我们一班外国学生的经验，与这些民间妇女性交的极少得到性病。可是巴黎私娼甚多，难免混装为好人家的妇女。但稍有经验的人，一眼即知她们是什么人，极少上她们的当。我敢说有这样易得的机会，青年人极少去嫖娼，那些不成材的男子才有嫖娼的行为。因为与普通女子交，既少费用，又多得乐趣，又可免性病，比较去妓馆好得多呢（巴黎的妓院虽受政府的管制，时常有医生的查验，但据这班医生中告诉我，查验淋病是极难，因为妓女事先准备，阴户洗刷干净，到查验时，常常被她们瞒过。至于私娼法律虽然禁止，但因社会经济制度的恶劣，实在无法禁止的。照旧时一班性学家所说，认为公娼愈加禁止，私娼更加增多。故要禁绝娼妓制度，当从社会经济与教育入手哪）。

罪过是我在当时新从法国归来，难免偏重于这第三种的动机，即主张情人制与性交自由制的。这个当然与我国人情不相合，遂致《性史》一出版就起了恶劣的反应。虽然有一些人也有得到多少益处。近时尚有多少人向我表示看到这本《性史》后（曾记得是第一集）并未得到恶影响，而且得到多少好处呢。可是一班青年们，因为对于性智识素未得到，所以突然看到《性史》后就发生了许多恶影响，如手淫、同性交等等。甚且有发生色情狂，其中也有因贪看这本书，至于忘餐废寝的。

三、第二集《性史》不敢出版

我因得到这些恶反应的消息后，惊惶起来了。我眼巴巴地看到这本书被社会认作是一种淫书了。与我所希望的为性学的材料，完全得到相反的结果了。这真是凄惨！使我受了极大的打击！在初版只印出一千本后，我就向书店通知不可重版。至于《性史》第二集稿已发出，书店先给我一千大洋，我也即时退回稿金，收回稿件，不敢再出版了。说到《性史》第一集因好销路之故，各处都盛行翻印，所出本数不知若干，有说可有一二万本呢。但因这书未取得法律上的版权，我是无法禁止翻印的。计我出版那千本书，得到版税二百余元，都把全数分赠那些寄稿者，我自己并无得一分文呢。但在那班反对党的，说我得到数十万大洋哪！

在我当时收到各处寄来《性史》的稿件，约有二百余篇。因为不敢再出第二集（在此集发出的七篇），先前所预定陆续发行若干集的计划，就根本打消了。这个便给予了上海当时的文氓一个好机会。大约在第一集出版没有数个月的时间，上海市就发现了假冒我名的《性史》第二集了。我当然极不喜欢的。经过多方调查得知是某小书店所出版。我向他们交涉，他们初不肯示弱彼此遂闹到法庭。《性史》第一集虽然取不到法律的保证，但假冒我名，确是犯法。他们被法官申斥之后，遂托人向我调解，结果被判罚五百元，并约以后不准再版。谁知他们愤恨之余，继续假我名出到《性史》若干集，但都是极秘密出版的。我虽多方调查，总查不出印行的书店。我迫不得已，只好向报上大登启事，但效果甚微，因为国人在当时看报甚少，在外省看上海报的更少。故社会上误认一切《性史》若干集，都是我出的，我的罪名更加严重了！

究竟《性史》第一集的错误在什么地方呢？第一，在印出单行本。我在上说出我介绍性史，乃是仿效蔼理士的。可是蔼氏所附的性史，乃仅作为参考的材料。他在正文中，专行讨论各种性的问题，遂使读者得到性的真正的智识。在他所附的性史中，虽则离奇古怪，式式俱有，但善读者，看它不过是一种参考的资料罢了，并不正视它的内容为独一的宝贝。况且蔼理士为慎重起见（大概也受英国法律所约束吧），定他的性心理丛书为"私行本"，就中国意义说是"秘密本"吧，就是要成年人始许买得，也就是说未成年的儿童是不准买阅的。这个限制可说是大学生始允购买，那些中学生是无权取得的。这个限制虽属外面，因为它在社会上仍然是一种公开书本，在上海大马路那时的英文书店便是公开出卖的。虽然无这个"私行本"的限制，中学生或普通人也多是买不起这部性心理丛书。因为它是六大本（也可分开买），价钱是每本要数个大洋元呢。但因有这个法律上的限制与高价的书钱，所以青年人是极难看到而受到性史那一部分的影响。反观我的《性史》第一集是什么情形呵？价钱不过三毫，人人可以买得起。况且只有性的叙述，并无科学方法的结论，当然使读者只求性史的事实（也可说是天然的史实当然免不了许多淫逸的毛病），而不知道哪种性史是好的，哪种是坏的了。

四、我应该痛改前非

我的本意何曾不是想仿蔼理士那样的方法呢？我错误是先想把这些性史出版后才去根据它的材料做出那些科学的结论，我在这第一集中，也已指出性交必要出"第三种水"的科学方法（我后来在上海开美的书店时就发行"第三种水"的单行本了）和乡村儿童性的初发时一些表现的事实。可是在此中，我的性科学观念只是简单地飘浮地指出，至于正题仍然脱离不了性的天然式的记述，当然不免使读者犯了许多错误。

第二错误是照《性史》本义说是应当为"报告式"的文字，就是简单地素质地叙出怎样个人性的行为。不论它是正态与变态，总是据实直书不加渲染。如记某人与禽兽性交，只说是有这种行为，不必渲染怎样与那样的描写文章。那么，看者不过见到有这样事，并未为它所冲动，更不必有去仿效的危险了。但在《性史》第一集中未免有"小说式"的毛病——尤其是那篇小江平的董二嫂[1]，使人看后不免飘飘然如阿Q了。因为用小说式去描写，无论是怎样正经的性交，就不免涉入于淫书的一类了。

总之，我在当时已知《性史》所犯的错误了，但因社会上的责骂与禁止，使我无法纠正我的错误。在后我到上海开美的书店时尽是介绍蔼理士的学说，至于该书所附的性史与我国人的性史一件不敢介绍。但可恨太缓了，性学淫书被人们混视为一途了，我虽努力改正我的错误，已来不及了。"性学博士"的花名与"大淫虫"的咒骂，是无法避免了。时至今日，尚有许多人不谅解。我的自责，我的忏悔，也极少得到人的宽恕了。

朋友们，听它吧！听它命运的安排吧！我是习哲学的。哲学家应有他的态度：就是对不应得的名誉与毁谤，都不必去关心。但自痛改过与竭力向上，这些是应该的。夜深了，朋友们暂别吧。再看我怎样在上海开美的书店时那种磨难吧。我怎样在那时介绍真正的性科学，也终于失败的故事吧！

---

〔1〕指《性史》中收录的江平的《初次的性交》。

第二章　我竟守身如玉

一、在上海开美的书店

这是一九二六年与一九二七年的事了，我因在北京大学教了四五年书，照例可请假与照领薪水到外国再行游学一二年，但当我到上海不久，大贼头张作霖打入北京，派了刘哲为北大校长，宣布一切教职员欠薪截止给发，一切蔡元培校长在北大的规制都被推翻了。我只好留在上海与友人合资开了美的书店[1]。说起来真好笑：这间书店的资本只有二千元，除了租金与布置门面外，全部资本已将用完。店中尚雇用女店员四五人，我那位出资最多的友人谢蕴如就任为经理，我只充为总编辑，拉拢临时编辑三四位。若过一二个月书卖不出，只好关门，因为资本是不能再有加多可以移用了。

幸而初开张时，门庭若市。所出书籍即时卖空。那么，你们定要问这些书是什么宝贝，能够这样引诱人？是《性史》吗？是新式的淫书吗？这些都不是的。我们当时所出的，就是上记所说蔼理士的各种性的问题。他每段落的原文不长，每一问题译述出来，大都不过一二万字。我们的书本是普通装式，定价仅值二毫。各种讨论都是具有科学根据，自然在国人看来甚觉新奇可喜，价又便宜，所以买者极

---

[1] 美的书店位于上海四马路510号，1927年5月开业。

见踊跃。或者还有一件新奇的号召,即于书面上都印上了一个裸体女像(是巴黎公开出版的裸体女像,只有艺术性,当然无所谓有淫形之类),或者尚有一种商业广告术的影响吧[1]:即是我们的店员都是女性的而且是少年,也有些漂亮。在那时的上海商店,都无雇用女店员,只有一间外国人杂货店有一二女店员吧。也许与我的名字有些关系,因为《性史》出版后,社会对我自然有许多好奇心了。这间小小的书店,位在那时所叫的"四马路";这是书店区,左近那些大书店如中华、商务等,若与我们这间美的书店的门市一比,还是输却一筹,这个就引起书店老板们许多妒忌心了。可惜我们当时不知此中底蕴,以致后来一败涂地。黑幕是那时在上海的书店业,都属江苏人的势力圈,凡非江苏籍要在上海开大书店,注定是不能成功的,或许老板不是此地势力中人,也当请"他们"为经理,同时当加入他们的"书业公会"[2],才能站得住。我们店里的经理谢君是潮州人,而且是一个书呆子。我本人不必说,更是书呆子的书呆子了。一味只知做我们的生意,与他们这班"书店土霸",毫无往来。在后来被他们摧残到大势不能收拾时,始知他们的阴谋,定要将美的书店消灭,然后甘休。他们的方法,就在勾结当地警局,诬控我们书店所出书籍都是淫书,屡次由警局向法院起诉。他们凭借其势力,当然是得胜的。每当一次以"淫书"起诉得胜后,他们巡警就开来一大货车,把所有店内书籍一卷而空。这样有了六七次,你想怎么书店不关门呢?况且他们在报上大行咒骂,到后来连邮局也寄不出书籍到外埠去,这样更加速关门的命运了!

---

[1] 鲁迅曾在1930年《萌芽月刊》第1卷第2期发表《书籍和财色》一文,对该书店的商业促销手段颇为不满:"最露骨的是张竞生博士所开的'美的书店',曾经对面呆站着两个年青脸白的女店员,给买主可以问她《第三种水》出了没有?'等类,一举两得,有玉有书。"

[2] 上海地区书业自筹自建,以维护同业公益、矫正行业弊病为活动宗旨的同业公会组织。该组织活动于1905—1958年,在书业有广泛影响。

二、法院控告我著淫书

我写此时,并不为自己辩护。我今就举出事实给大家看吧。既然美的书店所出的是"淫书",怎样开张了将近一年多之久,出书已数十种,门市上已卖出了几十万本,外埠的已寄去数十万本,为什么在那时间不检查?不起诉?而待到这些都米已成饭后,始行叫救呢?又有一件证据就是:末了,巡警中人叫我们编辑去说:"你们出的书(指译述蔼理士的性心理丛书)可以照常出版,只要把书名改成为心理教育丛书之类。又将书面的裸体相片勿用。但每月需要奉上本局手续费一千大洋……"在我们一经商量之下,以为书店已摧残到这样地步,势难继续支持,每月奉敬一千元,在当时生意衰落之下,是非将所获得的净利,全数交还他们不可。那么,我们的生意尚有什么可发展呢?因是,我们不接受巡警局的条件,只好听他们继续摧残,至于关门倒闭的境地罢了!

在此尚有一件趣味的事实,可写出来给大家一笑。我当时在这书店附出月刊名《新文化》[1]者,有一期我申论"茶花女"的"处女膜"的生理与风俗观念的意义。大意是说,只要男女彼此情感和好就好了;纵然发现其妻的处女膜已破,于初夜时未见"落红",那于他有什么意义呢?在她未识他之前,她对他有什么责任与道德?在结婚后,她能一心一意爱她的丈夫,便是好妻子,她的前事又何必去根究呢。我曾举卢梭的情妇供招她因在少年时被人一时的引诱而至于破身,对卢梭不敢再行献身的故事。卢梭当此际对她说:"我的爱人呵!我所求于你的是今后,并不是先前的事情……"这是达观者的话。就我们当时在巴黎所知道的女子,到了十五六岁后,极少,也

---

[1] 1927年元旦创刊,由新文化社编辑,张竞生任主编,1927年11月被迫停刊,共出版六期。

可说几无一人不破身的。那么就可说巴黎女子无一个人可成为真正有情感去爱她结婚后的丈夫么？我进一步说：处女膜是一种生理的机构，常有一些女子虽无与男子性交，而处女膜已经破裂，当然可无初次"落红"的事实。又有一种女子的处女膜特别构造，每次交媾都可"落红"，但处女膜依旧存在，那又用什么证据考验她是否真是处女呢？这个文章又被巡警局向法院以淫书提起诉讼了。到开审时，那位中国法官，年纪五十余岁，向巡警局代表说，这篇文章是极合理，并非淫书，凭良心说，不能判决处罚。那时巡警代表的地位是"检察长"，硬要法官照他意见判断。那位法官断然不肯，彼此在庭中拍桌互骂大闹一场。到后，那日的陪审官是日本副领事（那时上海租界法庭，是国际性的）出面调停，只好将此案上诉。所谓上诉的法庭，也是这个法庭所组织，到底仍然以淫书处罚结案。

这是事后由我们的编辑代表我出庭的报告，我当时极想与这位老法官认识认识，多谢他主持公道。说及当时的"把戏"，真是使人啼笑皆非。大约合共在法庭起诉美的书店所出的淫书案有六七次，照当时的法律，只有罚款与没收书籍。但一二次后，那个巡警局代表定要把我拘禁，说只罚款，是使我不怕的。可是屡次被法官拒绝，只用罚款了事，当时的法官都是中国人，可见尚能遵守法律，不致为外势力所屈服。

可是，他们巡警局也终于白费心血。假使通过把我拘禁的公文到了法租界时我已扬长而去了。因为我当时住在法租界，国际法庭不能直接派警拘捕我的。至于每次控诉，当然我本人不愿出庭，照例可派代表（由一位极聪明的编辑彭兆良做我代表），那么当案结束后，我的代表在短时间可告诉我逃避了。或者当时的法租界巡警局中许多法国人对我尚表同情，纵然拘捕的移文到达，恐怕他们也为我拒绝呢。

三、许多漂亮的女店员

我在当时对这些案件是取什么态度呢?每当代表回来时说及已处罚若干(大约每次要二三百大洋),我只好付诸一笑。我说钱银是傥来物,有钱给他们也是便宜事。又想到书店最多不过关闭罢了,一年来宣传性学,也已相当达到目的。处在他人势力之下,他们不原谅,只好以此下场,虽要抵抗于势也所不能。故我遇一次判罚时,上海报虽大登特登(大都是由巡警局发稿的),我不但不畏惧,而且极乐观,照常译述,照常与友人大饮特饮,简直是看这些案件为儿戏罢了,为一种有恶意的摧残罢了!

有一次开庭时,我们的代表反驳巡警局代表说,你说这本是淫书,但我们是照蔼理士原文一字不易而译出的。他这本书在世界为公开本,即在上海大马路的书局也可买到。那么你怎样说它是淫书呢?他说,原文是英文,英国人有程度可看这本书;你们中国人是无程度不配看的。我的代表再反驳说,不错,我们中国人的智识程度不及英国人,但那些人会看我们的译书,也算有相当程度了,也可看此不生毛病了。那位巡警代表终于无话可说。可是他们终于得胜,对我们不免罚款了案!我在此再郑重声明,在美的书店所出各书,绝对无《性史》那一类。连蔼理士原书所附的性史,也一字不敢介绍。只是介绍他的正题,纯粹是一种科学的研究。但因为中间多少书店老板有意怂恿巡警局必要把美的书店关闭,然后目休。我们又不识时势,未能与巡警局及时疏通,以致结局到了不可收拾!

这真可惜!假使美的书店能继续好好多开二三年,我就能把若干年来的热望付在介绍译述"世界名著"有系统的丛书了。这真可惜!他们摧残这个书店的财富尚不足惜,可惜是在廿余年前,若我们这个世界名著的介绍能够实现,定于我国人智慧上有重要帮助。我的计划是从各种科学及艺术与技术选数十种,合中国译出后的文字，约二百本，每本仅约数万字（一本未完的，就有三四种），以通俗化的外国文本为标准，而又带有哲学性及艺术性者。译文则取粗浅有趣味，做到深入浅出，务使普通人能看得懂。而且价钱便宜，使群众能买得起。当美的书店已进入兴旺时代，我正在想组织这样的编辑部，搜罗这样编辑人才。可是天不从人愿！骤然一次又一次被那时的巡警当局摧残到净尽了。在月刊《新文化》时我已发表这个计划，并批评当时的大书店如商务、中华等，都不知道这种发扬群众文化的方法。到后来，商务印书馆似要从这方面入手，但它的传统业务观念太深，只重古老学法，只好拉杂集合些已出版书籍，东拖西凑，集合成为一些什么"丛书"，究与我所主张的系统计划根本不同。

我在若干年来常对人说，如我忽然死去，一概都使我不遗恨，只有这个世界名著有系统的介绍未能实现，使我真死不瞑目呵！因为在美的书店倒闭后，不久我再到法国，遇一机会已可实现这个计划了，忽然又出了阻碍，这待以后再说吧。

现在，必有人要问在我这个时期有一年余将及二年久的时间，美的书店那样兴旺，我的收入也那样丰裕（实则我每月仅支二百元的编辑费），书店雇员有许多女性，又相当漂亮的。而在社会上，我又以"性博士"著名，那么，我对于女子必有许多浪漫的故事了。实则，说起来真奇怪，连我自己在后来想起来也觉奇怪。在这个时间一二年之久，我竟"守身如玉"，未曾一次与女性发生肉体关系。这是任何人不肯相信的。可是事实是如此。我为写出自己的真实传记，有就说有，无的不能捏造为有呢。

四、深夜里她娇声喊肚痛

这是什么缘故呢？我在后检讨出来，此中有一大缘故，就是我的情妇褚某[1]，忽然离开我去寻觅她的旧情人，放下一个只二三岁的小孩，啼啼哭哭使我在此时对于女性的无常，生起了极大的恶感。又我为总编辑，那时所聘的编辑，对于英文的翻译，尚未十分高明，必须由我多方改订；且我兼任一切校对之责，所以自早到夜，无时休暇。且费用充足，我是极好客的，每餐固然是便菜饭，但客桌常满。每日来客甚多，使我应接不暇，这些都使我减少对于女性的冲动。我家也常常请女店员会餐，但我都取长者的态度，对她们视如自己的女儿一样，未敢有非礼的想头。有一次由彭编辑介绍来一位大学生的女友，在我家时常餐饭。她常问我小孩的保姆（张妈，四五十岁，甚好人，对我如家人一样诚实），是否我已有十万元的家当，张妈警诫我切不可接近此女，因为她是为谋取我财富而来的，我也甚轻视她。她有一次于晚餐后说她肚痛，要在我家过夜。我只好让出自己在楼下的睡床给她，自己到楼上去睡。在夜深时，她常常叫起肚痛，但其声音甚娇柔，谁也能察出她是有意假装，目的在挑拨我去接近她的，我也只好装作认她确实有病，在她床前安慰一番，就离开去不管什么了。她的计划结果是完全失败了。又一次，接到一封信夹一戏票，说她是高等的女子，极想与我认识，约我到戏台去，在某坐椅与一种标记，可以寻得她的。我只好付诸一笑，把戏票丢去。在末后时间，我登报聘请一位高等女子为我儿教师。有人介绍一位女高师毕业生刘女士，在我家住一些时候，人品尚不错，学问也过得去，夜间帮助我校对出版的文件，我就对她表示愿娶她，她也表示愿意。但我想性交，须在与她行正式结婚后。有一夜，已是更深了，彼此二人畅谈之下，我的性欲勃发，将她裤子脱下。但我一时想到尚非其时。一转念间，仍然彼此无事分头去睡。到了后来，她说要到北京去见母亲，然后决定婚

---

[1] 即褚松雪（1895—1994），笔名褚问鹃，浙江嘉善人，张竞生的第二任妻子，两人在20世纪20年代相识同居，几年后分手。有北京大学研究生学习经历，热衷政治活动，曾任国民党上海市妇女部部长一职，后辗转香港，携儿子张应杰至台湾定居。著有三卷本自传体小说《花落春犹在》。

事。我们离别时,在我固然黯然销魂!但她去后,情感转变。美的书店也已在走下坡,所以我此后未再见她一面,我对她的情爱也就从此结束了。你们看上述三四件事,觉得我在这时的性欲真是变态出乎离奇。但在我事后回想,我觉得应该这样做才对呢。

第三章　与褚女士言归于好

一、论"第三种水"的重要性

当上海美的书店关闭时,那位褚女士忽然而来,我回念前情,又喜我子得见母亲,遂复和好如初。我因年来在上海译述与奋斗,不免疲倦。且在上海生活不易,遂与褚氏及小孩同往杭州西湖的一山顶,叫作"烟霞洞"者,初意拟在此间混过暑假再算。不意到洞只二日,浙江省政府已下令拘捕我入监狱了。

这是怎样一回事呢?当然祸因《性史》而起,但在美的书店时,我也不免得罪他们所谓"浙江派"者。现当叙述一番。

我在上面说,美的书店并无出过什么《性史》一类的书。可是我所著那本《第三种水》,引起了周建人一班人的反对。因为我在这书说及性交时,就使女子出第三种水(即巴都林液,我国古书所谓淫水者),按生理上,巴都林腺位于阴道,有二条腺(约从阴户口入内一寸深的两旁位置),这二条腺当女子性交兴趣时,始行排出液质,有如男子射精一样情状。有些女子的射率可至一二尺远呢。这是生理上的讨论,并非是淫说。因为这种水射出时,子宫内的液也同时射出。那时女子满身颤动,阴道热气腾腾,不但使男子觉得快乐,她也觉得快乐。而且,由这种水的调济,可以减少阴道液水的酸性,使精虫免受毒害,较好活动钻入于子宫内(因为子宫口这时也张开好多)与卵珠结合而受孕。且因女子的兴奋，卵珠分外活动，故很易受孕，而且胎孩较可得到好身体，生出后的婴儿也可望得有壮健的身体与聪明[1]。

在我以为这个第三种水的重要性，是由我所发现的。至于由此而使所生的子女较为聪明与好身体，这当然是一种推论！一种假设吧。殊不知他们（指周建人、潘光旦一派人）就咒骂我为"不科学"了[2]。但这尚有一件引起他们的攻击，就是怎样能够出现这种水的方法。初始，我就事实说，通常交媾须至廿分钟后始能排出时第三种水，尚须激动女子的各种性趣，如对女身各处吮、捻、拨弄等，与各种女子所喜欢的性交方法；又须使女子立于主动，不可如平常一味立于被动的地位。这些尚未引起他们激烈的反对。我又论及"丹田"呼吸方法[3]，"丹田"当然是一个道家的神秘名词，我也知此中的虚无。然经过一番考究后，我以为所谓"丹田"便是下腹部，连及性具那些地方。下腹部这些地方，当然是可以用深呼吸，及腹部运动的练习后而使它灵敏活动的。如能使腹下部活动，当然可以指挥性部的节奏急、徐、速、缓（大脑神经当然是指挥者），故从精神上（大脑神经的意念），与腹部的呼吸连合一气，可以达到性部的灵敏活动性与持久性，即免如一班"鸡性"者的男子，一触即射精，以致辜负女子的期望，使她不感得性的兴趣而至于不能射第三种水，甚且酿成为性的刺激病（歇斯底里亚病）。因上所说这个"丹田"的作用，便被他们（周、潘派）大骂为荒唐无稽之论，说我是复兴道家荒谬的学说了。在当时，我也不肯退让，就与他们大打起笔墨的官司了。实在，丹田的锻炼于整个身体也有益处，纵然与性欲无关

---

[1] 见作者《第三种水与卵珠及生机的电和优生的关系》，原载1927年2月《新文化》第1卷第2期。

[2] 见周建人《性教育的危机》，原载1927年2月《新女性》第2卷第2期；潘光旦《新文化与假科学——驳张竞生》，原载1927年5月5日《时事新报·学灯》。

[3] 见作者《性部呼吸！》（原载1927年5月《新文化》第1卷第4期）；《性部与丹田呼吸》（原载1927年7月《新文化》第1卷第5期）等文章。

系。而我们是极端反对用什么性药品的。

二、揭露褚女士的虚伪

又有一件比这上所说的更为严重,就是当褚女士无缘无故,弃孩离我而出走时,我受到极大刺激。遂在《新文化》月刊上,写一题目叫作《恨》[1],将她屡次对我的假伪欺骗尽情托出,大大骂她一顿。当然由后回想,我在此文实在太过于恶毒,丝毫无留一点原恕的余地。但当我那时以为我必要这样泄愤始能平静我的悲怀,也使世人惩罚她的罪过,这些实在是我那时情感用事的大错误。因此文,而引起了周作人对我的恶骂[2]。他在那时(未做汉奸时)乃是被全国称誉为大文豪兼大批评家的,他的言论影响甚大。虽则周某所说的对人应该存原恕的厚道,大端上是不错的。但他的措辞对我完全是"恶骂",使我那时实在不能容忍,遂即与他大打起笔墨官司[3]。我甚至攻击他个人的私德,说他娶日本婆,为谄媚倭奴起见,他在北京住家门前不升中国旗而升日本旗呢。我往后极知自己那时的错误,可说是为情感所燃烧到失却了全部理性的。那时又有友人华林也因情场失败,助我张胆一同向周某下总攻击了。[4]

说起周某先时极赏识我。当我与他同为北大教授时(但彼此不相识),在我出那本《美的人生观》时,他批评此书的作者(指我)极

---

[1] 原题为《美的情感——恨》,原载1927年3月《新文化》第1卷第3期。
[2] 《女伴》编辑叶正亚投书《语丝》杂志,抨击张竞生在与褚松雪的关系中是一个"阴险、奸诈、凶恶的伪善男子",周作人全文照登叶女士的文章,而且在按语中说张竞生是"一个思想错乱、行为横暴、信奉旧礼教的男子"。
[3] 张竞生反击周作人的文字见《打倒假装派》《竞生的评论》,及在《新文化》上组织"周作人君真面目的讨论"中发表的华林、湘萍等人的来信。
[4] 华林(1889—1981),现代散文家,浙江长兴人。曾留学法国,回国后历任杭州艺专、新华艺专、武昌艺专教授。有《枯叶集》《求索》等作品,笔名有华林一、林一、林声等。1924年发表《情波记》自述与崔肇华的恋爱结局,被周作人等人撰文批评。

有"天才"[1]。天才！这个奖誉，又是出于那时全国所推崇为大批评家之口，使我真是受宠若惊，又使我抱负不凡了。论情，我应当忍受他对《恨》那篇文章的批评，无论他怎样对我恶毒咒骂，我应哑口无声。在我如能悔过自责，才算美德。可是我那时真是情感烧焚了我的理性全部，我终于不认过。他骂我是："爱之欲其生，恶之欲其死。"我反唇说："是的！我们是极端情感派者（不能全有，宁可全无！），比你的中庸派总是好得万万呢……"我且进一步说周某的文字也如其人的性格，柔弱无丈夫性的。这使他气恼极了，本来，那篇誉我有天才的文章，已经收集在他文集发表出去的，及再版时，他就抽出去不让它再与人见面了。

我因一得罪了自称为生物学家的周建人，又再得罪了"大文学家"的周作人，我知他们在浙江派中占有极大势力的。果然当我第二日才到西湖烟霞洞时，就被那时浙江省政府教育厅厅长蒋梦麟提出省务会议以"宣传性学，毒害青年"的八字罪名，把我拘禁了。

那时的省府主席尚有一点良心，当此案通过后，彼暗嘱其科员（粤人林某[2]）于明天一早通知我避开到上海，不幸这位科员少年浪漫，早间大开汽车绕逛西湖，及他兴尽时，回到省府，未及上山，他已知我在监狱中了。

这尚不是监狱，乃是省会高等警察局的"待质所"，但在我觉得比监狱更为黑暗。斗大的房间，只有一二条破板块，算是睡与坐的所在，在墙角的破缸就是大小便所。每每拘禁数十人，彼此只好在极肮脏极潮湿的地上坐与睡。人多时连睡也无地方，只好背靠背相倚过夜。下午未到四点钟，一群一群的毒蚊已来噬咬囚人的身体了。我在

---

[1] 周作人在《晨报副刊》上发表文章称："张先生的著作所最可佩服的是他的大胆，在中国这病理的道学社会里高揭美的衣食住以至娱乐的旗帜，大声惊诧，这是何等痛快的事——总之，张先生的这部书很值得一读，里面含有不少很好的意思，文章上又时时看出著者的诗人的天分——"

[2] 指林澄明，广东人，时任浙江省政府科员。

此时的遭遇，是一生第一遭所碰到的。我心想怎样挨过一夜？况且不知要挨过若干日夜呢！

三、裸体画变成了罪证

人生命运确是离奇！朝在天堂，夕堕地狱！什么因缘？如何结果？我正在推究我的哲理时，就被监卒带到一个地方查问登记。在走过一院落间，见了一群人谈谈笑笑，似是来参观的队伍。我走在他们旁边，偷眼望他们时，使我骇异其中一人不是熟人张继吗？当我趋前与他晤面时，他也极骇异，及我说出经过后，他安慰我，并说愿为我疏解。当我被查问完，再回到监狱（待质所）时，不久，我就被移到楼上一间办事人的房子了。可是我身体上虽解脱了暂时的苦痛，但精神上仍然是一样刺激。当晚餐时，我一粒物不能入口，那全夜也未能入眠，这是一生破题儿的第一夜；恍似新婚者度过初夜的状况吧。可是我度过的，乃是人生极度的悲哀！

事后，我常说这是杭州文明的省会，这是高等警察局，全省最高的警察所，这是"待质所"尚不是监狱。所谓"待质所"，便是说囚人有罪无罪尚未判定。可是，在这"待质所"所受的待遇，连猪牛尚不如！猪牛圈栏比这个待质所尚好呢？什么是人道？什么是人权？这可见那时的政府，怎样腐败，怎样滥用其权力了！我常想若我是西人，我也不愿让出"治外法权"吧。

我在后闻及张继遇我后就向当局说我是习惯于欧洲的"自由思想"，《性史》的加罪，暂勿讨论。但思想自由是法律所允许的，似乎不应该对我太苟待。以他当时的位置，他的说话当然生出效力了。

可是，我仍然是以囚犯的资格，受了他们的惩罚。到明早时，这个警察局大开其刑事庭。那位道貌岸然的审判官，要我承认罪恶。我辩说是：我来西湖不过二日，足迹尚未一涉杭州，怎样说我来此宣传呢？我所带书，备我自修，未曾有一本什么书在杭州出卖，怎样说我来此宣传呢？在此应说及我书箱中，原有美的书店许多出版物，但当堂打开时，这些书籍竟无一本留存。仅有那部巴黎女裸体画存在。那位法官就说这本画就是我的罪证。我反驳说这是友人华林所赠我的（画本上有他的签名），况且这本画是法国公开本，虽是女子裸体，但都是个人、单身像，并非淫亵的画像。我再进一步说，假如这本是淫画，又再假设我箱中有淫书，这是我个人的私家所看的书籍，以我大学教授的资格，我私下什么淫书都有权利去阅看的。除非在公开讲演或出版时，我才得受法律的惩罚。

这位法官对我的辩论，丝毫不能反驳，只好说他受上级命令，非我承认罪过是不能释放的。他就给我那张先预备好的罪状，即是"宣传性学，毒害青年，驱逐出境，在三年内不准再到浙江任何地方……"的公事。他要我签字，我硬死不肯。这样彼此坚持了一二点钟之久。在旁友人，甚多都来迎接我自由出去的。他们都劝我说这场官司，非从那张伪公文照行不可。因为要自由就要签字，不签字就不得自由！那么，纵使我良心上如何反抗，终于非听从友人的劝说不可。因为争求自由起见，不管那反动政府的官样文章，陷人证件，我终于压住良心，在他们先预备好的罪状上签字了！

当我那日入监时，杭州友人四出疏解。适那夜省府主席请客，客中有潮籍同乡友人刘君[1]与陈君[2]，与那一位中委姓蒋（现忘记他名）[3]同为上宾。席间，蒋君先已受刘陈二友的请求，提问该主席，为什么把我拘禁的理由，他推说是教育厅厅长提案通过的。那位教育厅厅长蒋梦麟也在座就说："我们（他也是前时的北大教授）先前

---

[1] 刘侯武（1894—1975），广东潮阳人，中国同盟会会员，曾任汕头晨刊社社长，20世纪40年代到新加坡等地办教育。
[2] 陈素（1893—1981），广东潮州人，中国同盟会会员，历任广东普宁县县长、饶平县县长等职。
[3] 蒋伯诚（1889—1952），浙江诸暨人，曾任国民革命军第一路军参谋长、浙江省代主席。

请张某（指我名）到北大去教书，原望他好好教哲学。谁知他竟宣传性史，闹出飞天大祸来了。这个淫说如不抑止，后祸不堪设想，所以我们在此就把他监禁惩罚一番……"那位中委蒋君听后，反驳梦麟说："什么是哲学？我看到他的《性史》，就是一部好哲学，你们怎样说他有罪恶呢？我们限你们即刻把他放出，否则，我们就要代他上诉了……"他是中委，又兼任某处要塞司令，是一位豪放的军人，以他的地位，可以无顾忌地在席上肆行批评。在结束他的论辩时，他举起酒杯，向座客大呼："第三种水万岁！"继续大声号叫不已，使一座人浮动起来，那班反对者终也无可如何。

四、日暮途穷　生活逼人

"第三种水万岁"的呼声停止后，蒋梦麟觉得完全失败，无地自容，一时毒计心来说："张某与他情妇褚某是共产党要人。他们此遭到西湖山顶的烟霞洞，名为避暑，实则暗为钱塘江口地方的共产党人遥通声气，预备打入杭州。所以我们为防患起见，把他扣留以绝祸根。因为此事暂守秘密，所以假借别的罪名。底里我们是别有用心的！"这个新罪名提出后，把那位中委吓住了。在这时，梦麟的毒计算是得胜了。可是那位潮州友人陈君是有机窍的，他就谎说："褚某是潮州乡下婆，我们所熟知的，怎样说她是共产党？至于张某的历史行径，更不能横加这个'莫须有'的罪名了！"这个谎诘，竟终于又把梦麟的毒计打败。结果，该主席答应于明早将我放释。

这个夜宴戏台式的辩论情形，事后是由陈君告诉我的。我的自由重新获得，就在全靠他们的回护。其实，褚某是嘉兴人（不是潮州乡下婆），与陈君事前是不相识的。她当国共合作时曾任短时间的上海市妇女部部长。蒋梦麟就记得这件事诬陷她，以为此案可以成立了！可是照当时的事实说，褚某既然是政治上的要犯，怎好不扣留她，而单独扣留我一人呢？至于我的历史与那时在上海的论说上，丝毫不能寻出我有共产党的嫌疑，可知梦麟的假词，是一时恶毒的心计。因为假借《性史》的罪名，已被席中人驳得无话可说，只好假借政治的罪名加上我身，使为我辩护者无法对付。殊知竟被陈君一番的说谎使他的毒计不能实施，这也可见小人作恶，徒见心劳日拙了。

在此，又应插入一段有趣味的事。当我与行李被带到警察局时，有一些监内办事人当面向我说，这有什么了不起的事情，不过是文字与学说的异同罢了。回想满清时孙先生的革命学说岂不是被世人视为洪水猛兽，如今又怎样呢？他们对我这样表同情，使我极为感动。他们先时把我箱中所有稍涉嫌疑可以被控的性书，全数抽去，以便开庭时为我解脱。这件行为，在事后，我听知时，更为感动。可见一个新学说的出现，是有赞成与反对的二方面的。我的《性史》第一集固然犯了许多的错误，但我存心何曾不想向善？这个存心竟为社会多少人所谅解了。

说及蒋梦麟那时为何要对我那样恶毒呢？因为周作人的徒弟们，对我常想一种报复的手段。但我在上海法租界时，他们是无法的，及在报上看到我到西湖，此时在他们势力圈内，可以任所欲为了。蒋梦麟身为省府委员兼教育厅厅长，是一个可利用为出头的好机会。或者蒋梦麟不是完全立于傀儡地位。他说他是"北大系"，北大的声名（因我是此校的教授）被我出《性史》后"累衰"了！他对此痛心疾首，或许是一番为北大着想的好意，但其为人阴险狡诈，势利熏心，他在北大为教授，为教务长，尚且一度为北大代理校长。对于北大毫无一点贡献，只知任用私人与对校财贪污。故说他为北大名誉而反对我，务要把我置于死地，还是皮毛之谈。底里，他也不过是一个文人无行，互相妒忌排挤罢了。

好了，我的自由恢复了，在奴隶的监狱释出后重再获得了。我今重回上海了。但是囊中一文无存，只好把褚女士的金戒指卖得四元，暂且为三个人度日之资。日暮途穷，生活迫人，使我头一次领略贫穷的痛苦！

第四章　在巴黎惹草拈花

一、计划出版浪漫派丛书

我从杭州回到上海不久，就被那位友人刘某[1]所看重，看我可以利用，为他向那时住越南一个中央要员做"牵线人"。可以说他对我"三日一小宴，五日一大宴"。并允借我数百元为往法国旅费，我因感谢他的盛情，遂写一信为他向那个要员说项。同时，我又得到一位友人介绍，得与"世界书局"订立合约，约定我为这个书局每月译述十万字，每月可先行支领二百元的版税。我每月遂留一百元为褚氏母子在上海的生活费，余一百元为我法国的费用。同时又得到刘某旅费的资助，我再度到巴黎去了。一百元每月的生活费在巴黎那时是不能住在法人中等家庭的，我遂在近郊，住在中国友人的一间旧式老屋，同时合同本国人自炊中国饭菜。初时，我就完成那本卢梭《忏悔录》译文。这书前几段已在美的书店时译出。今把全本译出，又因这书的后文于我国人无大兴趣，遂删去了不少。这书出版后也盛行一时。其后我陆续译出法国大文豪如雨果等的一些小册子，共凑成一部"浪漫派丛书"。在此，我又当把我素所关怀，要译述"世界名著"的计划经过，再行叙述一番。当时的广东省政府主席为陈铭枢，他是我

---

[1] 指刘侯武。

陆军小学的同学。但因那时全国政府中人对我的恶感，况且他是学佛的，所以我想无论如何他对我总是无好感。殊不知当我到法国不久，就得到他送我五百元旅费，使我先前的怀虑完全解除了。我遂向他条陈我要译述世界名著的计划，大意是由广东省政府发出十万元（那时的广东纸币约合七万元光洋），由我在法国聘请数位中国学者共同译述——从天文、地理、物理、化学、生物与社会学，以及哲学、艺术与技术等，共出二三百本译文，每本约数万字，统由省政府与大书局合约出版。我附说这是"通俗本"，文字浅显，书价便宜，普通人都买得起与看得懂。可是此中含有高深的哲理与有趣的艺术性，在专家与智识界也可作为参考书。我大胆向他保证，在三数年后，省政府所得版税（版权由省府所有），当可把先前所出资金全数捞回。他接我条陈后，极表同意。在复信中，他为我写出几项条件，嘱我照办，由他提出省务会上通过。

你们想，我得到陈君这样信件后，高兴的程度可说上入云霄了！我一面复信，一面就约请当时在法国游学的大学教授共同工作。那间预备为译述的楼屋，也已问好价格了。我满心满意在等待寄款一到就开办了。

我对于译述人的待遇是这样的：他们先支一笔工资，自己不但够生活，而且可维持家费，表面上由他出名。以后所得版税例如以百分之十五说：百分之十由政府收，百分之五便由译者享得。这样译述人既可得名誉，又可得终身的版税，自然他们极为乐意了。我这个计划，乃在竞争当时上海各大书店如商务、中华等的编译所的制度。因为它们对译述人只看作一种临时雇用性质，限定他们每日要译出若干字，给他一定人工钱。他们对译述的书籍上，既不准用自己名字，又不能得到版税，所以译述人难感兴趣与难负责任。商务印书馆那时的编译所，坐椅中设一"时计表"，要人坐若干久，照"时计表"计算译述的时间。试想这样机械的工作，怎样能使人出好心思呢？

二、世界著名妓院玻璃宫

至于我的计划，只要译述人每月能交到若干文字就好。他可以随兴趣而工作。遇到不高兴时，可以游逛休暇数天，遇到高兴时，可以全夜提笔。这样当然可以由其精神做出一些好文笔来。况且书上用他名，他就负起责任。如译得好，他也可收得较多的版税。这样为自己的名与利起见，哪有不认真工作的道理？在这时候，巴黎有一大书局正在出版那部通俗本的各种科学哲学及艺术书籍，共出了二三百本，都由各门专家写出的。这些书虽然通俗本，但学理上所含蓄的又极高深。我极喜欢购读，而且极得益处。我就想将其中选择出来译出，这对于我国文化上定可得到极大的利益。我今就来举一例子：当张君劢随梁启超到巴黎时，问我学哲学的方法，我就向他说先把这部丛书勤习一番。他因为不从科学常识入手，以致后来附从杜里舒[1]的玄学了。在我们这个旧时代的人，因为先前学校的教育不好，对于近代的科学常识，茫无所知，以致做人做事都向唯心派、玄学派走，结果信神鬼，信命运，闹到一塌糊涂。当科学与玄学论战时代，张君劢为首那班玄学鬼，便足证明我们介绍科学常识的世界名著为极迫切的工作的。

此外集中一班学者在外国译述，比在中国有许多不同的效果。因为在外国免受家庭的烦扰，可得专心从事于学问。又参考书多，遇疑难时，可得质证。且有许多专家，可以访问指导。在我那时，以为我们的编译所，既得地利，又得人事，包管成绩是极好的。

可惜"老天不从人愿"！这场计划终归消灭。当我信到广州时，陈铭枢兄落职。省府方面的资助不能实现。他只好由自己所有的帮助

---

[1] 杜里舒（Hans Driesch, 1867—1941），德国哲学家。1922年至1923年应邀来华讲学，其讲演稿由张君劢、瞿世英等翻译整理，并出版了《杜里舒演讲录》。

我一万余元。我得此时,个人经济固然绰裕,但我的世界名著的译述计划,当然不能由个人努力所能成功,只好叹惜命运不济罢了。

我因法国法郎汇价日行提高,先前每元国币可汇法郎十五枚,今跌到仅五枚。我的生活费虽要维持最低的限度也不可能,正想整装归国时候,忽得陈兄一笔私人的助款,使我得到继续在法国住,且搬到一个法人家庭去住,遂致生出一点风流的事件来了。

这回初到法国时,我仍然保守了在上海时那样正派。记得同船有几位中国阔人到欧洲游历。他们到巴黎时,要我这个老居法国者介绍到一妓院去寻乐,我就带他们到最著名的"玻璃宫"。此中妓女是自由制的,即普通女子愿意的,自己到这地方去消遣,并非是固定的、被强迫的妓女可比。当我们到时,其中尚有一位黑种女子呢。他们各择一个对手,后问我也应寻一个。我推辞不要,他们愿代出资,强要我做,我只好选一个。但我始终与她谈天,未曾发生肉体的关系。他们事后出来时,有一女子疲劳万分,因对手的是一军官,在旅行一个月久,这位军官定然是养精蓄锐,临阵大发其战斗力,使他的对手不能抵挡。也可看见我国武官的精锐,并不低下于法国军人呢!

三、彼此全身都酥软

这次的妓女价,每回"打炮"(不是全夜),要一百法郎。事后大饮香槟,妓院的酒要比外间贵几倍。又要出打赏钱,一共花费了好多,真是无谓之至。又要注意有花柳病,贪一时的性乐而受这些的祸害。人间何必有此种地狱制度呢?可是旅客们是无法可得正常的性乐呵。我也担心这班嫖客可有花柳病的遗患。但鸨母们极力担保她们的"女宾"是断无此病,反怕嫖客去传染她们的,所以她们事后都经过一番严格的消毒呢。

在这"玻璃宫"内,有一特别的纪念物,即在一间小厅中,设有一张四面转动的大坐椅。据鸨母说，这是前某国皇帝到此嫖妓时所用的大椅（也就是在此椅与妓女做事的），以后永久留为纪念椅，也是她们作为招牌吧。是真还是假？以一国大皇帝，到巴黎妓院去嫖娼，这是在东方人无法可了解的。但此中必有一些事迹，然后她们才得借词号召。或许该皇帝不过偶然来此参观参观，就被她们所利用了。可见一班要人的行动要十分留心，以免为人借为口实的。可是话又说过来，就极可靠的历史考证：满清末期的同治皇帝常到北京八大胡同嫖妓，他的死是因梅毒的，不过在正史上假造为痘病罢了。

我搬到法人那间的"人家客店"去住时，适有同乡人前十九路军的军官与一秘书来学习飞机，要我介绍到法国人家去住。我就介绍到一家一位老妇人出租的房间。她有一女儿是担任公家卫生工作的。这位女准医生，年纪廿余岁，稍为肥胖，貌仅中人，但稍聪明。也如通常法女一样极活泼，善于修饰，当然也讲究卫生，又善于表情，金丝发，蓝眼睛，笑口常开，一种温柔令人喜悦，随时引诱人不得不去亲近。不久，我们彼此就发生感情，普通社会的感情吧。但一日她告诉我那位介绍的军官要为她买一件时装，在法国女儿的目中，自然见出那军官的内心了。可是她坚决辞绝，使我由是更看重她。那位军官身体极魁梧，相貌也尚不错，可惜他不会说法国话，不能表示出他的情感。在我呢，当然是先前久住法国，说话表情都比他好，所以结果他失败而我得胜了。

记起我们初次的定情，是极有浪漫性的。我们彼此均住在巴黎近郊叫做"玫瑰区"的。那日午后我们约同到巴黎跳舞厅，彼此心中自然明白不免于"那个"了。我是不会跳舞的，可是她极活跃，在她与法人多次跳舞后，我们就大食晚餐，葡萄酒在法国极便宜。况且当此际，彼此眉目传情，都要一醉才休，纵不会醉，也要装醉了。酒后又饮了极厚的咖啡，更加了欲情的刺激。当我们上那一个醉迷的客店房间中，彼此全身已酥软了。当她脱下内裤时，我极注视她下身无毛，她笑说你们东方人是喜欢光滑的，所以她就用药水拭去了（欧洲有一种药水如牙膏一样,只要涂上,用水洗去,毛就脱下的)。销魂当此际!我感觉得她全身是洁白光滑的,她虽不是处女,但在光滑处的感触,比有处女膜的阻碍,更觉万倍舒畅了。

此后,我每星期六,总在她家晚餐,也就在她家过夜。她房内是照东方土耳其安排的,满睡床中都是各种颜色与式样的大靠枕。在这些大靠枕中,颠鸾倒凤,确是别具一种滋味。

四、人天携手两无期

她的母亲怎样对付我这个东方的情郎呢?她照法国习俗一样,并不以她女儿的行为为奇怪。不过她极怕她女儿跟我到中国的。所以时常在我们中间说些中国的坏话。这也难怪的,因为她只靠女儿为安慰。她有去世的丈夫身后家族养恤金,在经济上足以自给。但她尚要有儿女的情感为安慰哪。实则她未免过虑了。我终不想带回法国情妇到中国,因为那时候我尚有褚女士的萦恋。在她的女儿呢,她也知我们是不能终生相爱的;只求眼前的,有时间性的真情爱也就满足了。

暑期一到,我们就到法人迪美兄弟著名医生所办的"自然派"(Le Naturisme)在地中海那个"日出岛"[1](这个"自然派"有二个岛为根据地,另一个是离巴黎不远在赛纳河[2]的一小岛。关于这个"自然派"的学说与实在的工作,我将另有一章上去介绍[3])去。这个岛的风景真是美丽,它的名字叫做"日出",可见它放那万丈的光芒了。加入这个会社的男女、小孩全身赤裸裸。成年男子在性部上只携一小块三角布;女的除此外,又加上奶罩,余外也都是赤裸裸的。所食只是菜蔬与水果,不准食肉与鱼,不准饮酒吸烟。每日在大海旁游泳,

---

[1] 位于法国地中海的小岛 Île du Levant,面积约数十平方公里。
[2] 今译塞纳河,法国第二大河,流经巴黎市中心。
[3] 此文并未写完,相关内容可参见《食经》《新食经》。

赛艇。复在旷野做各种体操。我们就住在该会所建的一间矮板屋，极狭小的，除睡床外别无他物。这个生活使我们在城居惯习之人，觉得别有一种天地，而享受了世人所未梦想到的乐趣。

男女性交，通常在黑暗的睡房中举行，这不过是满足自然的冲动，男女仅是一种"传种的机器"罢了，这样性交，纵有肉体的快乐，自然说不到有精神上和艺术上的兴趣。可怜的这样男女们！我今就来供给他们一个大自然的吧。

当我们在这个岛时，我们偶然有性交，就在山区中，或在暗僻的海岸间。花明柳暗处，便是洞房。风声浪声，即是洞房花烛时的音乐。天上的云霞，月亮与星光，就是张灯与挂彩。野花软草满地做床褥，我们在这样环境下的拥抱，觉得不单是二人的身体，而是整个大自然都被拥抱在我们胸怀中了。我们的性欲发泄时，不单是向对方个人去销魂，而觉得是向整个大自然中去发泄。故男女结合的真实快乐，不但在肉体，而且在心灵，精神与肉体的合一。此中更广大的意义，不但在二人的孤独，而且是与环境，与大自然相合为一。故男女性交当在野外，在大自然中举行。大滑头吴稚晖说野外拉屎，是极痛快的事。彼自然不能知道在野外性交，更是极痛快的事呵！当我一想及在"日出岛"时与情妇奥赛的性行为，虽则我们在此岛的时间不过一个多月，但已领略到天长地久无穷期的兴趣了。

时光催人，秋季已到。我们遂回归巴黎，但我已屡次得到在上海褚女士的信札，说她近才看到我前在《新文化》月刊所骂她那篇《恨》的文字，势非再与我分岗不可。词句坚决，竟气淘淘然，并说如我不即行归国，她就要把小孩放在孤儿院，只身独自远飏了。我接信后，心如火烧，复信求她原谅，她表示毫不退让。我只好从速回上海去，领我儿归饶平家园。归国后，我和远在万里外的情妇仍常通讯。她呼我名为 Kishi，乃缩减竞生二音而成者。这与英文"亲吻"的声音相似。若译为潮州音则为"气死"吧，这可见她的慧心一斑了。及一年后，她来信说近由她弟在伦敦介绍一位英国友人在她家住，意在结为夫妇。她说经过一番考验，其人可靠，决意与他结合。我因为免致扰乱他们的喜事，遂决定不再与她通讯。这一段风流故事，到今日已隔了二十余年的时间，仍然时时萦绕了我的心头。今日写及此时，我先前的快乐，好似如在眼前一样的活现。但愿彼此心灵中有真爱情，又何必朝朝暮暮相追随！可是她照相的倩影，永久保存在我的案头。兹抄苏曼殊诗一首[1]，聊以表出我的哀情吧。

   珍重嫦娥白玉姿，人天携手两无期。
   遗珠有恨终归海，睹物思人更可悲！

---

[1] 苏曼殊《东居十六》。

第五章　留学时代的浪漫史

一、让我回忆甜蜜的往事

先抄苏曼殊集义山句子[1]，来做小引吧：

收将凤纸写相思，莫道人间总不知。
尽日伤心人不见，莫愁还自有愁时！

唉！我怎样才能写出这个情怀呢？我今老了！回思当时少年的情事，有如"梦为远别啼难唤，书被催成墨未浓"！我怎样才能写当时的情怀呢！唉！让我缓缓回想这些甜蜜的往迹吧！请它勿太匆匆过去吧！缓缓来一点一滴也可慰藉我这个老境吧！

我于一九一二年冬到巴黎。由这个东方老大的国土，生长于乡间封建社会的家庭，忽而飞跃到这个世界著名的繁华京都。初时，恍似乡下佬初入都市，事事觉得甚为新奇。初头一二年，我对巴黎女子尚感不到兴趣。这也如初食"奶酪"与南洋新客初食"榴莲"一样，不但不觉得美味，尚且格格不入口。记得初到巴黎住在"人家客店"时，有一法国北方女士学图案的，又有英美德几位女士来

---

[1] 苏曼殊《集义山句怀金凤》。

学法国文学的。主人尚有三位女儿，一概都使我不动心。也曾请她们食几次便餐，但我视她们如普通朋友一样，并无激起性兴趣。有一时候，那位学图案的女士，对我的"小脚"（当然我不是缠脚，不过比他们法国男子的粗脚较为细小的）极为赞赏。我也对她另眼相待。因为她娇小玲珑，有一些东方美人的状态与我的滋味相合。她一日有小病，我到她房内问候。我那时的法文极粗浅，误会"收产妇"为普通的女医生。我就向她说应请收产妇来看看吧。她听后极惊异向我说不可乱来。我事后知道说错话了，未免暗中好笑自己的法语那样不济事。她向我说，一个少女来巴黎是极易被引诱的。她来时，父母谆谆劝诫，她应该守身如玉不可被玷污，设使我那时如有好手段，料她也必上当的。可是我当时仍然保存中国人拘谨的情绪，我们彼此终久保持好朋友的态度，未曾有打过一些性欲的擂台！

第二年的暑假，我到法国东方的海边。这是一个小小的渔区，不过数百的居民。但它是著名的沙丁鱼场，巴黎人来此过暑假食鲜沙丁鱼是成群成队。此中有一咖啡店，附设食馆并有跳舞场。我们于海浴后，在此饮咖啡并跳舞。我在此店认识了一位女工，后来遂闹出许多的情绪来了。

这位女士，不过十六七岁，生得娇小玲珑。我本身"短小精悍"，个性是喜欢"娇小玲珑"的。在欧洲的女子，身材多是高大，有些尚过于肥胖，这些女子都不能引起我的兴趣。这或许是我的怪癖吧。唯有娇小玲珑的女性即时逗起我的爱好。我与这位女士，不久就彼此情投意合了。

当我对她尚在不即不离之中，同时有一少年的德国大学生也来此过暑假，与我极相好的。他也赏识这位女士，多方设法去亲近，但总被她所拒绝。因为法与德是累世"仇国"，除非有特殊的情感，法女子是不愿与德国男子发生有深密的关系（我在此说的是肉体关系，那位德国大学生所追求的便是此事）。这个使我与这位德人起了竞争，鼓起了我好胜的心情。我以为能打败德人的情敌，是我以弱国的地位，也算莫大的光荣。所以当他在热烈进行时，我也同样或且比他更热烈去追逐。终于他告失败，而我则凯旋成功了，我与她成为亲切的情人了。

二、海滨变成我俩的洞房

因为避免本地人与她家庭的耳目，我们就到另一个海滨，租了一个房子，彼此自己造食，恍如小家庭一样的生活。我当时不过廿零岁，彼此两少无猜，一对野鸳鸯，不知的以为我们是一对新婚的夫妻呢。

唉！让我缓缓来回想那时的情趣吧！我们除学习些法文外，终日无所事事，常时到海水去游泳。当潮水落时，我们在石窟草泽中捞取鱼虾，每次可得一二斤，就够自家丰满的食料了。有一回当海潮大落时我们捞取蟹儿有三四百只，遍送给屋主与那些邻人。我们常到那远远无人到的海石上，身上只穿游泳衣。就这样在蔚蓝色的天空中，在海潮怒号叫嚣之中，在鹰隼飞鸣上下的翱翔中，我们紧紧地拥抱，发泄我们如潮如电的精力。在石头崎岖中，在海藻活滑中，我们在颠鸾倒凤时，有时东倾西斜，如小孩们的戏玩于摇床一样的狂欢。海景真是伟大呵！我们两体紧紧抱成一体时也与它同样的伟大。有一次，天气骤变雷电闪烁于我们的头上。我们并不示弱，彼此拥抱得更坚固，性欲发泄得与太空的电气一样的交流。我们遍身也是电一样的奔放。可说是："天光与'性电'齐飞，'欲水'和海潮一色。"你想象我们那时的性欲真是色胆包天了！当我写至此时，现在尚觉得赫赫然有余威！

我俩的癫狂，就这样在海潮澎湃中消磨了整整一个全夏季三四月之久。我从那时起始觉得在屋内谈情太无兴味了。每逢明月当头，海波平静，我就逗引我的爱人到潮落后那些大石头去领略海景。我们也就在此尽兴领略洞房的兴趣。当我们紧紧拥抱为一体时，我们彼此常说，世间谁知有这样的可怜虫在这样大海中享受大自然的乐呢！有一次于性欲尽兴发泄之余，两人都觉疲倦已极，不觉大睡一场，忽然潮流涨起，将行淹没身体，我们惊起而逃，身已被水沫溅湿，且走且歌，此乐真不能为外人道也！

秋风已起，我们同归巴黎。爱人腹已逐日胀大，到临产时，我真感到手足无措于怎样安置我们的婴儿？我此时尚在初入大学读书，政府所给的学费，于势不能够养活家庭。我只好硬心肠，劝爱人把小孩（女的）放入育婴院，保存她登记的号数以便后日取回来养育。殊不知数月后，这婴儿已告夭亡了！及后，爱人尚行一二次打胎。这些罪恶都由我起。我以后就痛改前非：宁可自己牺牲极端的狂乐，每每遇与爱人及许多情妇的性交时，我总在阴户外射精，不愿再使对方受孕，而生出许多不正当的行为！

说起这位爱人的性格甚温柔。但可惜是有暗病（歇斯底里亚刺激病）。他父亲是因酒精病而死的。母亲改嫁了渔夫，开一小酒店。平时，她极镇静，但遇大刺激时，就失知觉，口吐白沫。我初次遇此情状，不免惊怕到魂飞天外。她虽入国民学校，但连粗浅的法文文法也不懂。若说她是低能儿吗？她又说话甚漂亮，对人有礼貌，一切社会普通事情也极明白。有一次，我们谈到中国此后应怎样建设时，她比我说得更头头是道。这个恍似卢梭在《忏悔录》所说他的爱人一样，他说及连接几日教她学习大时钟的时刻也教不上呢！可是我的爱人尚不会这样笨蠢。然而她所写法文，连字母也写得不清楚，不必说一切科学常识，她更不晓得了。我也曾请人教她法文，终于无大进步，这个未免使我失望。虽则在性欲上，她极端使我满足。她似天生成能够得到性的极端兴趣的。只要彼此肉体一行接触，她即时醉迷如一团的软泥。有时她不好意思起来，恐我看她为"淫妇"，常说她是这样享受的。我想她是西班牙的祖先移民到法国的，她的表情与性趣，完全与西班牙人一样的天真热烈。她的性具，有如我国人所传说的大同女子一样，似有三重门户，回旋弯曲，使人触到也即神魂颠倒。她的子宫颈极为灵活，中国古书所谓"花心"，总是与男子的阳具迎合勾结随时活动。在这样的女子，自然极多出"第三种水"了。由此也极易受孕，这是使我极不喜欢的一事。试想我当时尚是学生时代，怎样能够子女成群呢？因为她神经刺激病上的缺憾，与无法得到教育深造的效果，我当时虽然对她有深厚的情爱与敬重她的高尚人格，但终于不愿与她结合为长久的伴侣。且我当时有一极守旧极胆怯的观念，以为我家有父母主婚的黄脸婆，于势断不能与人重婚。况且外国女子是最忌此事的，纵然骗她带回国来，日后怎样对付得起呢？这个事后再行转想，我真大大失策了。假使我那时与她成为夫妇，或则为终身的爱侣，我终身定然享受家庭的快乐与人生的乐趣，断不会如我归国后所受的那样悲惨。因为这样情妇，明知我家有黄脸婆，也能谅解中国的婚姻制，而可分居，一同快乐生活的。这个追想使我在此不能不大行忏悔，我对这个爱人留下无穷的悔恨了。

三、请恕我这个薄幸儿罢

我终于放弃她了！当第一次世界大战时，德兵已将到巴黎。人民都实行疏散，我国公使馆也迁到法国南方去。我与中国友人决定往伦敦暂居。于是我就给我爱人一些金钱，与她决绝。她也无可奈何，归回家乡依靠母亲。彼此同居了二年之久，那一幕的离别悲剧，我真不能形诸笔墨了。从此以后我们永久无有通讯，我常想以她年幼，面貌又姣好，在法国是不怕寻不到对象的。可是我的良心上永久抱憾终身。我一想起就自骂我实在是一个薄幸儿！她的刺激病是可由温柔的情怀去救治的。不去刺激她，这病就永不会发了。若使我们能够终身成为伴侣，我敢万分相信她必定是良妻与贤母。她对社会的常识已够了,我又何必苛求她深造的教育呢?每在良心激动中,我不敢忆起她那严肃中的笑容,似乎长时在我面前责罚我说:"你就是这样可恨的人吗?你竟抛弃我了!"我不敢,我永不敢记起她那副严肃的笑容常在我面前责罚我呵!可是,她那副愁容,不让我一时一刻放过。当我写此时我全夜不能入睡,唉!情人呵!请你恕我这个薄幸的人吧!我失你后一生所遇伴侣的痛苦,已够受你的责罚了。你的不报复的报复已满足了。只有我这个薄情的罪人纵要忏悔也无法忏悔。我尚希望有一日如能再到法国去,如你尚生存,我当跪倒你脚下,受你践踏,然后我的罪过才得万一的洗除!呵!我的情人呵!我如知你子孙满庭,你得享了老太婆的幸福,那时我才放下我永久恐怕你堕入悲惨身世的挂念。究竟你是生是死?是幸福或是悲惨?我到今只好一味糊涂,我的良心永久负累!我的情怀永久永久的彷徨又彷徨!悲哀又悲哀!

　　算了吧!以不了了之吧!我今来说些较无罪过的调情吧!我到伦敦后住在一个工人的家庭。老年父母之外,有一女儿就是家中的女工,炊食修房都由她管理的。她的年纪与我约略相同,一副枯槁的神情,表示出家庭生活的悲哀。我们客人另外有点好菜,她则随便充饥。晚餐时,我就跟他们一气同食些,一二片黑面包与一二杯如水一样的糖味也无的可可茶。有一日,我怜她那件戴帽太旧式,又逢大节日,我就买一件极美丽的绒帽奉送她并多谢她的勤劳。她对我高兴极了。往后,我们常去看电影,感情日见深厚,我又不免与她发生肉体的关系了。她极聪明,英文字写得极漂亮。性情沉着,这是英国女人的特性,也如我国女子一样,虽则内心如火炉的热烈,但外面总表示得淡淡冷冷的。我们就这样外面装为淡淡的,内心却如烧火般的交情交下去吧。我或说错了!我不知她是否内心热烈与冷淡,但在我则对她毫无热烈的情怀。虽则我敬重她的孝顺父母,和睦朋友,又敬重她俭约勤劳,又怜悯她的身世,恐怕终身寻不到好丈夫。然而我不喜欢冷冷淡淡的,不肯热烈表情的,不敢表示浪漫行为的女人。故我对她只是一个好朋友，说不上有情人的爱恋。

四、伦敦的一次奇遇

她父亲日间出去做工，夜间她又伴同母亲一床睡。我们的"好事"，就在日间表演，我想她母亲必定知道的。因为她怕我这个从巴黎来的人或带有花柳病的，所以每于事后回她房中，她就大行消毒（用水冲洗阴户内），在我窗口已闻到药味。她的母亲是有经验的人，哪有不知此中情事的道理？不过在英国也如法国德国的母亲一样，对于成年女儿这样行为，也就司空见惯，不算为什么重大事件了。我说她是不敢表示那些浪漫的行为，而使我不曾激起热烈兴奋的情欲的。例如我们住居，离那一广大的野花园本是极近，夜间，我们两人常到此间散步消遣。我常逗引她如那些野鸳鸯一对一对的在暗僻的草地上做那件事。可是她终久拒绝，只许我在房内，避开母亲耳目，与我偷偷摸摸。在我先前已经享受过野外性交的兴趣了，故我对这些床笫之交是不感得起劲的。况且我们在她母亲监视之下，只有随便做去，不敢尽情发泄，这样"君子式"——"绅士式"般的相与，也使我的情欲不大起劲。故在这几个月的周旋，我总觉得这样古典的性行为，不能满足我那少年时浪漫派的性格。可是我虽徒呼负负，在她则潇洒自得，以为她已尽所有给我满足了。

当霞飞将军[1]堵仕德军丁芬河[2]，巴黎危险已告解除时，我就回归巴黎了。我们彼此分别时也如普通友人一样，淡淡冷冷的并无一点难为情，"君子之交淡如水"吧！到巴黎后，我们继续通讯了几次。信中也是冷冷的字句，这样，鸿爪虽则偶然留存在雪泥，或许印迹不久

----

〔1〕 约瑟夫·霞飞（Joseph Joffre，1852—1931），法国元帅和军事家。
〔2〕 今译为马恩河（Marne）。

也被雪消灭了。这个爱情，偶然而生，也偶然而死了。我对此虽依稀存留在我脑中，但印象极浅薄，我终究是这样薄幸的情郎呵！

在巴黎住不久，虽则德军不能扑入此地，但日间有长距离的大炮，每每在广众中，有一次在一教堂信徒满满正在祈祷中，一弹掷落，全堂血流如河，直向大门滚出。我一次在街上正在向大学去赶课，邻街正落这样的大炮弹，假设我此时不幸被中，连死也不觉一点痛苦，因为未到感觉，已经身如烟消雾灭了。每当夜间一到，德机数百架来轰炸巴黎。半夜三更，居民必须起身避到地窟。于是巴黎又再度疏散，我遂到里昂市去。

五、娇小玲珑的瑞士女郎

里昂虽是丝业区，但完全是封建性，与法国别个城市的人情不同。我住在一家教师的屋里，教师是一个十足的封建绅士。他的老婆高大肥胖，开口就喧嚷，声音常作沙沙响，她也是小学教师。那老教师那样矮细身材，沉静性格完全是两样人。老教师极怕老婆，她说每句话时，他总是唯唯诺诺，不敢有一言辩驳。她对我监视极严。他们有一女儿擅长钢琴，已得政府的奖牌。可是这位女音乐家对我无一些爱情的表示，我也不喜欢她那副丑面孔与枯燥的表情。可是有一位瑞士女郎，大约十七八岁，生得娇小玲珑。注意！我上面不是说过我最爱的是这四个字"娇小玲珑"吗？这位女郎是特来跟女公子学习钢琴的，她不但娇小玲珑已也，而且有一副艺术家的色相，又有精致的心灵。她那一种从口中发出的"银声"，铿锵而具有音韵，使人一听就亲近起来。我因不喜欢那位女公子，所以时不时就向这位瑞士女郎学些钢琴。有一次，她向我说些爱情话头，我就堵住她说："在你这样小小年纪，安知什么是爱情？"她听此就不服起来。她说："你太轻视我了！我就要表示出我的爱情了！请你缓缓证实吧!"这分明是向我挑战了。可是我们那位老板娘,不但更加严密监视我,而且严密监视她。监视到我俩在食桌时不能彼此交谈,到后监视我不准到她房间去,不准我们一同出街。那位老教师受了老婆的嘱咐,常常向我督责不应与这位女郎接近。他说这位女学生是年纪少与极正经的,我不应向她说一句爱情话去引诱她。假如他们(即他与老板娘)觉出我有一点过分事就要辞我出去呢。他们不知又向她说些什么"支那人"的坏话。以后我们就淡淡地相处下去。她对我不敢正视,遇见时头总低低看地。虽则面中常时表现了笑容。在我呢,我也当她是一个小女孩,看看她那副可怜相罢了。

第六章　欧洲大战时的奇遇

一、她占了我的一页情史

世间事情常出监视人意料之外，况且天生成的爱情是那个严肃的家庭所不能关得住的，我侥幸中只得到一枝杏花在我的面前招摇！他们请到一位女助教，高高的身材，瘦小的面庞，她虽则不是娇小玲珑，也占上了我的情史一小页。她刚来时，头一夜被睡床的臭虫咬到一夜不能睡眠，她后来告我说她家是极干净的，这是头一次受到这样苦，使她整整哭了一夜。虽则在他们监视之下，但她已是廿余岁之人了，而且是自由受雇，可以随时辞去的。所以她来此几日内就向我亲热，我们一同出街玩耍。不久，她辞职不干，暂时住在一间旅店。当耶稣节日（十二月廿四夜）我们餐聚后就在她房内过夜。正在入床时，她抬头看见壁上挂了一幅耶稣上十字架吊死之像，那像表出那样悲惨的神情，使她即时感动起来。当我正在想实行动作时，她就起床，穿好内衣，极严重地、悲哀地向我说："耶稣既然为人类而死，我辈在这个死难节日，安能做出这个肉体的快乐呢？"随后，她向我说起那些精神上的恋爱故事，劝我收起欲念，后来好合的机会正多呢。我也一时被她所感动。彼此极和睦又极规矩地过了一夜。这是一个什么夜景呢？这个无邪的一夜，真正是一个精神的恋爱，比那肉体有万倍的香甜，我们紧抱睡一宵，香甜香甜遂深深地沉醉于儿女爱神的梦乡！早起，晨餐后，彼此亲热地互相深吻而散。在几日内，我们只在日间会话，她遂即到巴黎去了。当我再回巴黎时，我就在通讯中得到她在邮政局任电话之职的住址去访问她。她照常如友人一样招待我，且有多次聚餐，可是我们永久未实现一次的肉体关系。这件爱情的经过，委实在浪漫中带有古典派的色彩。我料她是极深信仰宗教的，自然免不了深中了宗教之毒。然而她这样自制的精神，她明知我们不过一时的取乐罢了，她终不会与我结为夫妇的。所以她保守贞操以便与得意郎君有长久的结合，这样的女子不是为我辈须眉所当钦拜吗？

当我回到巴黎时，战争仍然在进行，我因避免夜间飞机的骚扰，遂居住在巴黎的近郊。这是一个山林区叫作圣格鲁的。日间无事，独自散步于深林中。一日遇见一位女郎也是踽踽独行，神情是极无聊赖的，我就借机向她攀谈。她说是因原居地（法国北方矿区里）沦陷，与母亲避难到此地，住在客店一小房间内，因为她心情抑郁无欢，每日只好出来游散。她只有廿余岁吧（人们在法国是不相问年纪的）！生得也娇小玲珑，表情极好，谈吐中有多少诗意，后来才知她是一位民间小诗人。这样相会了几日，彼此已有深情蜜意了。我当时以为避难的女子，总是生活成问题，看我这个东方游学生，必定有囊金累累，借此为取财之具，就是一种变相的卖淫妇吧。我想起打探她的心情，于是极冷淡问她说："你是为钱财而爱我吧！"她那时脸现鄙视之状，向我说她们母女在避难中，已得政府的救济金，生活虽苦，但金钱是不足动她的心的。在将定情之时，我请她饮一杯咖啡，她却拒绝说："你试试吧，我连咖啡也不贪取你的，这尚不足表示我洁白的心情吗？"无论我怎样劝解，她在这头一次献身，整整有二个钟头之久，事前事后，拒绝一杯咖啡的领受，这使我钦佩她到极点了！

二、邂逅着避难的女诗人

　　我们这样在大森林区中度过了人生无上的快乐，若要详细记起这数个月久的情状，恐怕连篇累牍也说不尽，我今只好节略来谈吧。

　　我们的行乐是随地随时变动的。在这个僻静的山林，又是遇战争时，壮丁都当兵去了。住居周围的，本极稀少的人户，那些妇人们也无闲情出来游玩，只见各家门户紧紧关闭，有如居丧一样的凄凉。可是我们呢？在她是借此为陶遣本乡沦陷无家可归的悲哀。在我呢，我当然表示对法人的同情，痛恨中国军阀的残暴。在我们互相慰藉之下，愈觉我们是此时此地一对伴侣谈得起心情的共鸣。她有时作些小诗给我看，我称赞这些是出于天籁，是出于民间苦痛的心弦。记起有一首大意是这样：

　　家乡何处是？田野变战场，屋舍烟火灭！父母夫妻各离散；或为残身躯，或作骷髅泣！凶房正飞扬，誓不与两立！何日歌凯旋？我气始静默。

又作我们定情诗一首：

　　云霞头上飞，思归不必悲，偶逢有情郎，我心极欢欣！东方游子未忍归，西方娇女正追随。你痴情，我意软，稚草同野卉！洞房花烛日，骄阳放出万丈的光辉。紧紧相拥抱，好把心灵与肉体共发挥！好好记起我洁白清净的身份，任君上下左右周身一口吞！

　　这些定情句艳丽极了，可惜我不能把她法文的深邃处全部翻译出来，我只述叙大意罢了。不错！每当"行事"时，她的满口香馥馥，满身软绵绵，我真恨不得把她一口全吞了！

情感是随环境而变迁的。试想我们这时在什么环境呢？深林中，野花园中，射水池中，奇葩与围篱中，在日光皎皎中，在月色迷蒙中，在鸟雀飞鸣求爱中，这些一切都助长我们欢情的高潮。

　　我们最喜欢坐在软草地，温柔地谈起心来。遇到兴发时，就在这样软绵绵的草地行乐起来了。我们最喜欢是藏在大围篱的圈内，这些篱枝，虽有小刺，但触人处只是小痒，并未太硬扎，这些是一种白花细蕊，味道是稍带腥气的，这种香味，似乎精液味，更逗引人起了性欲的兴奋。我们就常在这样围篱圈内好合起来了。我好比一个好采花的虫儿！在花心内竭力舐钻。钻出那些花蜜来始罢休！女的花姐姐好似说："虫儿！我不把蕊放开，你怎样能够采我花蜜去？"那个虫儿似乎说："我有毅力呢，我的针是极尖锐的，我的心情是极热烈的，任你的花心怎样不肯放松，怎奈我那枝针的尖锐，我的热力那样热烈，你的花心是终要献出，给我尽量的吮嚼。不但你的花心开放了，你尚要流出了那浓厚的蜜汁来，给我饱饱的满足！"花姐又笑说："虫儿，不错，实在你的尖针打碎我的花心了！在你，固然是取得我的甜蜜汁；在我呢，也算是全身骚动了。当你在用尽气力向我花心进攻时，我则觉得小痛中又带痒，痒痒中满身麻醉起来了！我在不知不觉中全量泄出我所有的蜜汁了！虫儿！我的性命！我的宝贝的虫儿！你不知我怎样爱你。纵然把我的整个花心给你舐碎，我也是甘愿的！虫儿！我的性命已交给你了！"虫儿说："好吧！我的花姐姐，你的情意，我已领受了，我总要尽我的力量，把我那枝针儿，温柔与热烈地轮流进攻，使你又痛又痒，痒痒中又带上麻醉，终要把你的花心周围以及底里无处不吮过舐过的，使你好好地全量把蜜汁交出来。我这个虫儿并不是单方面的满足，你也同时得到周身迷醉的满足呢。我尚要在你花心中放入些雄粉，使你受孕呢。"花姐听到受孕这话时，就忧愁起来，笑中带哀音向虫儿说："我的宝贝呵！你勿太多情了。请你只好好享受我的花蜜吧。你如出力太多到疲倦时，也请你在我花心中睡眠一觉，但切勿，切勿把那些雄粉射入我的花苞内吧……"

三、我是一只采花的昆虫

"我们彼此不过偶然相逢罢了。现在开花时节，你幸而偶然碰见我，被我花香所迷惑，你就来向我纠缠，向我花心吮了又舐，舐了又吮，这尚不够你的快意吗？我不知在几时，我花也残，蜜也尽了，你也不知飞到何处又再去吮舐别枝花心花蜜了。相逢不过一时，你何必留下孽种使我终身负累呢。虫儿！我的好宝贝！请你存些良心吧。只许你在我花心尽情取乐吧，但切勿放入那些什么花粉呢。"花姐说此，几乎要流泪了。虫儿见她那样悲伤，就向她劝慰说："花姐姐，请勿挂虑吧！我就听你意，只管尽情取乐，也请你尽情取乐吧，我包管永远与你和好之时，断不放入一点花粉到你花心去，我只好把那些花粉丢放在外头罢了。但我问你这样花粉不传入去时，你的花心不觉得缺憾吗？不觉得花心内未能得到完满的热气吗？你须知花粉是含有电气的，热团团的电流电气，你不希冀吗？"花姐答称："多谢你虫儿的照顾，我也知这个电气的花粉入我花心中，我更感觉得快乐到万分，但我一想受孕的负累，这个负累的苦处，怎样能取偿于那些一时电热气的乐处呢？所以我宁可放弃这一点的快乐，不愿受了胎孕无穷的痛苦了。况且我们花儿，只要花心得到你们的针刺，便能出了花蜜，我们也就觉得极满足了，不会再有性刺激的病患了。我们花儿的目的已算达到了。我也知道你的使命是把我的花蜜先行吮尝后，才把你带来的花粉放入我花心中，然后更觉完整满足的。可是请你存一点天良，把这个使命放弃吧。在你得到我花心的蜜汁，这样热气腾腾，甜香香，你也算得到极度满足了。纵使放弃你注射花粉的使命，于你的快乐也不过极少的牺牲，你又何必求全责备呢！"虫儿与花儿在这会话后，彼此更无顾忌地尽情快乐。虫儿用尽全身气力，把针尖向花心上下左右，底里外面，一时温柔地，一时又激烈地刺出刺入，向左右刺激，又向上下刺激。花儿的花心舒畅极了，把花心大大放开全任虫儿去乱钻。她的蜜汁，一阵阵地流泄出来，浸透了整个花心的里头与周围，又在花蕊外面，也流出许多的蜜汁。那只虫儿不但用针吮，尚且大开其口恣食一番了。虫儿事后高兴起来，叫出哼哼的声音对花儿唱起来："一回儿又一回儿，一遍又一遍，我的针条尽情对准你的花心！我的爱人呵！你的花心香馥馥，软绵绵！整个花心那样活动又巧妙，跟我那针头互相凑合以周旋。你感得十分快乐了，你的窝心，发出如火般的热气缩紧我的针头！你的蜜汁如潮流般淋湿我的针头！多谢你花姐姐，花姑娘，你的热情浓意给我终身留下万种无穷尽的温柔！"虫儿高兴唱，花儿在旁静静地鼓掌，一回儿一回儿摇动她花心的绒毛。

四、她是香妃再世

以上所译述的大意，也就是我那情人所写那一篇"即事"的短长诗句；从那一句"我好比一个采花的虫儿"，一直到"一回儿一回儿摇动她花心的绒毛"而止，真可算是一篇稍长的诗了。她把这篇诗命名叫作："虫儿与花姐交响曲"。你想她具有这样的诗思，教我怎样不仿效虫儿向她这位花姐姐的花心竭力讨好呢！

这位花姐姐给我终身一件在别个妇人所未有的快感——那是她全身的香甜气味！当她与我深深接吻时，把她香撩转我舌时，我起初总觉得香甜。我初想她是香妃再生，我又怀疑她用人工的加料，或许她在唇中涂抹了一些香蜜的膏脂。不但在她口唇中，所有她的整个身上都使我嗅到一种香甜的味道。当她在性交兴奋时，我醉迷她的私处与周身的热烈电气，也似是一种香蜜的电味。这不是普通女子的电流，而是她独有的香且甜的电气息。这些使我醉迷极顶了。这些香甜气，或是她的天生成？或许她从人工艺术所造成？我也常问她怎样有这一回事？她只是默笑不说出根源。我此后就戏呼她的花名为"甜姐"了。甜姐，甜姐！她满身的香蜜气，假设她是用香水与蜜精涂抹在全身上，头发中，也够使人沉醉了。正不必如香妃的生来就芬香。又安知香妃不是用人工的麝香专在欺取痴哥哥欢心的乾隆皇妃？

　　总之，在这样香甜的性交中，我与她已到尽力去驰骋；她也如受电击一样的颤动。我想她的颤动受我电气的影响较少，多是受她自身所发出的电气所袭击吧。她的婉转娇柔的叫号具有那些电流所爆发的大火星，那样有气力的声音，在深林中万籁俱寂唯有鸟嘤与她的快乐声，颤动声。断续不完整的情哥呵！情哥呵的叫声，断续的情哥呵！情哥呵！你把我——弄——弄——死——死了！那些颤动的全身，颤动的温柔婉转的叫声，有时树上的鸟声相互和起来，在我此时的迷醉中，我耳边好像鸟儿也在颤音中叫情哥呵，情哥呵！你——你——把我——我——弄——弄——弄死了！弄死了！有时一些鸟雀仓皇飞开，它们似不惯听这个全身颤动的声音，哗啦啦地，振翼飞开。而我们醉迷时，我耳边又似觉情人颤动的声音透上云霄，又把空谷之音回转过来，满天遍地塞满了。这些颤动的娇音好似在极乐世界，死与生挣扎的声音！试想我们此时的快乐，岂是两人的独乐，而是把这个快乐传播到天上地下满处去了！所以我在上头说：唯有在野外的性乐，尽情的狂欢，始是无穷的快乐，始是个人与对方互相拍合而成为一体，扩充到与大自然相合为一体的大快乐。

五、爬上树上寻欢

　　可是，我们此时两人所享受的，完全是静穆中的快乐，是山林静寂中，静静的山谷中，幽闲的草卉中的快乐。这样快乐与我在上所说与那个爱人在海潮汹涌号叫中，又是具有别一种的情趣。我可以说，在海涛中，我们的性乐是在动荡中而求得两个合体与大自然的合体中动荡上的乐趣。可是，在我们此时说，在静静的山林中，我们两个合一体与大自然合一体的大快乐是在静寂中得到的。在动荡中与在静寂中虽然所感觉的情趣不相同，但归根总是个体与大自然合一的。我们有时要领略这个动荡的情态，我们有时又要领受这个静穆的化景；互相对照，互相凑拼，然后才能领略整个动的壮美和整个静的优美的乐趣吧！

再让我们好好在此幽静的环境中快乐一些时吧！记得有一次我们久久在大树下玩腻了，彼此一起爬上那株离地不高的枝丫中玩耍一下，岂不更加奇妙。我们于此就这样做。我当小孩子时在乡间攀升大树是稍著名的。今该枝丫离地不过一丈余高，我就托她先上，我一下子就赶上去，她坐在我的怀中，当然我们是做惯"那个"工作，巧好法国妇人的内裤是在下面张开大缝的，外裙撩起，就可随便行事了。然而我们终不敢如在地下那样任情去放纵，只好缓缓来——这些缓缓来的动作比起那些"快快来"又有一种无穷的趣味。那时邻树枝上鸟雀吱吱的鸣叫，似乎在讥刺我们是要学人类的猿祖宗而惜不能那样技巧的。同时阳光射入林木中反射出那万条金影的婆娑。在那树林外的野花园，那些草卉、芍药和玫瑰，都现出了晕红的颜色，似是为我们羞耻。呵！"天若有情天亦老，草本无言最可人。"周围都是静穆到一叶落土地闻声响的气氛，我们就这样在缓缓来的动作。两人的眼睛都睁不起来，彼此迷醉在大自然无声无息的怀抱中！这个好奇在树上寻欢的心情，使我又忆起与上所说的第一情人在海水中，我们也曾学鱼类的"比目"。这个人类最始祖的鱼类玩耍法，也被我们偶然一次好奇所模仿了。请你们恕我此时，既年轻，又气壮，凡事总耍得一"奇"字然后甘休。不消说，你们要骂这些行为是无聊赖的。在我今日的老境想来，也认为这是一种矫揉造作，有乖正道的。可是请求你们原恕男女少年时的好奇的心情就好了。"好景不长，胜会难再！"我们终于不得不离别了。有一日，她匆匆而来，现出悲惨的神情，手持一页诀别诗，向我说她今日接到她爱人的信（不久就要成为她正式的丈夫），他新从战场受伤回来，要她与她的母亲明日陪他到南方去疗养，她于义于情上都不容辞，决定明日与她母亲离开此间，这是最后的一日了。她要与我再尽一日的欢乐，以留为终身纪念。可是我们此日是极正经的，惨淡的，彼此只在纵谈前次怎样尽情的欢乐，而在今后的遭逢，只好听诸命运罢了。我们彼此虽外貌各在强笑互相安慰中，底里滴滴的悲泪各各吞下在肚中。到午时，我请她到大饭馆大食大饮一次。我说："你从那月定情起，不愿饮我一杯咖啡，已经表示你的洁白的心怀，而今已经许久证明了。今日一次大餐，你当不会辞却的！"她表示极乐意接受。我们在餐时且饮且谈可有二点余钟。在无聊赖中我们漫谈到外国的诗曲后她问我近来中国有无大诗人！我举苏曼殊和尚以对。并说和尚是悲伤主义者，我遂译出下四句诗念给她听："谁怜一阕断肠词，摇落秋怀只自知！况是异乡兼日暮，疏钟红叶坠相思。"（苏曼殊《东居十七》）她听后泪滚滚滴落胸襟。我就劝她不必太悲。并向她强说：人生有别才觉情趣愈浓呢。我虽勉强安慰她，自己也不免掩面而泣。这样愁怀相对，时已打下二点钟了。她骤起说，阿母正待，我此时归寓整装。别了！我的爱人！我的情郎！她一面说时一面遍吻我自额至口。我也强起说：别了！我的爱人！我的诗人！我也热烈地给她许多亲吻；在这些离别的吻中，我俩的心肠俱碎了！

别了！我不但与情人别，与圣格鲁大森林，与大自然一切皆别了。我以后永未接到她一点消息，真是一别不能重见了！生离死别的死别了！"谁怜一阕断肠词，摇落秋怀只自知！况是异乡兼日暮，疏钟红叶坠相思。"我念了又念，终久是倩影渺渺，余怀茫茫！

第七章 人有悲欢离合

一、西方的史湘云

"相逢天女赠天书,暂住仙山莫问予。曾遣素娥非别意,是空是色本无殊。"[1]我与那位情诗人别后,数个月久,孤单无可聊赖。也曾多回再到圣格鲁林下徘徊,睹物思人,徒有感慨,旧时花木,变成为可憎之物,先前鸟雀,也幻作无情之媒,到后来只好硬心肠不去罢了。偶有一次到巴黎北车站送客,在车站中,碰见一位女郎匆匆行时,在她手持许多书中遗落一本,我在旁间代为捡起。在她客气道谢之下我见她旅行装束,打扮得身子窄,矫捷似飞鸟盘空,她那副"目飞色舞"的神态,最动人处那双眼炯炯生光,当她这样眼睛注视及我时,我那时已成为"她的人"了。

匆匆聚谈一些时,她说要去办公,晚间始有闲来长谈。到了晚间我们在约定的饭店倾谈之下,觉得我如旧人般一样的亲热起来了。她先介绍自己是喜欢看小说的,每三日必要买一本小说看完;现在正在搜集材料,预备作一本小说问世。当她听及我的哲学博士论文是卢梭学说为主题时,她高兴得跳起来。她遂说及浪漫派(卢梭派)的真正意义,为人所误会久了。实则浪漫派是起源于古时的"乐天派",它

---

[1] 苏曼殊《次韵奉答怀宁邓公》。

不是放纵的而是谨守的人生观；不是狂欢，而是悲伤主义；又不是个人的，而是群众的观念；也不是人间世的，而是大自然的寄托。所以真正浪漫派是反对物质重精神，反对贵族而为人民，反对个人而为大自然，反对狂欢而偏重于悲伤。这也可说它是反对物质文明，而注重于精神的享受，所以，他们浪漫派者不乐意现在的都市生活，而乐意到山村水旁；不喜欢高楼大厦，而愿流连于古堡颓垣；不喜欢歌女舞童，而痴情于惨淡的女性。卢梭便是一个好证据，他终生所寄托的是一位贫穷的女工，对于贵族的妇人不过是在外面相周旋罢了。这位女小说家侃侃而谈，我只好默默而听。我心想幸而遇到这位"真正的浪漫派者"，我也不会白做卢梭的学说了。

她于酒醉之后，面红耳赤，双手指天画地，目光如闪电一样的飞扬。我极惊异一位西方的史湘云在我眼前出现了！她毫不隐饰地说她从十六岁起已经实行真正浪漫派的学理。从此后数年间，她现已廿二岁，曾经醉心于考究东方人情操，即浪漫派所喜欢描写与梦想的"异方情操"。她曾认识日本人，使她鄙视他们都是军国主义者的派头。她曾经认识印度人，也使她失望他们多是印度的教徒。她又认识许多南洋客，都觉得是华侨不能解脱殖民地人的色彩。数年来，她对东方人的认识失望极了。她要寻得一个真正具有东方人的情操，愿献身于他们，唯一短短的时间也好，可惜她终未得这样人！她又谈到与我此番认识的本意，她说初见我时便已知道是一位久住欧洲的留学生，她故意在我身旁遗落一本书，试试我怎样去表示。她看我捡起书来交给她，并说出一些漂亮的法国口音时，她想这个东方人这回或者就是她所希望达到的目标吧。

二、向老妇学习房中术

在将要分手时，她对我说，她极盼望我们能够多次聚谈，使彼此认识到极深层。她笑说她不是如法国普通女子那样容易献身的，须要经过良久时间的考验后，才肯认我为知心的人。现在不过是初次的见面礼貌罢了。她叮咛我去回想她在上所说的真正浪漫派行为是否正确？因为我既然是以卢梭派为考究的目标，或许我对浪漫派别有一种见解，这是各人思想的自由，不能强人必须同意的。她那种热情与诚恳的态度，使我深刻地印入了心头。

我们以后晚晚相聚谈。她说因她所抱的情操态度，使她到现在尚未得到一位白种人的知己。她鄙视英美人的金钱主义，她又讨厌德国人的机械，她也不重视法国人的轻佻。她说愿终身不嫁，宁可为孤单者，这样始能满足她的浪漫的"悲伤主义"。

经过一个月久，已有二十余次的相会，我们也算相知到相当的程度了。在最后一次晚会中，她说对我的思想与行为已经得到极度的满意。她面上涨起了红晕的光彩，两只眼睛发出那含电气的光芒，她接靠我身，向我口上极热烈如火烧一样的亲吻。这个表示，不言而喻，我们肉体的享受即在目前了。到了睡房时，她笑说以她的理想，在"那个"动作时，她要立于"主动的地位"，凡事我要受她指挥。她笑得闭不上口来，又有一篇大议论，她说她是居于画家的地位，我是她的"模特儿"，要怎样姿势与怎样动作，全要凭她意旨而行呢。她笑问我是否同意。我答说是极乐意的。并说这也可增长了我许多性智识与性的兴趣吧。

这样说就这样实行。她身要放在上面，我当然在下面，一切听从她的摆布，左旋右转，疾徐，轻重，都任她的安排。我今然立于被动地位了。她笑说她是学得极深的闺房艺术的，是向一位老于此道的妇人学得的。能使男子得到极端快乐，她要你速射精，你就不能不速射精；如不让你出精呢，她一气数点钟久，而使男子自己无法能射精的。现请恕我在此不能介绍这个房交的种种艺术性详细方法了，总之可说她确是性的图画家、音乐家，故我虽立于被动的地位，但比普通男子立于主动的地位更觉有万倍的性乐。因为她能使我得到非常的满意，不用说在她是快乐极了，她不单是自己的快乐，每一动作，她的快乐能够使我同时快乐，这个真是一种非常巧妙的艺术，使我愿终身为她的忠诚"模特儿"了！因为由她所设计的性交样状，每次各安排成为一幅图画与一首交响曲！

事后，可有三四点钟久的"事后"吧。她向我浪漫地说她的性行为经过的历史了。她说在十六岁时因为少女的好奇心，便被一位法国军官所引诱了，由他那性的粗暴，便把她的私处撞裂了，到今在外面尚存一疤痕，不久，他就把她放弃了。她对此极痛恨，推究女子所以被摧残的缘由，因为性交时乃立于被动的地位，一任男子的摆布，所以女身不能得到极度的满足。她所以要向一位老妇人学习房事的艺术，学习女子完全立于主动的地位。那么她自己当然满足，同时男子也定然能满足了。她又羞涩地说："可是我虽学习到这种艺术，不是如娼妓那样随便给人快乐。自从被那位军官摧残后，我极慎重从各方考验后，才肯献身于情人，你或者不相信，在我这数年内这回算是第一次对你做这种事呢！"

三、在古堡中紧紧拥抱

我们就这样行乐了好几夜。她又向我说她或许认为我不错，极愿请假三个月与我同到法国瑞士的边界。在那山区的古堡残迹，野村荒舍之间，流连这个时间的光阴与处所，实验我们真正浪漫派情人的生活。在我当然极赞同这种行为了。

我俩所住的是在半山间的小小"人家客店"。此地是出产极好极多蜂蜜，我们就以此为主要的食料。早餐及晚食，我们就用蜜满涂在面包上，一二个苹果，或美梨，最好味是乳形甜葡萄，只此，已使我们得到极香甜的饱足了。仅有中午我们才在店中进食通常饭菜。常时，我俩于早晨携带面包与一些果品及一壶浓厚的咖啡茶，极度高兴地上山去游览。记得有一回,仍然由她立于"主动"的地位,由她带头,从一约二三丈高峻坡爬上山顶去,她竭力挽草枝而上,我就在后跟随。她一失手从斜坡中跌下来到我身上,连我也跌下来,二人一圈儿溜到平地才止。我们一身都是土粉,所带食物散开满地,彼此一面滚落一面大笑起来。稍定神后,我们再鼓勇气照前一样爬上。这回有了经验,幸喜得到山顶了。我们的咖啡壶已打烂了。但极好补偿的是山上满生了许多野水果,不只可以止渴,尚且可以果腹,我们就在这高高的山顶野餐。也就在此"野交",当然是由她立于主动的地位,上下高低的动荡,左右侧面的推敲!变幻不测,神出鬼没!在我也乐于永久立于"模特儿"的被动地位。那时天空的蔚蓝色与她身体的红白玉颜,互相照耀到我眼花缭乱,口不能言!这位女主人翁因为发挥她全身的精力,面上身中香汗油油,使我一身如淋到香水。又有一阵一阵的微风吹来。那时我们肉体与精神的乐趣,唯有天知道罢了。

我俩此来的目标,是专为避去巴黎的繁华,特意在寻求可以发生悲伤的场所的。在那些山间有旧时留存的古堡,堡顶已丛生霉苔,周围的墙垣已经破烂到不堪。我俩到了此间徘徊,凭吊这些陈迹,以发泄我们的悲哀。有一次,女主人公表演出剧中的一位破荒户的爵主女儿,她表演得极肖。那种举动,那种表情,都演出得有声有色,怎样在战争时她的父亲被俘,母亲被迫而吊死,兄弟离散,姊妹为敌人所强奸。她每演一件事,极迫肖那人的凄惨情状,而语句中是句句逼肖那一人物的谈吐。她演到古堡女儿在被强奸后,那种愤恨的感觉时,声随泪落。我也不觉如观剧人一样,被感动到眼泪注注。过后,我不得不阻止她说:"够了够了,我的女爵主公子!你既现身说法太悲惨了,你的眼泪也流够了,还是保重自己的玉体吧!"她停止表演后,精神上尚有余哀。她向我泣说:"你以我是扮演人呢!可是我此时记起了历史的事实后,我确是事实中的真人物。我的眼泪我的悲哀,是从真心表出,并无一点的假装。"在我用尽热情向她安慰之后,就在这个古堡中的一间破碎的厅房我俩彼此紧紧拥抱,在她尚在歔欷之中,我向她微笑说:"放下吧,我的爱神,我们在这样悲剧后,不如来演些喜剧,散散郁闷吧!"她亲热吻我后,咽气叹声说:"也罢!但我们要在保存悲剧的情况下去表演喜剧的情趣吧!"她就在满面愁容中掀开裙子,虽则在她喜容中仍然掩不住满脸的愁态。

四、我领略浪漫派的真谛

事后,她说:"你也有心人与我同样表出了悲哀。实则,爱情不但在喜剧中,而在悲剧中更能表出真心理。你看我此时与你行乐,我不是如平时的笑声,而是泣诉的悲音。在我的悲音中你不觉得比平时我的笑声中更具有一种温柔的滋味吗?你不觉得我平日性的快乐时,一切筋肉都颤动放松了。但我此时的肌肉是紧缩的,收敛的,你不觉得另有一种快感吗?譬如在精神上,或肉体上,若遇到悲惨时,我们如能放声大哭总比掩泣吞声更为觉得痛快无比吧。即在肉体上说,悲惨时的性乐并不输却或者更高出于那狂欢时的享受。你现在尚未感觉到这样在悲哀中的性乐吗?"

我答说已深切地感觉到悲伤派的情怀了!我向她说,先前以为男女的性趣是在欢天喜地中得到的。而今才知在悲哀凄凉中,所得到的情趣更加深刻、真切、诚实及饱满了!

她听后在愁容中叹声说:"是的,我爱!你谅已领略到浪漫派的真意义了。例如卢梭对他的情妇(后成为他妻)永久不能表出真爱,因为他得她后,所享受的都是平常的乐境。但当他遇到胡夫人时,他说才是他一生中真正爱情的表现。因为他每次遇到她时,虽流下了几点钟的珠泪,但终不能得她的欢心,而在她也因为怀念她的情人,向他表出了无穷的悲哀,彼此同处在这样悲惨的情怀中,所以卢梭才能领略了享受了一生所未有的真爱情。你说是不是呢?我对你从前及今后是在我的笑声中,眉飞神舞中,胸怀狂欢放荡中,给你心灵及肉体的满足，可是这一次，可惜只有这一次吧！在这个残堡颓垣中，触起了我无限的悲情。我也希望你定能从我这样悲伤中得到心灵与肉体的别一种满足；使你领受了悲哀的情感，比较欢乐的更为高尚、纯洁、诚实、真挚与饱满。你是与我内心同情共鸣的，我坚信你也不会虚过这次的性趣吧。只有这一次，恐怕你一生只有这一次吧！能够深深领受我眼泪中，愁怀中，在我满身筋肉与神经紧缩中所给你真正的情感与性趣吧！"

她一字一字缓缓地在她的呜咽中几乎说不成声中，而在我也一字一字在接受在感动中。此时，我实在也感觉到在这样悲哀情愫之下，我的灵感与性感比较往常在遇对方狂欢时，更加高一层，与深一度得到爱情的领会。

我遂含泪向她说："我的心肝！你的一泪一字都在我心坎中颤动起来了。我想这次的悲伤，不至一时消灭的。它必定存留到我终生，永久永久地活生生在我的心头！"

她听我诉出衷诚后，极为满意，终于说："好吧！这也不虚负我们来此一遭了，现在就归去吧。"

我们就手牵手，腰挨腰，一步一步在秋风落叶夕阳昏黄的山路中蹒跚而归。到寓时店中人都骇异我俩怎么憔悴到这样形容！

第八章 三个月的情侣

一、一首美妙的情歌

我这位女主人公,在归寓休息二日后,又要亲身体验真正浪漫派别一种的情操,她就向山间人家借到了几只羊,一套女牧童装,一套男牧童衣。她自己穿上了牧装,我也穿了牧童衣服,一同于早晨赶羊上山去,这是极有兴趣的喜剧吧,可是她告诉我不要看作是假装而应当从实在的生活中去体验才对。好!我们在丛林内,各持了牧条小棍子,赶上羊去吃草与树叶,她做得完全似牧女一样,静静的面容配上窈窕的身材,脚下穿上了木屐,头上戴了一顶灰色的旧草帽,一看她后我要笑也不敢笑出来,我呢,也扮得如当地牧童一样,惟妙惟肖,她看我后微微的笑容又极天真朴素如牧女一样的表情向我低音温柔说:"我们要尽这一日,切切实实过了牧人的生活啊!"怎样生活呢?我们仅带到一些面包。我们有的是山泉可以饮,有野果可以饱,她头上插满了野花,更显出了天真烂漫的姿态,在万山寂静中我们随地看顾我们的小羊群,它们缓缓地移动去寻觅食粮,我们也跟随在后谈论自古及今自东到西的许多牧童故事。她笑说:"不是吗?我们在这样生活中,不比在巴黎繁华的市内跟随那些人的鬼混为较得到真实的人生吗?我们今日所穿的牧装,不是比城市那些女子长裙厚衣,男子那种硬领西装为舒服简便吗?你看,我们头上有的是青天白日,袭人要醉的秋风,你看那些平野的一片一片的秋色,你看树林中那一阵一阵的秋声,这些是巴黎与那些城居者所能一点享受吗?我俩的灵肉与大自然相化了!我尚要使我们得到牧童女天真浪漫的情趣呢!"

她就现时,现地,给我享受这个天真浪漫的情趣!她跳起牧童的舞蹈,唱起了牧女的情歌,这个情歌是这样简朴地译出吧:"我是十六岁,我的情哥有二十零。我不涂脂抹粉,只有被日光晒得红晕的面庞,我有初肿起的两个小馒头,我的情郎呵,如你饿了,可来取去充饿肠!"她一面唱一面用眼神示意我去同样做,我遂把她两个奶头一个深深吮了又一个。她醉软倒在地上了!以后的事情不必让我说出,你们也能了解的,当我们好事至少有一点余钟才完后,小羊群已不知往哪里去了,我们就跟了羊迹去追赶,一下休息后,她又唱起来:"牧羊牧羊,母羊那样温良,公羊那样癫狂,他们不食草,公羊骑在母羊上,那样的醉迷,好教我牧童牧女神飘飘!意绵绵!"她又用眼神示我依曲照样做。她不待我举动,已伏在地上,四肢撑地,臀部朝天,同时她就如母羊那样叫出微微颤动的,咩咩咩咩的羊声。你们可以想象我此时怎样立于被动的什么工作了!

二、她扮成山林的女神

你们以为她是纯粹为追求肉欲的快乐吗?可是你们猜疑得太快太错误了,每当明月当空时她就约我到山顶去欣赏。同时她穿了周身的白衣裳,这个衣服又阔又长,长到垂在地下去蹁跹,她此时扮成"山林女神"的模样,在林中对月高歌,她响亮的歌喉,要我在旁边对她鉴赏。时不时又给我热烈如火一般的深吻,这些吻,两人的舌与舌深舐如交媾一样的兴奋,有时紧紧互相偎抱,有时亲吻,有时摸按她奶,撑她腰,用手或用脚尖摩擦她的下腹、臀部与外阴!摩擦得两人遍身发烧如火焦!但性交呢?她永久不允许我的,她要使我在摩擦中,领略到那性趣可即不可得的快感与失望。尤最的是要我们在心灵上得到"神交"的美妙。她所唱的情歌是极端猥亵的。她要我在答歌中同样的猥亵，可是她自恃是山林女神同样的洁白无一点的瑕疵，她要我如山林男神一样的尊重女性的高尚，只许两人用情话挑拨，动脚动手相抚摸，但终久不准有肉欲的渗入，这又是一种美妙的性乐表演法了。

她向我解说："宗教家提倡纯粹的精神爱，那是不能满足人性的。庸俗人实行了纯粹的肉欲，这又是兽性也不是人性的，真正的人性是灵肉合一。你今可体验到这样的玩乐，既是肉感乃包在灵感中；又可说在灵感中，已有肉感的满足了。若在这样状态下，单去实行肉欲的交媾，便把灵感完全消失了！"她又申说："历来许多大艺术家如但丁，如达·芬奇，如歌德，都因对他所爱的女子不能得到了性交，所以把肉欲升华为灵感而演化为他们杰出的诗歌。我们此时不是实验出来吗？如我也照平时一样，此际给你肉欲的满足，那就全失了我们在这样的情景下一切灵感的兴趣了。所以我当如女神，你也当如男神，同样无邪的游戏，我们虽则借径于肉欲的挑动，升华为情爱的歌调与浪漫的跳舞了，所以我给你摩擦我的奶，我的臀部与阴私，在使你得到性欲的满足中而感到失望，在我也同样得到两方面的矛盾。虽然两性最后的要求是在性交，但因为有时这个兴奋，在欲望愈不能得到对方的性交时，愈感觉到高度的兴奋与欲望，这样经屡次的压迫后，自然就成为灵感的升华了。所以我在此际，明知我们在兴奋与欲望中，热烈狂疯地，在求到交媾的一阶段。但在这样得不到性交的痛苦时，比较了我们在平常容易得到交媾时，岂不是得到更深一层、高一层的兴趣吗？"

我听她说一句，就点头了一次，表示我所体验的与她所说的完全相符。当我正在请她继续这样使我得到美感享受的表演时，她忽然脱下长外衣，由她所故意携来的包袱中，穿上一套五光十色的一条一条所合成的短衣短裤。她向我说，此番她要变成为女魔鬼的装扮与表演了，她就奇形怪状地跳舞起来，而助以惊人的鬼声鬼啸，她向我挑拨,问我爱她这样的恶魔吗?我已知她的深意了,表示我对她只有惊惧并无爱情,她做鬼脸吹出鬼声说:"你怕我了,不错,我要你怕,怕到不敢亲近我这个女魔鬼!你尚敢如先前一样来热烈亲吻我吗?用亲热的手来抚摸我的奶吗?我定知你是不敢的!"她随即唱出了可惊人的恶鬼曲子,什么墓中骷髅起来跳舞了,引诱她情人到墓中去了,什么女鬼夜间到她情人家里与他结婚,和那些惊骇人到毛发竖起的鬼调!

这个女鬼终于脱下魔衣,照前穿起白色的长外衣后,即问我说:"我看你的颜色变青白了,我不愿长久折磨你,可是你在此也可体验到精神的作用,如果真的有这样女魔鬼,无论你性欲如何疯狂,也终于不敢去问津吧!"

我笑说:"当然我一时被你吓慌了,我想你断不会终究变成那样吧,可是当你认真表演时,我就不免也认真起来吓慌了!"

三、一种艺术化的表演

这一夜就这样在山中,我俩度过了两番的灵感,彼此极纯洁地,未曾有一点牵涉及性部。当归来时,山村中的鸡声已在喔喔啼。太阳在地平线下隐隐然射出了光芒,我们的精神不觉疲倦而反加刺激,到寓后饮了浓厚热滚的咖啡后,我们紧抱为一体,香甜地入了睡乡,醒来已是日午,太阳升到中天了。

且住!且看这位女主人公的表演尚未完!我们不但有山光而且有湖景,这个湖景是极美丽又是极粗恶的,当清风明月时,水上秀纹如鳞,月光从湖一边的高山密林射影倒插入湖面,成为各种各样的画图。日间则有太阳的光芒,从四围射入湖里,幻变的景象可有万千。在这样波平浪静的时候,整个湖容恍如一个美人的笑貌。这是"优美"的一方面,可是当狂风怒发,阴云四布,湖水起了汹涌的波涛,湖的周围的树木也发出了咆吼的叫声,这又是"壮美"的一方面了。

我们这位女主人公也由此发出她惊人的论调了。她对我说:"你看优美(温柔的美)与壮美(伟大的美)常常被人分开为两个景象,实则它们不过是一物中从二方面的表现罢了。今就这个湖说,它有时是优美的,有时又是壮美的。如你只看它一方面就小看它了。就人的心灵说,在温情表现时,如见人贫苦衰弱的可怜,见了娇小玲珑的可爱,那就是他表出优美的心情。若遇他怒时,见物就抛,遇人即打,这就是他壮美心情的表现。(我说错了,'见物就抛,遇人即打',这些不是好心情当然说不到是壮美。)我不过要说他此时的怒气便是那些内心情的壮美罢了。若要解释好一点,就是他若能利用愤怒的心情去发挥他英雄的气概,这才算是壮美的。例如在你们的《水浒传》中,写李逵愤怒那只食他母亲的母虎时,就只用一拳便打死它,这就是'壮美'的愤怒了。总之,一个人与世间一件物同时都含有优美与壮美的二方面。要这样去看始能得到美学的完整呢。"

这个论说使我佩服她到头至地,当我俩在这湖的玩赏中我们也从整个美——优美与壮美合一性去鉴赏享受的。譬如在月白风清时,我们租一艇击楫于中流。在深夜四周无人时我俩就穿游泳衣,也一样去泛艇以遨游,任凭人与艇随涛涌高低而上下,有时尚打入湖水全身溅湿有如落汤鸡,可是此时我们更觉得痛快不可支。因为此时壮美的湖景引出我们伟大的心灵,而回想先前优美的鉴赏,遂觉相反而相映以成趣。

总之,在这三个月,虽则仅有九十日,但这位主人公引导我体验了多样的环境。她领我到山峰层峦去,到古堡去,到湖光去,使我们领略到一幅一幅的画图,朝夕随时间而变幻,即如以性交说,她给我各样不同的方式,式式都配合了环境而成为一时一地的特别图样与色彩,推而至于性交时颤动的叫声,也如音乐与歌唱的和谐。故在俗眼看来,一切性交都是猥亵的,但由她艺术家安排起来,反觉得是一种艺术化的表演。在常人固然也可得学习这些艺术的技能,可是在她已

"进乎技而入乎道"了！

当我们来时是初秋，今则初冬已到，三个月的光阴可惜已迅速过去，我们就回到无意味的巴黎来了。一到此地，她就坚决要我们分散。她在准备分别时极严肃地向我说："我要自己找工资以生存，我不能不屈服于这个罪恶的社会，但你须知所有情人总要一别的！短则几日，长或到数十年，终于到死去时也要别离的！这是在短时期的别离，给情人们较有长久的回忆。永久相守，易生厌恶与冲突。例如在这短短的时间，你虽个性极强，终能相安于'模特儿'的地位，一切任我意所安排。假如再继续相处下去，你就要发挥你的个性了，但在我又是誓不立于被动的地位，而定要凡事为主动的指挥；在你安能长受我的抑制呢？纵然你愿意，我也不愿永久抹煞你的个性。那么怎样能在两个个性极强之间，彼此能长时相爱下去呢？所以我从此就决定我们只有三个月久的相爱。过此后我与你永无再见的机会了。说起来不但你悲哀，我恐比你更悲伤。但我们不是在一场合中，我俩已经体验到'悲哀'正是真情爱的人生观吗？我已先想到定要把我俩三个月来所实地体验的写一本小说，它的书名叫做《三个月的情侣》，这本书我想能传存于人间。那么，我们的情爱，不是比较我俩——纵使终生相爱下去，更能永久存留吗？别了，我的心肝儿，我俩就从此分手，永无再见的日期了！"

四、玉楼明月长相忆

实在，我对这位个性极强的情人，又有什么方法可挽回她已决定的计划呢？况且她的话是千真万确的，在我也是个性极强的人，安能终生安于"模特儿"的纯粹被动地位呢？就如性交说，女子有时固要立于主动的，但男子又何独不然。男女彼此最好是轮流互相主动与被动。可是她的脾气是永久要立于主动的地位，那么，我怎样能够长久与她不发生冲突呢？与其冲突而把此前的爱情消灭，反不如一别，永久地把爱情留藏在心头。经我一番惨淡的考虑思维之后，两眼满含辛酸泪向她说："我就好硬心肠，听从你的话吧，但愿在后日你的心情转变时容我再向你屈膝继续我们的旧欢。而今只算作'暂别'，请你勿说是'永别'，岂不好吗？"

她也堕落了许多泪珠，遂给我她的相片，写上"天长地久，此情绵绵"几个字，与我热烈亲吻后，遂一倏忽间去如飞鸿的远飏，留下我在地上仰头伫望她已在空中失去的方向。

在此后许多时间我总去寻她，但不知她住在何处。我又好多次到前时相逢的北车站希望再见她一面，但终于永远不见她一点芳踪。实在她说得极对：这个悲伤的别离情愫！愈来愈见浓厚，使我有一时候似乎变成半神经病，无论日和夜只要闭上眼睛，便立刻见她在我眼前。

我这个憔悴的情形，挨过了好几个月。忽一日在书摊中见了一本新出小说《三个月的情侣》时，几乎使我发狂一样去看它。可是见到著者（即我的先前那个情侣，她化名为丽丽西名）的小叙上，说她怎样有计划地与我这个情侣，只许有三个月的尽情快乐，她故意地，也是本性地，偏向于悲伤主义，决定坚强的决定，使我们在此后的终生中，只有去悲哀这次离别的情怀，而断不能有再见的机会了。

她又说已向外国一个荒村芳舍去度她终生的生活，她虽则永久悲伤于我们的别离苦况，但她希望成为一个悲伤主义派，而升华她先前所领受的肉欲快乐变成为艺术的作品，聊以消遣她的余生。看她的叙文一字一泪中的坚决意志，我断不能再见她的一面了。可是我到今仍然怀疑："真正的情感，必定是悲伤派吗？"在我想：又悲伤，又狂欢，忧天复乐天；两个矛盾相统一，岂不更宜于人性吗？可是就那时说，我俩确是悲伤派者。

"多情自古伤离别，更那堪、冷落清秋节！今宵酒醒何处？杨柳岸、晓风残月。此去经年，应是良辰好景虚设。便纵有千种风情，更与何人说？"

浮生漫谈

一、小　叙

这是我的"半自传式"的小品文,虽则是随意漫谈,但我自有一个中心的主张,即是痛快地生活,情感地接触,愉乐地享用。我先在北大时已出二本《美的人生观》与《美的社会组织法》,就是讨论人生怎样始能得到美丽的生活法——物质美与精神美的要求。我近写这类小品文很多,都已在报上发表过了。今承赵一山、高朗两兄的盛意,使我能够先把这几十篇出版。希望后来尚能集成为多少册继续和读者见面吧。

1956年2月于广州

二、忆故园[1]

忆故园，又忆及环绕它的四围山峰。那是高接云霄的凤凰山脉，产名茶的处所；那是坪溪山脉，与潮安市相交壤；那是待诏山脉，传说宋帝昺奔走南方，抗拒元兵，曾经此地而由他钦赐这个名字。

峰峦处处有，山峰格外好观赏。朝雾晚霞山色朦胧，若隐若现，或如彩带绕山身，或如宝冠罩其头，晴明时如蠢天芙蓉，风雨来时似海涛怒号奔流。

我夜间爱月，日间爱山。月只为鉴赏，清澈我的心灵。山不但可以鉴赏，更兼有实利可以资生活。

山利是无穷的。到现在尚有许多人以为只有造林就是振兴山利了。实则，山中可以种植许多种稻作物、油作物，尤其是水果类、竹类等等的最易收成与最切实于民生日用的植物。至于造林，除好木材之外，又可种食料或用料的树种，如栗、榛、椰、油棕、漆树、桐、龙眼、荔枝、橄榄之类。

例如竹属，满山是可以生长的。我在园中只辟出长不过二丈、宽度不过数尺的地方，种大竹于其中，十余年久，每年数月食竹笋食到饱。那大竹笋娇嫩爽口，切成细丝，比面条更有滋味，更富滋养。

---

[1] 张竞生的家乡是广东省饶平县浮滨镇桥头乡大榕铺村，他在这里度过了他的少年时期；1933年，他重回家乡，在这里断断续续生活了近十七年；1960年，他再次回到家乡，在这里度过了他生命最后的十年。

说及水果种在山间比田园中更有出息。我县著名的柑橘，就种植在山谷。橄榄、香蕉、龙眼、荔枝，更适宜于山区的生长。我常想及现在的城市街旁的树木只在遮日与鉴赏，若能改种为水果树，同样取荫，而每年不知有若干的出息。

山间也可种稻作物，如山禾、畲谷、番薯、树薯等等。我曾在山头种山禾，它的米粒粉红色，如糯米一样的黏柔，比普通的大米好食得多。

我曾开了三大苗圃与七个山农场。那时极自信，极自豪地走到山头，遥目遍望诸山峰，口中常指它们叫出欢悦的声音："山呵！我们征服你们了！"

究竟，这不过是个人的骄夸与梦想，一个人是不能够征服许多山谷的。我也曾发动本乡的群众，向十里内的山谷间去进攻。可惜那时的群众尚无组织，缺乏觉悟性，终被一二土劣所阻挠，而我个人的生产计划终于失败了。

故园是一片六七亩的平地，是我先父租下预为我归家时之用。可是我虽满意我的"绿窝"，但每当独行山头，常想跳出到极远的山区，以扩大生存鉴赏的限界。现在我便到社会，到人间来扩展我的眼界，延伸我的生命！

我一生最爱月，我爱月比爱夜更热情。在乡间日落后，灯火全无，满天昏黄，只有月光是天上的蜡烛，也是人间光明的信号。

在"绿窝"故园时，最使人留恋的是每当晚鸦一群一阵地向高山归巢，那蛾眉月或团圆月在峰峦间浮现，我们一家人就到左近的清溪游泳。这条溪流乃由极近的大山谷所泄出的流水，便是清白无瑕的泉水，只要入其中浸淫一些时光，便觉凉入心脾，沁入肺腑。

细沙如毯，白沫似练，四围的山色由于山谷的构造不同，而有显明的和暗影的差别。我最乐是缓缓仰泳，那时面对月光，与波影一同摇摆互相徘徊。宛转的岸边，青绿的微波，月色与山光和这条溪流相合成为一幅静穆的图画，稚子娇娃，游泳呵，喧哗欢乐于其中，点缀成为图中的人物。故园中的玉兰与溪岸上我所种的千余株柑橘的花香,弥漫于溪流,于山间,于月光之下。

游罢归途,踯躅田畦,同唱山歌,入园时但见丛竹弄影,蕉叶舞姿,周围乡间静无声,但闻万籁齐鸣,蛩音唧唧,此中有虫名"地虎"[1]在叫号,蚯蚓、水蛙嘈杂中具有一种和谐的音调,又有那些蛇,也叫出"嘶嘶"的微音。说到蛇,园内是极多种的,一种叫乌蚊子的蛇[2],夜间就上树去偷蛋与食鸟;黄头娘[3],那样美丽,无害于人而有益于稼穑,便听任它们在园中自由行动。

明月射入小楼内,床榻都现出光辉,纵然困惰也睡不得了,只好睁开眼睛与月影共徘徊,有时又闻到那鸡寮中百余只鸡,雄的喔喔啼,不知不觉地进入睡乡。醒来,又是日光在山头、田间、园里,我们一日的动态又在开始了。

我爱月,爱山间的明月。我在巴黎常常避开街中的电光四射,独自静静地走到赛纳河边玩赏月华。

日光固然可爱,这只是在朝曦,在夕照,在冬寒的天气。至于月光,无论在何时何地何种气候都是可爱的。初三四的蛾眉月,以至于十五六的团圆月都是可爱的,以至于廿余的下弦月,也具有一种吸引人迷醉人的魔力。我永久永久地保存我儿童在读私塾时跟了母亲在日尚未出,月尚在山头依稀与多少晨星半明半灭时,起来背念"人之初""天地玄黄"那些情景。

"待月西厢下"的情趣已一去不复返了!唯有"云破,月来,花弄影"一些情趣尚永久永久地萦绕我心头。当多样的水果上市时,小孩子们见了香蕉就说不如我们园所出的好;因为我们的又肥又软又香又甜,乃是在蕉株上让它充分成熟,成熟到蕉皮要自己离开蕉柄时才摘下,有时,蕉身已被禽鸟吃去了蕉弓大半,然后才知觉

---

[1] 学名蝼蛄,俗称土狗仔、拉拉蛄。
[2] 也称过山乌,学名眼镜王蛇(*Ophiophagus hannah*),"乌蚊子"是潮州方言称呼。
[3] 学名草腹链蛇(*Amphiesma stolata*),俗名黄头蛇、草尾仔蛇,无毒。

呢。当小孩吃到荔枝时,今年的"糯米糍"都丰收,真便宜,实在是一种好货,可是他们说这些"妃子笑"怎样能比我们园的"状元红";"尚书怀"怎能比我们的"宰相黑"。我们园的荔枝一粒大如鹅蛋,肉又酥,酥到在嘴内跳舞!此地现在又大叫石峡龙眼顶呱呱了,但怎样能比我们园的槟榔种龙眼一粒比鸭蛋还要大,甜到比蜜一样,又够香味爽口呢!虽然番石榴一个也有五六两大,但我们园里的番石榴,一个大到一斤多,一到口内就自己粉化。总之,一切好水果,总是我们园的好,因为我们的果株,都是挑选最出名的种植起来呢。

这些回忆,使我不免引起许多对于故园的留恋。那些果株大概尚保存。我所最留恋的是那株玉兰,当花开时,香满数里内的乡里,人人都欢喜;那小池的莲荷,亭亭如盖。

我们的故园是名为"绿窝",这个名是友人代起的。"绿窝"到今日已荒废了。我这个主人,一别已经五六年,它的模糊图形,只能依稀在我心目中存留;它的生产精神,永久存在我心头不灭。

回想我那十余年在故园的生活,又是快乐,又是懊悔。快乐是每日手执锄头把园地掘,手执剪子把果枝剪。每当柑花开,荔子结时,常到深夜尚徘徊于果丛中搜虫寻蝶。爱人伴随,稚子游玩,在小楼上,凉风明月,俨然自视为羲皇上人。可是我十余年的有用光阴也就这样被消磨了;只有看些书报,并未有系统地向学术进攻,连执笔也懒懒的,大半的时间为花木与家人所搅杂到不能开交。绿窝!绿窝啊!你的倩影,你的美貌,一日一日地在我眼中模糊起来了!我想要回到你的怀抱,可是不必了。让我把你放在心中怀念,我只能和你在梦里相逢!

忆故园,又忆及我可爱的狗!它极壮健,极美丽,极柔顺。每当我外出归来,远远地就看到、嗅到、赶到欢迎我。当我来广州时,它似乎感觉到了,送到极远极远的山间,我屡次使它回园,而终于用威吓的手段,始使它垂头丧气归去。

忆故园，又忆及我的一大群的和平鸽！它们在檐前，在屋顶，在园的周遭，成群阵地在翱翔飞扬，但闻"区区、区区"和好的声音。我对它们向来是不甘杀食的，只是不时取食它们美丽可口的蛋粒。我们以为这样可以长久生存下去了，谁知我们那只恶猫——不咬鼠，只会偷食的，于夜间初则偷食其蛋，随后又乘它们在睡时袭击其身体，到我们已觉察时未免太迟了，鸽群已被残害不堪，存的也已星散了。

我在初来园时，以为可以做到纯粹的隐居生活，自以为是"超阶级，超政治"的人物。究竟人不能全离开社会的。不久，孤园一变成为热闹的场所了。邻近甚且辽远的群众，有许多纠葛的事务都赶来园求救。首先是寡妇孀雌，为她们的翁姑叔伯所限制不能自由改嫁时，我都出力为她们解脱了。一些因赌钱将破家时，一些被强房强人欺负时，一些被恶劣官吏蚕食时，一些房分、乡里的械斗，我可能为力时，都为他们出力排解。到此，尚说是隐居，真是名不副其实了。

在那时的国民党官僚都是贪婪的，他们对我有些忌惮，每当县长或专员到任时，通常来我园"拜访"，那班被欺凌的人们，就视我有一种"势力"，可以为他们做靠背。我也不能推却他们可怜的受欺压的惨状，每每为他们写些信件或直接向官府去求情。

又我在此时，开公路，办苗圃，行垦荒，为农校的校长。在抗日时，我又为全县的抗战委员主任。在这时候，土匪们又常来光顾；他们的三个首领，都对我表示"好感"，所以尚不至于被绑票。又那些匪徒式的军队，对我尚有点忌惮，也尚使我能继续安居。好了，解放时期将快到了！那些英勇爱民的游击队，常时在夜间来我园访问，我对这些人万分同情，常嘱乡里人好好保护，接济他们的粮食，我乡里与左近的子弟也有许多人"上山"了。总而言之，这个孤寂的故园，到后来变成一个奋斗的战场了。我想组织一个"农民党"[1],因为僻乡,少人帮助,而终于无成就。但由这些的事情看起来,我先前的孤高自赏,以为是"超阶级,超政治"的人物,都是自欺欺人了!

---

[1] 1946年,张竞生在饶平筹建中国农民党,亲自起草了纲领及章程,提出以征工的政策,用农民的力量,发展农业生产,建设富强国家,达到世界大同等,但未得到响应。

三、怀念情人

唉！当我写到这篇目，提笔时，满身销魂；停笔时，全神在惆怅！

当我第一次到法国时，野蛮的第一次世界大战不久就发生了，德酋威廉第二不顾国际的公约，攻破中立国的比利时，从法国的北方，直驱雄兵，不久将到巴黎了。我此时住在巴黎近郊的凡尔赛故宫左近的村落，日间遨游于其中山林的胜景，又常信步到达它的近邻——圣格鲁野花园。谢天谢地，我就在这野花园遇到我第一次而且终生难忘的情人。

有好几日，我在散步中注意到一位少女，淡素衣裳，神情有些郁闷，也在园中各处流连。"且休题眼角儿留情处，则在许多脚踪儿将心事传"，那时真是风魔了张解元，不啻为我们此时的写照。况值暮春天气，醉人是草芬、花香、雀喧、蝶旋，我终于禁不住向她通个殷勤了。一闻知她是法国北方人，避兵祸流落到这里来，我的同情心更加勃发了。她向我申说她家乡的陷落，田园荒芜，屋宇焚烧，德国军人的抢掠奸淫，说时声泪俱下，愤恨填胸。说后，且从她衣袋中取出几篇她所作的感时诗给我看。

"人生何处不相逢？天涯共掬有情泪"，我读完她的诗篇，不免于眼泪四垂！她本是深情者，向我更表出她无限的柔肠，我们终于成为一对情侣了。她不喜欢酒，只喜欢好咖啡与吸一些好烟卷。当我们在饭馆饮了极浓厚芬馥的咖啡后，各抽上一根好的埃及烟，一同携手散步于野花园的丛林中,促膝谈心,外境的战梦,于我们都不相干了,萦绕于我们的心灵中,只有大自然的鉴赏与我们二人的情怀。

我和她的唇深紧地接吻时,觉得有一股的香甜气味,直打搅到我全身酥融。我有时问她这是她唇上所抹的香膏所造成吗?她却笑而不答。这或许是她唇膏的香甜,也或许大部分是她身上生来的香气自然流散于口唇。到后来,我能接触她全部玉体时,就已证明她在极快乐时所呼出的香甜口气与她全身所发散的芬芳。

我此时极尽生平所未有的快感,以为是我所拥抱的不啻"香妃"的化身。香妃是乾隆帝的爱人,她是西藩王族所进贡的宝贝。传说满身是香气,我那时所拥抱的那位情侣,不但满身是香气,而且是芬香中带上清甜的气味,连香妃也比不上她了!

可是,好景不长,胜会难继,一日她向我说有先前的爱人因战伤到南方去医治,她奉母命不得不到他所在地去照顾。这是她的义务感战胜爱情感的一种高尚人格的表示。

别了!别了!一别,此生不能再见面了!我们半年间的情侣生活,从此消灭一去不复返了。

当我与那位情侣分离后,万分烦闷苦恼,圣格鲁野花园中每株树每丛花都逗引起我的旧情,觉得在大自然中我是孤单者,冷清清的,终于忍挨不住,而决定到海边去消遣了。

在潮波掀动中,我极喜欢去参加游泳。此中有一位美人鱼,那样壮健活泼的身体、愉快的神情,众人都鉴赏她蓝色清润的眼睛、柔软的金丝发、晶莹透光的皮肤与充分发达的胸膛。她在游泳中表演各种形形式式的超人技术。有一次是大潮来期,波涛汹涌,一群人远远地离开海岸到波涛处去迎接,我也不量力地去参加。这是在两潮流中间的分界线上,水势掀动得格外厉害,我的抵抗力衰落了,只有一摇一摆地在挣扎,眼见离岸尚远,我的心慌了;幸而她,那条美人鱼在我旁边,举手援引我一同到沙际。她微微向我一笑,我此时感激她的帮助,就彼此攀谈起来了。

她是巴黎的卫生员,到此来过暑假的。她是未婚的壮年姑娘。若说那位第一次的情人给我是柔媚的感受,在这第二次的情侣上,她给我是雄健的心怀。她是卫生人员,自然是极讲究卫生的。但她所讲究的卫生,不但是消极的如细心消毒之类,而是在积极上养成钢铁般的体魄,富有抵抗力以战胜一切的毒菌与病魔。她反对古典式的爱情,在大城市的茶楼、饭厅、跳舞场,与及个人"沙龙式"的爱情,而是在大自然中,在高山大海间的爱情生活。总之,她宣传、提倡与实行一种新兴的"卫生的爱情",与世上"面包的爱情""势利的爱情"等等相对立。

"卫生的爱情",这是一个簇新的名词,我初闻及也不免为之一跳。可是请看她的内容吧。这位爱人说现代人的爱情是神经质的,在灯光酒卮下的爱情是衰弱的。只有"卫生的爱情",在大自然中男女双方充分锻炼好身体,又深深地、亲密地与大自然长期接触,而且生活于其中,养成与万物一体的同情心,然后男女间始有雄伟而温柔的真正永久的爱情。

她在我面前,立在风涛澎湃的海岸为我跳舞那些天仙下凡的姿态;她在高山烈日中,为我表演那样飞鸟的翱翔。

这是她引带我到法国自然派的卫生岛——日出岛,极快乐地过了一长期的卫生的爱情生活。在这个岛中,我们日夜里可说是全身赤裸裸一丝不挂,在大自然的高山大海中逍遥。我们的心灵是与大自然相合一。我们的身体是与太阳、月光、星辰合成一气不相割开。我们的爱情是扩大到浮云、落霞、鸟啼、虫鸣的心腔里。一切都是可爱的,一切都是爱情的对象。这个爱情真是广大无边。

我们就这样享受了"卫生的爱情",也讲究到"爱情的卫生"。返巴黎后,我们仍然继续这样的爱情。我们一到夜间,不去咖啡店、跳舞厅,一直就到郊外去享受大自然的乐趣。

从这样情人制的国土,我归回本国,以为情人制比婚姻制为好。我就想在本国考验这个事实是否行得通。

当我为北大哲学教授时，我就在一本《美的人生观》上主张我所谓的情人制。恰巧有同事（一位教授）于其妻死后和小姨发生关系。小姨是与人有婚约的。她的未婚夫闻知，从广东跑到北京，大办交涉，几乎要把这位教授置于死地。[1] 我看不过了，就在《晨报》上发表我所谓的"爱情定则"，即是：

（一）爱情是有条件的；

（二）是比较的；

（三）是可变迁的；

（四）夫妻为朋友的一种。

那时，有几百封信向我进攻，在报上闹了个把月。我在后头作了一个总答复。有识人士尚算对我表同情。其中最重要的，为当时的周作人，他介绍一件故事，说有一个痴人爱上了一个女吊颈鬼，因为这个女鬼是美丽而且具有女性的条件，所以能被他所爱。假使全无条件，就不能发生痴人的爱慕了。[2] 但事实上，且看我怎样失败！

在这个文战抢攘中，有一日，《晨报》上登出一位女士，自述她逃开不争气的小官僚丈夫，独自走到北方为小学教师。在我眼前出现了一个娜拉。我悲哀她的身世凄凉，遂与她通一封信，不意由此我们变成了情侣。[3]

可是中国式的情侣，毕竟有些与西方式的不相同。这位女士，中国文尚过得去，但对于科学及艺术却是门外汉，她所要的，是与一位能进行社会政治活动的人结婚。而我此时，对于世事是极端厌恶的。在南北军阀混战的时代，我对于世事极端痛恨，只好向书本过书呆子的生活，这是她所不愿意的。在我们同居二三月后，她不告而走开了。

---

[1] 1922年，北大教授谭熙鸿夫人陈纬君因病去世，留下两个小孩。陈纬君的胞妹陈淑君到北京求学，寄居在亡姐家中，不久与谭熙鸿公开结婚。沈厚培自称与陈淑君有爱情关系，在《晨报》发表求助信，在社会上引起轩然大波。

[2] 周作人（署名荆生）在1922年6月20日《晨报副刊》上发表《无条件的爱情》。

[3] 指褚松雪。

我对这样的打击,有好几个月魂不附体,自怨自艾,自视为不成材;连这样的女子也不能得到她的青睐。回想我在欧洲情场上的"胜利"而今竟一败涂地!这样相思的痛苦情怀,好得有一位朋友劝解。他向我说:"中西的女心是不相同的。西女是为爱情而爱情,中女的爱情是附属的条件,她们最重要是有一个永久可靠的婚姻。你那位女子既然以势利为选择对方的条件,对你这个书空咄咄的书呆子不能相合,这是势所当然的。你已主张爱情是有条件的,你当自宽慰,勿为此事而摧残!"

多谢爱友的劝勉,可是当我夜静独处时,仍然不免于眼泪暗吞。

爱情是有条件的:但有些是进化的,如才、貌、德、健康之类;也有些是退化的,如以财、地位、势力为依据。爱情是可变迁的,只要看这从进化或退化的方面去变迁。

当这位女士离开我时,我初则以为过失在我,每想及此,总是对她这次的决绝抱了无穷的苦恼。

好了,有一晚,仆人通知我有一位女客在客厅待我,我从楼上下来,使我惊喜出天外,原来就是她!

她冷淡地对我说,此来是解决她腹内的胎儿问题,或许我有意保存,或者由她打下。我劝慰她,说我先前的错误与别离后的相思,我恳求她继续旧缘。到后,她要求我二条件:一是同居;二是我须与家中结发妻离婚。我就即刻答应了。窥她意思或许有第三条件是彼此结婚。但她是不肯出口的,况且她对她先前的丈夫尚未经过离婚的手续。

我们就同住在什刹海旁边,当冯玉祥军队入北京这一日,我们的小孩也就出世了。我往后,又再租一小屋居住,她们母子时来聚餐,我也时常到她们那边去。那样分居在我意或许增加彼此的情趣,就这样极和气地住了一年余。中间也曾经到哈尔滨去避暑。

因为我在北大已有五年,照例,可请假一二年带薪到欧洲去。我就此携眷到上海待放洋,可恨张作霖入北京后,他所最恨的北大就被他摧残，我的出洋计划不能实现了，只好由友人出小资本在上海开"美的书店"。在此时，我的娜拉又第二次出走了，在这时期，我们生活得极和畅。但她为一位先前的爱友所掀动，就想去依靠他了。

美的书店一开始，生意就极旺，我们除出全力译述英国蔼理士那部性心理丛书外，又介绍一些文学及我那本《第三种水》，也极见通行（《性史》久已不敢继续出版。除我那《性史》第一本之外，其余的与那本《性艺》，都是一班"文氓"假我的名偷印的）。我极想聚集一班名人共同译述二三百本世界的名著。可惜仇人极端陷害，美的书店终于倒闭了。若说我在欧洲的情人生活是喜剧的，那么，在中国所遇到的都是悲剧，我在上三四段所说的那位，在她对我是喜剧式的舞弄，而在我所受的是悲剧式的苦恼。

以下两段，我所写的是纯粹的悲剧了。

当我带小孩归家园时，在外则为公众筑公路，办苗圃，在内则治果木菜蔬。小孩还是稚龄，我日夜都在外，不能管顾。这时，我不但需要一位情人，而且需要一位管家主妇了。况且我渐渐觉得在中国行纯粹的、公开的情人制是行不通的，只好在婚姻式中试行情人式吧。

适巧此时，乡中小学请来一位女教师。是一位中年的未婚姑娘，高高的苗条身材，最引人是那双带愁的媚眼，这是西子的"颦态"，最值得引起人同情的。[1]在许多次接触之后，我们恍似一家人了。她感激我支持她所主张的女学生可到溪中去游泳，而她的校长却反对。我感激她的是当我在外间仆仆归家时，她看到我的枯黑神情，赞誉我为"东方的甘地"。

我们就这样混过了朋友的情怀，在暑假时，我到她家中过夜，我屡次向她求婚，都被她婉词托故拒绝。到后，我查出她拒绝的理由有二：一是我穷，不肯积蓄家产。而此中最大的理由，是她有先前的情

---

[1] 指黄璧昭，饶平钱东镇仙洲村人，归国华侨，早年在北京求学。张竞生次子张超所撰《漩涡内外自浮沉》一文有较详细介绍。

人尚在追逐。她也公开向我承认此事,并说是她的过失,虽则尚在通信苦求她回心,而她仍在考虑中。

我不久就被当时的广东省政府通缉,罪名是提倡男女学生在溪中裸体游泳(实则他们都穿了游泳衣),并公开宣传"性学"(实则如后来那位县长为我辩护说,在饶平县的山村,张某只有向牛群宣传性学)。

真情是我为筑公路,得罪了一个大姓的乡里[1],他们出了数万龙洋运动当时的民政厅长林翼中,借故必要把我捕禁。我幸得汕头市长及本县县长的通知,趁夜逃到香港来了。

在这样仓促逃走时,我把爱子付托与这位女教师。我到香港后,她带来我的小孩,但表示极冷淡的态度,不久她就归家了。以后我们一直不曾再见面,只在汕头报上得知她最惨的下场。

她与旧情人到她的家中,在那样封建的家乡人眼中已经看不惯。况且她提出与家人分家产,她父先前是富有的华侨,到那时已是破落户了,但尚有华丽的房屋。这个就引动了她侄子辈的恶意。一夜里,这些恶侄及一帮恶徒,把她的四肢斩断,用竹管插入她爱人的喉中,一同丢入于近海内。这个场面,极尽人间的惨酷。我从此更加深切了解情人制在中国是不能通行的。

当我当年在求她不得时,常在与友人杯酒之下,念了范仲淹的"酒入愁肠,化作相思泪"之句。当我看到这段悲惨的纪事时,我的相思泪更与酒气泛滥为泪海了。

---

[1] 指饶平浮山镇东官村,该村王姓为大姓。

四、美的春节

今日除夕,到省文史馆领到一笔政府的春节例外款,那些同事们向我说应为小孩们买些美丽的新装,与我个人的一双新皮鞋,并鼓励我应写一篇"美的春节"为纪念。

美的春节,这是多么兴趣的题目呵!就社会整个说,确是美化的了;就服装说,尤其是小孩们都有一套新装。当然他们今天的美装还比不上那些西方国家的高价料。我曾在巴黎看到小孩们在节期中,女的穿得如皇后般那样辉煌;男的穿起绣有金线的戎装与高帽子,腰上佩一把短剑,皮鞋光得如日亮。可是我们的小孩并不希罕这些突出的装束,他们有的是苏联农民式的上衣与短裤。他们并不愿穿鞋,给大人逼着才藏起白嫩的小脚。

就食品说,在这春节,各种点心是极美而又可口的。最悦目是柑饼、柑橘、莲藕片、冬瓜条、金笋、荸荠糖及其他种种式式的甜品。说到柑饼,是我们潮州食品的特色。广州市盛行的只是橘饼而不是我们那样大、那样好看而又可口的柑饼。我在故园时,每逢春节就买数斤多,与家人及亲友们大食一顿。这些柑饼尚远销到南洋与欧美。美的食品,是美的春节极占重要的一部分。我不提倡"大食节",而是欢迎春节中美的食法——悦目与可口,但不能多食的食品。

可是春节美,不单是在美衣美食而最重要的是"精神美"的表演。除极少数人外,男女们都是眉飞眼舞,喜气融融过春节。"有钱无钱快乐过年",这是普通人的快乐法。此中快乐法极多种:甘其食,美其服，愉快其精神，或逛游街中，说说笑笑，或到电影院看《神秘的旅伴》，或到戏剧场观《霸王别姬》与《春香传》，或玩杂技，或听说书。而我们的省文史馆与别机关又共同组织春节联欢会，此中有歌唱，有跳舞，又使儿童们最快乐的，是出一角钱，可以抽得数元的食物与玩具。儿童们快乐极了，大人们也同乐。与众共乐，乐得不亦快哉乎。

美的春节，满处挂彩张灯，满处锣鼓声、纸炮声、儿童们的笑声、歌唱声、跳舞的脚步声。

食呵，喝呵，逛呵，快乐呵！这个春节的美丽，有物质又有精神。我们有清香甜的橙花酒，又有"葡萄美酒夜光杯"一杯复一杯，饮到半醒半醉时，醉眼迷离，心神勃发，自己更加快乐起来了。醉眼看人，觉得人们更加美丽，市容更加辉煌；醉眼在广州万紫千红的花市中，徘徊鉴赏，更加觉得众花的妩媚与周围一些靓装妇女们更加婀娜迷人。乘醉归来，看到桌上的花瓶，插上一枝大而且多蕊的梅花，对你如娇羞的含笑，这样纯洁忠诚的"梅妻"，使人做起多少的美梦，梦里觉得有无限的香甜！

旧历年已完，春节已到了。在这样春光融融的广州，我最欢喜是在万紫千红的花市，买一些梅花。近来友人写给我一句好诗意："插了梅花便过年。"在普通人说，最喜欢是桃花、杏花；这些富贵花象征新年的利市大吉。可是我特别喜欢梅花。爱她雅洁，爱她"疏影横斜水清浅，暗香浮动月黄昏"。我爱她如一些人的爱莲，"可远观而不可亵玩"的神韵。在北京时又有一种腊梅，好似人制的纸花一样，别具有一种风味。友人又给我一株含笑花，这件花也算稀奇。我爱她娇羞含笑，我此时确需要这样花来安慰。我既然不能得到活生生的解语花，只有把这含笑花当作"慰情聊胜于无"罢了。我素性不要插花，只爱盆栽，因为插花怎样保护，总不免在短时间花残香消。梅花虽好，可恨不能盆栽，只好插在瓶中观赏些时光。世间原是好景不能长留的，但霎时的适意也是好的。

在这春节，使我最留恋是乡村的民间快乐。我乡在春节期有二夜的游神[1]节目，那两大木偶叫做大王爷、二王爷，由壮丁抬起来，于夜中遍游了一大条山岭，有锣鼓队与大灯笼队跟随。全乡人手执小灯笼到指定的地方去领到一个潮州柑，每灯笼领一个，有的人就拿了许多灯笼，而使满山都是灯火，煞是好看。在乡中的祠堂则装有各排列的泥公仔。说到这些泥公仔，是潮安县枫溪乡特别出色的民间艺术。它们有古典戏剧与民间传说的人物，其身材面貌的表情，都是惟妙惟肖，其染色装潢也都是美丽悦目。这些艺术品，价极便宜，但与石湾的公仔不同。石湾的是以古雅出胜，而枫溪则以色泽见长。潮州各地在春节时，就在祠堂内大量地排列这些各式各样的公仔，任人参观后，由公众分配或为个人保存纪念，或赠送亲友。旷观各地纱制或布制的公仔，也有许多特色，但总不如我潮州泥公仔的美丽动人。

这次春节，在我个人，尚有特别快乐，就是感谢给稿费者格外丰多，使一家人大食一顿，而我最喜欢是蒜头恰好新出市场。食生蒜头可说是我一种特别的嗜好了。这因我先前看见报上载有孙中山先生如生在北方多食生蒜头，断不会犯肝瘤而死，此后，我就常喜食这件物品，有时食得太多，致使亲友闻味而对我大肆批评。我先前相识一位在北京的法国医生笑对我说，生蒜头是极卫生的，可惜食后不好亲吻。就我现在说，我无爱人可亲吻，自当可以尽量食生蒜头，但假如确实是真正的爱人，断不会阻碍我这样嗜好。我前说春节是"大食节"，在我这回，也可说是"大食蒜头节"，因市上二个月来，生蒜头绝迹，到现在才有这样宝贝，我就把它大吃起来了。

对梅花、含笑花、水仙花，一面鉴赏，一面大吃生蒜头，这是我

---

[1] 潮汕地区传统民间习俗，俗称"营老爷"。"老爷"指镇村的守护神，各地"老爷"多不相同，名目繁杂。

这回过春节的大快乐,请看者不要对我取笑吧!

爆竹声中一岁除,我那时在上海过除夕,最怕就是整夜的爆竹声(纸炮声)震动到不能入眠。我所认识的一位英国商人妇,对我说,她是极喜欢这样的夜景,因为可使人觉醒到一年容易又春风了,叹人生几何,知春牛的努力是不许迟缓的。

上海普通稍有钱的人家,在过旧历年前些时,买了许多笋干和以猪肉炖烂后,冻藏起来可食到十几日久,亲朋来时便是最好的供奉。这是极好的味道。市场上销售得极多,稍大的食物店卖这样笋干多至一二万斤的。

现在的世界与旧时的有些不同了。可是过春节的习俗尚有大部分的保存。即如以广州来说吧!日来各食物店大量供给人民的需要:有面有米粉,有花生与豆类,有脆角、冬果及煎堆等等。有钱人家大买腊肉,在除夕与新正,鱼与肉大饱一顿。故春节是"大食节",大家大食一番。食后,先前就大赌起来;现在是不能赌了,只好游大街,探亲友,大家大谈一番,故春节也可以说是"大谈节"。

这个大食节,在乡间也如城市一样。先前许多农民自家平时储养猪、鸡、鸭、鹅,专在过年时宰屠,为本家人及亲友之用。我乡那一日的赛神,大家大食卤鹅肉,以至大腹便便,旁的东西就无法再进到肚中去了。在先前的农民,一年辛苦饿到头,乘此过年时光,大家大擦一顿,这是应该的。

在广州的新正[1],又有一个特别的吃瓜子习俗。许多人在街上,一边行一边吃瓜子,不论男女老幼,都是如此。有一友人对此极厌恶,但在我个人的观感,看它是大食节的另一种表示。看那些穿上漂亮服装的女人,又鉴赏她们习惯食瓜子的神气,即是,樱唇半启,白牙微露,且行且谈,又表示出她们的愉快情状,在这样的情况下看她们食瓜子,尚觉有一点风流的余韵。可是那些粗陋的男子,大吃大

---

[1] 指农历新年正月。

撒，满口津味，乱行把瓜子皮吐到行人身上，有时又大行吐痰喷嚏，在密集人群中发挥他们的武力。这些是使人极端厌恶的。

春节是大食节，既然食饱之后，自然想起许多娱乐的事情来了。此中，儿童最喜欢是穿起新衣服，得到许多饼食，又有些大人们所给的过年钱，买了许多纸炮在满街巷放响。这个儿童随街放的炮仗真是讨厌人，在行街上一不留心就被它吓一跳。但看到他们放炮时的快乐神气也就不免和他们同乐了，有的大人也参加。

成年的男女们，也喜气融融，都穿上漂亮的衣裳。当然并无"新装"，不过比平日较为整齐罢了。

可是使我们最感趣的，是在除夕那日起到农历初二三，在西关尤是在永汉北路一带，排列许多花架，满置鲜花，如玫瑰、菊花、芍药、水仙等等。又有许多盆栽的橘及金枣。此外最特出是那些大小的桃花枝、杏花枝及吊金钟。大枝的有如原株那样高。那些丛集的枝丫，花蕊有些已开，有些待开，有些尚含蕊。我数年前曾买一枝值三四元的送给朋友，他把它放在水缸上开放到个月之久才完尽。这个爱花的习俗是极富有美趣的。唯有在广州与在旧年关始能鉴赏到这个万紫千红的花市。在历史上，我们也有洛阳的牡丹花节，盛极一时；到近代，这样爱花的风气已经湮没无闻了，在我那时居住的北京与上海，虽然过旧历年同样大醉饱，但对于花市，如广州万紫千红的花市，则从未见到。

我曾想到，广州人爱花的习俗或者是洋风所传来。先时广州十三行的组织是买办外商的所在。他们直接受到洋人爱花的风气了。可是广州人除在这旧年关对花卉引起浓厚的兴趣之外，在平时，对于花的爱好，也极淡薄。希望在公私合营的工商业蒸蒸日上，人民的生活逐渐提高以后，再把先前爱花的习俗又重行兴盛起来，为美的生活加上一层点缀吧。

在这些花市中，又加上金鱼与古董的点缀，更具有美术的兴趣。这些各式各样的金鱼与琳琅满目的古色古香的物品，完全是我国人特有而可骄夸的嗜好。彼等外国人只知爱花，又只知插花，而不喜盆栽，只知花，而不知花的伴侣——金鱼与古董。在美丽的花卉旁边有金鱼的流动与古董的静观，彼此相映得更光辉。

人们就这样过春节，儿童们，大人们，各乐所乐，造成了春节的热闹风气。

五、开书店和打官司

我想起在上海美的书店时期。

那时上海租界的警察局为当然的检察长,与所谓上海的国际法院的中国人审判官,组成为司法机关。曾有七八次,都由检察长起诉美的书店所出的性学是"淫书",应予处罚。每次开庭时,理应由我这个负责人出场,但我不屑出庭,由一位极聪明的编辑彭兆良代表。处在他们势力之下,每次当然都是他们胜利的,只好一次一次的罚款,少则一百龙洋,多则三四百。横竖美的书店那时极兴旺,钱银是小事,我对每次的处罚,都不悲观。检察长也知罚款对我无大影响,时常要求审判官把我拘禁。审判官总是予以拒绝,仅以罚款了事。有一次碰到我所写的《处女问题》一文,检察长说是淫文,那位审判官说不是,说是极有功于世道的文章。彼此拍起桌子来,闹得无结果。最后,始由当日的陪审官——日本副领事,调停而罢。

我那位代表彭兆良先生是极聪明的。有一次就与当庭的检察长辩论起来。彭君说:"你每次所起诉说是淫书,但这些文,我们都写明是由英国大文豪蔼理士所著的世界名著那部性心理丛书所译来的。又这部书也在上海大马路你们所开的大书店买到的,你们怎么竟说它是淫书呢?"那位检察长说:"不错,但是我们外国人有足够的程度,可以看这样书,你们中国人程度低,不允许看的!"彭君又反驳说:"不错,我们中国人的文化程度,普通比不上你们的,但凡能看我们所译述的中国人,其文化程度,同样与你们一样高,怎样你们可公开允许外国人看，而不允许我们呢？"对这番反驳，那位检察长哑口无言，但还是把我们罚了。

那时的上海社会是流氓世界，我们美的书店经理是广东人，未曾加入流氓集团，所以诸事未能应付，以至于失败。

有一日那检察长叫我们的代表去谈。他说："只要你们所出的丛书改名为性教育丛书；又把那每本书面的图画删去，又每月送警察所一千元，我们以后就不干涉起诉了……"

代表回来会商之后，因为上海邮局不肯把美的书店所出的书寄出，以致国内及南洋、美国等处代理的书店所欠款项完全不寄来，只靠每日的门市，除开销外实在难以支付每月一千元的外款，所以决定关门大吉了。

以二千元的资本，奋斗了二年余，结局虽然失败，但那精神总算不错。我每一想及便以自豪。以他们那样大的压力，到底不能不采取调和的手段了。

话说美的书店关闭后，我就与那时的情人及稚子[1]，到杭州西湖旁边小山上的栖霞寺避暑，未到二天，即被浙江省政府扣留。罪名是我到杭州来宣传性学，蛊惑青年。

由待质所带去问话，在过大院时，适遇张继。他当时初任河北省主席，特来杭州参观。他问我情由后，即向浙江省主席[2]要求对我予以优容。我即由最肮脏的待质所移到一间楼上的职员房，那晚饭菜尚好。但我满腹抑郁牢骚，一粒不能入口。经过一夜不眠早晨又被带庭受审。

那位审判官将预备好的供状，要我签字，罪名与上所说的一样，我拒绝承认，我说事实上，我来西湖山顶不过二日，怎样说我来杭州宣传？他说这是上头的命令，你不签字，就不能放你自由。这样彼此坚持了约有一个钟头。到后来那些等候我的友人，劝我姑且承认，只

---

[1] 指褚松雪和张应杰。
[2] 当时浙江省主席是张静江。

求自由算了,余事都可不管。一场官司就此终结。

可是喜剧的排演,原来是如此极有趣味的。当我那晚被扣留时,适浙江省政府大宴宾客。来宾中有大势力的,向政府问明我的罪状。这事原来是那时的教育厅长蒋梦麟主持的。他说,我们前在北大请张某为教授,是请他教哲学的,他竟这样捣乱,所以非治他不可。那位友人说,张某所主张的完全是人生哲学,你们所谓的哲学才是捣蛋的。他趁酒兴之余举起杯来向大众大叫:"为第三种水干杯!第三种水万岁!"那时,蒋梦麟眼看不能收场,就更加恶毒地说,我的伴侣是共产党,此来住在栖霞寺是专为钱塘江共产党暗通杭州消息的。幸而有一友人起来申说,他敢保证张某及其伴侣并无这样的行为。到席终时,那位有势力的人,要求浙江省主席明早即把我放出,否则,他们就要为我向上级起诉。

当我被扣留时,同时所有的行李也被扣留。到审问时,当庭把箱囊打开,所有我从美的书店带存的性书一概无留。事后我才知全被监守所的职员偷去看,这或者也为我减轻罪名。但此中尚有一本友人[1]所送的巴黎裸画册。那位审判官就想借此入我罪。我说这是一本巴黎所有书店的普通裸画图,并不是春宫图。即使我箱内藏有奇怪的图书,也不能定我的罪。因为我是哲学博士与大学教授,无论什么书都要看的,只要我不去公开就算了。他对此也哑口无言。总之,这场官司,真是喜剧,在当时我极为抑郁,但在后来想起来,这也算是我一生最适意的事情之一吧。

我在上海开的美的书店,旺时,每月可抽出二二千元为出版、编辑及什费之用。在簿中记账的或可有数万元。那时上海风传我由此可得数十万元的收入,大有被匪徒"绑票"的危险。我也在预备被绑中。实则在那时的上海流氓世界,又有什么方法可以对付呢?幸而匪徒们究竟查到美的书店真相后,把我放开了。但有二件事对我示警。

---

[1] 指华林。

一日有二位法国警官到我寓中（我住在法租界），查问我近日有无租用汽车。我答无后，转问他们的查问因由。他们说："数日前，在某汽车出租店，用你名义，租去一辆汽车后，就没交回。明知这件事是匪徒们向你开玩笑的。因为断无人偷物后，留下自己的真住址呢。"又有一件来得也奇突。一日我寓来了三位中年人，中有一个面色稍黑。他们自称从南洋回来，特来专程拜访。过后，那个黑脸的，拉我到一房内，向我说那二位同来的是南洋大富人的子弟。若我肯与他合股，他有方法和他们玩牌，包管在短少时间可得一笔几千元的横财，我婉词谢却，说我素来不喜以赌而得人钱财的。他们明知无机可乘，遂也散去了。

以上这二件事，总使我觉得绑匪们对我算是优待。他们不是用野蛮手段，在街中或在屋内抓我拿去监禁待赎，而只采用一些小狡猾的欺骗手段，要我上当，则只丢失数千元即可了事。

当美的书店盛时，我寓也即是编辑部，固然是"座上客常满，樽中酒不空"的，那时的生活极便宜，一罐绍兴酒二十余斤只值得二元，可以供给客人们尽量饮到十数日。桌上菜肉是丰足的，一角钱的老来娇，或荷兰豆笋，便可煮成一二大碗好味道。遇有突到的客人时，再添一元菜，便觉吃不完了。总之，我们那时偶然交一好运，但并未富裕，只是比普通人过了一点较好的生活罢了。但此好景只有数个月的时间，此后每月总有一次以上被法庭处罚。处罚时，他们大辆的货车就到书店把所有书籍满掠而去。向外埠的邮寄书包也被禁止，终于到后来关门大吉，连先前所投的二千元资本也赔去，这些事我已在前文报告了。

关于财一方面的损失，在我毫不遗恨，但我在此时期正在计划与各门学问家，共同编译多少部的世界名著，是取通俗本的体裁，卖极便宜的书价（我们那时美的书店出版的书价，通常为每本二角钱）。假使书店不被人横行摧残，则在三数年间我这个编译计划定可实现。可惜财既不可得，编辑与出版费都无方法对付，只有对它望洋兴叹。

六、女店员和我

佛家有"色色空空,空空色色"之说,就是把色等于空。照情感派说:"色色情情,情情色色。"就是把色付诸情,即是说无情就无色,情生时然后色才起。我就是有点近似这样的人。

美的书店打破那时中国的传统,聘请几位年轻女店员。在我们这样的人,对于"男女平等"这个原则,是认为天经地义的,但就那时在我国最称开通的上海说,除了一间犹太人所开的什货店,他们自然有犹太女店员之外,我国所开的任何店铺都无女子加入。我想这是极不合理的,且也有悖商业的利益。因为商务最重要的在讲感情,女店员便是此中最能发挥其情感与外交才能的。至于个别几个硬绷绷粗辣辣的男店员,使顾客一见就不高兴。譬如买一双鞋吧,在外国,由女店员为你温柔地试穿上,有商量,有选择,那你当然不好意思不买吧。

我当时对于我们的女店员,真如家长对女儿一样爱护。她们在英租界店中食宿的。每月有一两次,我请她们及其家属与编辑们共同在我寓晚餐联欢。以我当时的地位说,对她们如有要求,都是可允准的。在外人看来,以我这样提倡性学的人,必以为我对此道是乱来的。实则我素所主张乃是精神化而不是肉欲化的性学,我在编性学之前一年,已在《美的人生观》一书中表示这些意见了。

在这美的书店的二年多时间,我的性欲的行为,确比前时大不同。我后来每一想及,辄为自己惊叹在此时的行为。这或许因我那位娜拉在这时第二次出走后,给我对于女性的极大反感也未定。我此时不但对我们的女店员,即对一切女子,都待以严肃的态度,我只来举出一二例证以概其余。

那位情妇出走后,留下一个三四岁的小孩,日夜啼哭,大叫妈妈。我对此只有开上留声机,这是一副好机,且有极多的中西唱片,乃从一个偷用我名所出的那本《性史》二集的罚金五百元中买得的。小孩听到唱歌,尤其是那些跳舞的唱片,就稍注神听去,暂时忘却他无母亲的悲哀。我又专请一位张妈看护他。这位张妈,安徽人,四十余岁,面色红光,真是一位好心肠,她对我儿,对我如家人一样的对待。我又请一位教育家为我儿神情上的指导。

刘女士是北京女子师范毕业生,廿多岁人,细小玲珑,由她女友介绍来的。她稍通国文,略识英文,除照顾我儿外,也助我校对书店所印出的稿件。有时到深夜,在小厅内,只有我们二人相对讨论,这样好几个月久,我对她未免有情,况且我正在壮健之年。又为我儿,与报复那位假伪的娜拉,我更须寻求一位真情的爱人,但不是一时的,而是永久的真情人——爱人。我就以刘女士为对象。我将她所常穿的小马甲从她胸前脱去了。在这样天乳解放之下,我极热烈地在这两粒稚莲蓬上,亲吻不知有若干次之后,我同时向她求婚。

可是她答我的条件算是奇突。她要求我把我儿寄养于他人家庭,我向她解释儿与我们同住,并不会减少我们夫妻的爱情。因爱情是可以分割,而仍然保存原来一样的。即我分割一部情爱给我儿,但不会因此而减少对她——爱人的爱情。她说,这是明知我做不到而故意提出的。但她有第二条件,因为她有老母住北京,要我同她到北京面求她母允许后,始能成婚。我初想这也是应该的,但为离开我儿与书店业务而远到北京,做此种不过形式的事,我终于未答应;只请求她自去与母亲商量,因为我对她想结为长久伴侣,所以我对她的肉体,毫未侵犯。有一夜,或许在宴饮之后,有点醉意,几及于乱,她也在飘飘然中。突然间,我想起待花烛之夜做此,岂不更好吗?我就此临岸勒马，彼此各去安睡。她睡在亭子间，而我乃睡在客厅的附房，彼此相离不过数级梯的地方。我不知她能否安睡？但在我确实过了一个极满足的夜景，满足我能够战胜一时肉体的快乐哪。

她到天津来一明信片，极简单地报告行程，到北京后，音信渺然。事后，我闻她突然起了神经病，到她的母校放火烧校，当然事不会闹到怎样大的。待到她神经恢复常态后，她与一位留学法国的结婚了，后同去四川。我闻此极快乐。但我又想起假使我对她有肉体的亲近，我们或者结为夫妇也未可知。她所说的"母命"是骗我的。我说此是因为后来闻知她与那时一个"食客"（原是我的学生），偷偷地日间去开了好几次酒店房幽会。这个使我想起她那时确有这样肉欲的需要。可恨我不曾给她满足，而致彼此脱离了。

在"食客"中，有一位王女士是大学生。我们的张妈先已警告我勿上她的当。因为她常问张妈我的家富当有十万元之多吧。她是那时所谓上海式的流氓。一次晚餐客散后，她独自到我睡床卧下，并说她腹有些不舒服，要我为她按摩按摩。我已知她的意图，心中因听到张妈话后，已鄙视她的为人，遂请她暂时休息一下后，快快地出去问医生。我对她的狡计算是逃脱了。又有一件事，是一日有人特送来戏票一张，并一信笺说，极要见我一面，表示向慕的热情，信中有许多挑拨的肉麻语，姓名是一见知是女流氓的。又请我到场时寻到她的座位的标志。我对这样女流氓方式，也只好一笑，把票与信，一同扯碎投诸火炉了。

我敢对天宣誓，说的确是实话，并无半点假伪。我在此美的书店二年多时间的性生活，便是这样的清白身。每日每夜，女性缠绕我身旁，又都是少艾可爱，假使我一动念，即可举手取得。可是我对她们别有一种情感。我爱她们有些如对待自家女孩一样，有些如普通朋友一样。因为我对她们并无"色爱"，所以无论如何，都撩乱不起我那时的感情。这就是我那时的真正的"色观"。

鲁迅曾极幽默地举出顾客们向女店员问："第三种水出未？第三

种水出未?"在女店员方面,只知这是一本书名,出与未出,照实答复。但顾客们别有一种用意,或许得些便宜,故意索油,可是我们的女店员,都是守身如玉,不轻易与人出卖"第三种水"的。她们有一位得与我的熟人、一位法国留学生结婚,我极高兴她有好结局。鲁迅对美的书店被迫关门的关怀,与对我译述卢梭《忏悔录》的督导,我都应向他表示衷诚的感谢。

七、记孙中山先生[1]

我们已到新加坡了。唯一目的,是投靠孙中山做一个革命党人。

在一幢小洋楼中,中山先生穿极朴素的中山装,满面光彩,态度温和地接待我们。他听了我们的请求之后,向我们说:"你们想错了!我们革命党人正应为满清军人,用他们兵器攻倒他们!你们先前受了一面的宣传,以为做满清军人,就是欺负汉族的,这是指那班无知识、无民族心的军人说的,例如曾(曾国藩——编者注)、左(左宗棠——编者注)、李(李鸿章——编者注),那班代满清打义和团的混账军人确实这样,但我现在所宣传的,是希望一班革命者去当满清的军人,然后乘机起义打倒清廷,恢复汉室。还是劝你们回内地做革命党吧。我在此时无法潜入内地,只好在国外活动,这不过是临时的办法,根本解决,当然在国内起革命,而不是在国外宣传就了事的。说到帮助你们到外国去留学,养成深造的革命人物,我此时的财力,是无法济助的……"

孙先生这一席极诚恳的训话,使我们二人如受晴天霹雳。到此始知脱离陆军小学的思想,是根本错误了。但想归国再入军队是不易做到的。我们到此觉得进退两难。在此地久住呢,生活费又如何对付?我们经过几日的彷徨,再去谒见孙先生,讨取一个行止的方法。

---

[1] 可参阅张竞生的回忆文章《在新加坡成为"中山信徒"的回忆》和《中山先生关于"系统"的一番话》。

殊不知这次到谒时，孙先生不下楼，派了胡汉民代谈。胡汉民也如孙先生前次所说一样，只好劝我们回国做革命党。胡汉民说后，戴起帽子，向我们说要往外埠筹款，不能与我们长谈，就这样匆匆与我们握手而去了。

我们到了潮州帮所办的端蒙小学校校长何先生处，问孙先生何以不下楼亲见我们的理由。何校长说："你们不曾看报纸吗？近日此间报载，有两广总督密派刺客来此，暗杀孙先生的消息。想必孙先生以为你们是嫌疑犯，所以不见你们吧。"一闻这消息后我们愈觉我们处境的惨淡了。

在启程时，同学所资助的旅费，将近花完了，连要回国的旅费也无法筹措。我只好为一间小印刷店出版一本汉英对照的粗浅小册子。做完后，他不肯照约付我手续费，我就与他大闹起来。他吓我说，要请当地警察把我们驱逐出境。到后来由何校长调停了事。何校长并且为我们代出旅费归国。我们回国后，才把何校长的钱寄还，深深感谢他为我们照顾的恩惠。

在新加坡住了一月余，究竟一无所得。只第一次在旅店左近每日闻到咖啡店炒咖啡时的香气飞腾，怎样无钱，也去饮一杯过瘾。但我经过这次的失败后，愈觉革命志气的蓬勃，深深记住要革命成功，当在国内做极努力的活动。我幸而在辛亥革命时，秉承孙先生的教训加入京津保的革命集团工作。在此应说及的是，武汉起义时全靠一班有民族心的革命军人，更使我们深深佩服孙先生对我们在新加坡所说的用满洲的军火打倒满洲的统治那种明哲的先见。

八、法国猎艳

在法国留学，也如在欧美各国一样，对于学问及艺术的取得，都是大同小异的。可是在法国别有一种特殊的"学术"，即是情感满天飞，满地融溢磅礴的感受。

在巴黎时，常常听到一些外国学生们，说及许多学生由此归国后，每一忆起法国的情趣时，常常是泪滴衣襟，我今来回忆在法国那十几年的情趣，也未曾不是如别个老留学生一样的意味深长。

在法国，不论老少男妇的相与，又不论对白种与任何种人，都是表示一团热烈的和气与亲爱。在旅行中，旅客们不过初见几分钟，便谈论得如老相识一样。如在别国，若无介绍，彼此是永远不相关怀的。

这就是法国特殊的风气——情感热烈的风气吧。我自己常想起一件好笑的感觉，即当我在德国一年多，回到巴黎时，坐在电车上好似有一股热烈的气氛，如水蒸气一样在围绕我！我看到那些人在街中旁若无人地尽情亲吻与拥抱；我看到那些娇滴滴的妇人们，与黑人或别种外国人那样携手同行的调情；我又看到那样特别的步伐——法国式的女子步伐，那样窈窕温柔，又矫捷又婀娜的脚步，与她们素朴和谐的服装，所谓"满脸堆着俏，一团尽是娇"。这是美的女儿国的气氛。你如一入其中，就被这样如火般的气氛所包围，所焚烧！任你怎样冷酷无情，在不知不觉中也就不免和那些风流仕女们同样销魂了。

巴黎拉丁区（即学生区），比别区更加反射出这样风流的气氛。"猎艳"的风气，又更加反映出那样的风魔！每逢星期六晚或星期日早晨,一群群打扮得如花似锦的普通家庭的少女们,都喜在拉丁区大街上徜徉散步,专在等待青年男子的猎艳者的调情、玩耍、消遣。

不论任何女子,都允许人们向她们这样通情:

男——好日子!姑娘,你愿同我散步或饮一杯咖啡吗?

女——谢谢!似乎你是可爱的。我愿与你走一趟呢。

或者女方这样说:"多谢吧!不得空啊,改日再谈吧。"这样就是表示拒绝的意思;或许男方生得不漂亮,穿得不讲究,或许女的已有情人在等待。

假若女子答应了,就同到咖啡馆饮咖啡或饮酒,如言谈投机时,或许到电影院,又或许到客栈,做你想要做的事情!

这些少女们,并不是"自由女"啊!她们都是好人家。不过在春情无寄,又当在待嫁时候,自然有心想得到一个有情人的眷顾。她们的好奇心,有时尤喜欢与外国学生们定情,领略一些外国的情调。固然其间有些轻狂的少女们,如柳絮的随风飘舞。但大都是保身如玉,不经过长久的考验,是不容许男子们轻易亲昵的。

猎艳的进行,有个人单独的,也有集体的。聚合了几个同学向一群同伴的少女们进攻。这个集体的逗情,使少女们减少羞怯与顾虑,所以更易于接受。每见一群群的男女们在街上且行且集体唱歌,或则在咖啡馆中跳起舞来,嘻笑喧哗,表示出一个极乐的世界,不知人间尚有什么痛苦事。

在国庆节(又名狂欢节)猎艳的情况,又别有一番滋味。任凭你中意哪位女子,你就可与她亲吻与跳舞。尤其是在法国"春节"的盛事胜景中,使人流连而忘返。在许多花车中,坐满了穷极漂亮的女子,车缓缓行遍巴黎各大街;坐车的女子,频频举手到她的口前做了亲吻的模样,随即引手向行人表情。随兴而行的游客们,买到一包一包的纸花,向那些中意的女子身中头上一下一下地掷去。女子们以得到这样满身花絮为荣宠。每当人向她掷去时,她总报答了极亲善的笑容。

九、和瑞士女郎的情爱

在美的书店那些二三年间的行为,即重情不重色,享用精神的满足,而抛弃肉体的快乐。我一生不只在上海有这样的举动,在巴黎、在里昂,也有一些时间有同样的表现。当第一次世界大战,德军被阻于巴黎北境,不能直冲到这个名城时,他们改用长距离大炮遥攻巴黎,迫使居民防不胜防,各学校只好移往他地,或暂时关门。我因为巴黎大学不能上课,转学里昂大学,里昂在法国为丝织区,是从我国学去的。人民尚称富裕,里昂大学也有些名教授主持。我寄宿在一位小学教师的家里,其女擅长钢琴,曾获奖金,所以有一些女学生跟她学。此中有一位少女,瑞士籍,年纪不过十六七岁,也来寄宿其家专学钢琴的。我们闲谈的时候极多。有一天,我毫不客气地向她说:"以你这样幼稚年纪,是不配讲爱情的。"她听此后,大不为然。她从各方面要向我表示她能讲爱情——什么爱情都能讲:精神的、肉体的,以及一切的奇形怪状如天方夜谭所说的,那些爱情,她都愿向我解释。她不但无所不晓,而且必要时,也能实行。她确是一位娇小玲珑的少女,弹得一手好钢琴。当她坐在钢琴椅上,手将按琴未按时,她笑问我:"你需要弹哪些爱情曲呢?牧童牧女的相悦吗?山歌吗?纺织女郎吗?荡妇吗?淫夫吗?任你想要知一种爱情,我就能满足你的要求。"她常常谈及她所读过的许多情书。她所以表示的是在她那个纯洁的心灵中,对于一切爱情,以至于极粗俗的,她无所不知,无所不晓。她独一要推翻我这句:"以你这样幼稚年纪,是不配讲爱情的。"她认这话是太轻视她了,是对她的侮辱。她有时极天真地就给我一个热烈烈的深吻。可是我在我们二人静悄悄的居室中,抱起她那似杨柳的细腰,放在她的睡床中,看她两只眼睛水汪汪地如电闪,如火炬的燃烧。可是我在这样情景下,不但一次而且不止若干次,我终于把她放下,保存她的洁白身。在末了,我只好向她说:"多谢你,你给我这样的爱情的、精神的爱情,极端满足了。我不再想及有别种爱情比这样更高尚。假如我把肉欲加入去,那就万分减少了这样爱情的陶醉了!"

我写及此,要使人知道瑞士的山光湖色,自然生出一种心灵皎洁、爱情纯净的女郎。这样心灵与爱情,是由瑞士大自然的山间清幽的气氛,与湖水香馥馥的气味所陶养出来,比别国女郎另具有一种风貌啊!这位瑞士女郎给我终身不忘的,是她那双如秋水般晶亮的眼睛。

我写及这位特殊的瑞士女郎,下面也来写二位"通俗"的法国女郎。

十、法国情人

当瑞士女郎去时,又来了一位中年与我年纪相近的小学女教师。她是里昂附近人,信宗教。她因为不愿在此间小学,想别寻职业。在将别时,我们约在圣诞节在旅馆过夜。她忽见壁上所挂的圣母像,即圣母手中抱了耶稣,神情上表示对这位婴孩在怜爱中兼有悲哀的情怀。这位女教师对我说:"圣母与圣子那样悲天悯人的表情,使我对此不能有肉欲的快乐,请你就与我同过一夜的清白身吧!"我当然乐从。我们同过了一夜纯洁香甜的梦境。不但这一次,以后尚有十多夜同样的情状。及到她转入邮局任职时,我们仍然一样相爱,但再无机会同过清甜的夜梦了。

由后想起我们怎样能够这样规矩呢?在她,则以为圣母所养的儿子竟终于钉在十字架上,呼天号地,惨尽人寰,人类对此安能取乐?在我呢?则正在预备博士论文,是孔德的社会科学观念论。我因为那时恍似孔德一样重精神不重肉体的享受。说到孔德,他壮年时因为情妇的逃走,致患神经病几乎而杀身。晚年得到一位少妇的倾慕,但完全是精神的倾慕。可惜这位少妇已有肺病,不久就死去了。我在此时也学孔德不为肉欲所牵累,而以纯净的情感为依归了。

巴黎有一位女医师,五十岁左右人,矮肥如豚一样,其舌时常向嘴角左右边拨动。她有好的思想,她是社会党、女权派。她对中国人特别好,是友谊的情好,毫无私欲于其间,我由她介绍,认识一位中年法国女教师,她是在外国教授德文的。她此时是在巴黎过假期,其人貌尚平常，但举动极端男性。忽然在一个清晨到我寓，言谈间她扬开外裙以示意，我对这样态度极端冷淡且现出一些鄙视态度。她冲动极了，口中喃喃说："世上尚有些野蛮人心情，看他人痛苦才觉自己快乐！"我只好一笑置之。由后想起，我对此妇不过一面相识，我安能为此事服务？我不做此事，才是高尚，怎样说我是野蛮人？她自己刺激，与我关什么事？我此时的行为，也如对玻璃宫那位自由女一样，也如对里昂那位女教师一样，完全是超出于肉欲之外的呢。

十一、恨不敢娶欧妇

两次在欧洲,十余年遇到许多情人,但都是暂时相逢,不能和一位同心人共聚白首,每一想及,茫然若失。

我曾与一法女,同居年余,并生了一女孩;但入巴黎国立育婴院而夭殇了。这位女子面貌美丽,身子苗条,系出于法国与西班牙的混合种,富有南国的情调。可惜她的父亲有酒精病,遗传了刺激症,每逢拂意时,辄神意混乱,口吐白沫。又或因这病症遗传,脑筋未能发展,对于法文尚未深解,连写普通书信,文法也常见错乱。但她平时的待人接物,也极井井有条,在社交上也极得人欢心。

我认识她是在海边饮食厅。她是侍女,柔情的招待,又最使我起竞逐心情的,是当时有一位德国少年博士,也在对她用情,可是她不愿意与他周旋,而用情于我这个正在学习的学生。我极骄傲,以那时这个衰弱国家的人民,能够争胜强盛的德国而又有身份的博士。我们不久就同到别处海滨去过伴侣的生活了。在这些海滨的生活中,我们时常携手同到潮落后远远的海沟从石中,去捞取鱼蟹,每每得到餐中的新鲜。有一日,当海潮大退时,我们得到了二大筐蟹,可有二三百只,大多是雌雄叠为一气的。在蹢躅丛石之后,热气扬腾,我们就落水去做海鸥的双飞。

我们本是一对好夫妇的。可是我不敢,因为家中有父母之命所给我的黄脸老婆。况且我正在读书时期,一个学生的公费也不够家庭的生活,所以当女孩生后,我也学起卢梭一样,主张由国家去公养。虽在她的母爱难于割舍，而由我这个薄情的父亲，终于把爱女牺牲了。以后因第一次世界大战爆发，巴黎已有陷落的危险，我就单身避到伦敦。她也看到我们的爱情不是长久的，彼此就分散了！

这就是我薄幸的一端！没世痛恨，夫复何言！

我前说那位讲"卫生的爱情"的情人，常向我说以她这样的人才，到三十岁尚未得到正式的伴侣，言下至为恨恨，我们本也是一对好夫妇的。可恨我不够大胆，也终因有结发妻的顾忌，而只好以一时期的情人生活结束了。当我归国时，她来信说已得到一位知心人，不久就要结婚了。我因为恐搅乱她与新爱人的感情，以后连通讯也中绝了。

由后回想，我真是大呆子。她们欧洲人极知那时我们一辈子是包办婚姻的，只要坦白，她们也极愿同到中国来。有许多留学生就是这样娶到西妇的。到中国后，或与结发妻离婚而给她精神上与物质上的帮助就好了。或则不经过这样的手续，而与西妇远远地同居，也是可以混过一生的"准婚制"的美甜生活。可是我不够大胆，只是想若我这样骗婚，对中妇与西妇都不好。我就这样牺牲自己，牺牲他人。只顾形式不重精神。空向西风挥洒同情泪，究之对于东风也无一点的好处。言念及此，没世痛恨，夫复何言！

十二、玻璃宫中

当我第二次往法国时，同船中有阔佬数人。到巴黎时以为我这个老留学生，必然熟悉巴黎妓女之所在，问我要到其间逛一逛。

我因为他们一路对我好感情，又因为他们是特来欧洲游历一番，我算做"主人"的情分，不好推辞他们好奇的心情。由后想起，我真是懊悔此一举呵！

凡在巴黎留学的，必是下下等的人才去逛妓。因为满地随时可结交情人。正经的花枝已经采之不胜采，岂有贪心去光顾那些野花残卉？故我第一次在法国十年久，确实未曾一次去逛妓。当他们问我这件事时，我实在茫然不知所措。我就同他们到街上问一司机。我对他说，要是最出色的才好。他引我们到"玻璃宫"去。

玻璃宫是巴黎第一的妓院。里头的妓女，可说不是妓女而是"自由女"。她们是自己愿意随时来院，不受任何强迫与拘束的。她们，唯有天知道，不用说明身世，或许是高等人而因经济困迫到此；或因一些浪荡女士，不满足于对方，而到此来谝尝世界男子一切的风味；或许她们是好奇心，到此是来"嫖男子"的，她们不是被动，被人嫖，而是主动嫖人的（巴黎确有一种"男妓"，专供女子来嫖的）。

这，玻璃宫，最特色的，是在一特别房中，留下一张特制而可上下四方转动的大座椅。壁上标明是某国皇帝某年月日在此椅中行乐的纪念物。这当然是真事实吧。若是伪造，这个大国有驻巴黎的大使馆，当必出面向法国当局要求取消。而今竟然留存这位风流天子的座位"遗芳百世",传观万人,世上事真是无奇不有了。

我在此院那夜的经过,也有一点奇特。那些同来的人们分房而去,各行其乐。此中尚有一位黑白混种的女人,特为一位嫖客所选择。独我与一位女子在厅中谈天。我问她关于这些女子们的性病情况。她说她们都是无病的;最怕的还是在男子一方面。因为她们晚上来院后,即须过官方医生的检查,事后又须经过防毒防孕的手续。我们就这样谈天,等待他们和她们好事毕后,约有一二点钟而散去。我对这位对手——半裸体的女人,嫖钱已由友人先交,本可取乐一时的。但我那时丝毫不觉得有肉体的兴趣。我的性格是对彼此具有情感的女子才起欲念。今对这样偶然相逢的人,又属是买卖性质,在我觉得是兴味萧然,在她也觉得不过勉强凑合,对我并无进一步的要求。我们就这样来去保存了清白身。这也是我一生中值得记述的一端。

因为男女的结合太过容易,那时法国——尤其是巴黎的性病,最多是淋病,是极流行的。公娼虽则受官方医生所检查,但常被她们所瞒过,仍然有淋病的传播,至于私娼,巴黎所在多有,性病当然极蔓延。我对此当然极具戒心。

十三、巴黎画家的生活

与我同时往巴黎留学的,有一位范君。他与我在国内同学时,全班是他的图画最好,我的最劣,遇考试时,范君就改用一种手笔,偷偷为我代画一张,使我得以及格通过。

他到巴黎后,我劝他学画。他有一位朋友,在英国留学,是学法政的,来信说:画是"雕虫小技",不必去学。最好是学那些将来回国时可以做官的学科。范君到此,不免犹豫起来。到后来,还是我的计划被他采纳了。

他终于入了画界。巴黎的艺术家,除音乐、戏剧、舞蹈班外,最特出的生活是学画的。他们另有一种风气,即以服装说,他们的领巾不是通常的,而是扎成一个绣球一样,蓬蓬的放在胸前。他们的衣服与鞋帽的样子,都与普通人不同,使人一看,就知他们是"画家"!

说到他们的生活与行为,更是特出。通常是数人集成一群,共同生活,共同苦乐。范君与二位法国人、一位西班牙学生同组"四人群"。范君是我国官费生,所得学费,就个人说,可说充足。但因为这"四人群"是共同生活的,不许个人有私产,所有就共同分用。一位法国同学与那位西班牙同学,尚有相当的家费资助。其他一位因为他家长不愿他学画,就断绝供给,只有靠住这三位友人为活了。

每逢范君或其他二同学学费到时,通常就大花特花,往后就大俭特俭。他们规例是一月中有五日把所得学费花去百分之七八十。有二十日就要俭约到几乎不能饱腹。到了月底的五日,可说是半食半饿，或靠些旧服装去典当度日。他们说，要这样生活，才能领略到人生的甘处与苦处。假如日日一样的生活法，便是俗套！便不是艺术家。"艺术家"要享受常人所不能享受的乐处，也要忍受常人所不能忍受的苦况。故当他们领到学费时，不但四人大用起来，而且与情妇大花。通常艺术家都有一个情人做伴的，在这每月的五日阔绰中，他们总要使他们的情妇享受世所未有的快乐，如买牛肉就要二三十斤，鸡肉如林，酒成池，香烟满桌，这样夜以继日，大食大饮，又到最花费的剧场、跳舞厅去寻乐。过了这五日后，公共财物将告一空时，始行男女分手，彼此各去画画。

我因与范君情谊甚好，与他的三位学友也相契。所以我常常加入他们的社会，任你怎样苦闷无聊，一入他们的范围便觉生气勃勃。我对于图画本极外行，但在古典派、自然派、浪漫派、象征派、未来派各派别之外，常劝范君学习和提倡我国特别有的"意笔派"。即用一笔画出一丛老树，二笔画一尾鱼，数笔画一人物或风景等等的意笔法。范君与他的三位友人终于采纳了。经过数年的苦学，他们各有一点成就，展览会也有陈列出他们一些意笔作品了。市上也有些人买他们的图画了。

十四、法国的饮食

以白人说,法国食品算最高等。所以各国大邮船、大食店的食单都写上法文,以夸示它是法国食法的。实在法国的食味以温柔取胜。它不是如英美的牛肉排,现出血红红而和以辣酱见长。我最喜食的是法国的生菜,和以橄榄油,入口酥碎爽快。他们的甜奶雪花,及蛋油酱料,也极著名。法国食品极少烤烧,而多用炒、煮、炖,其味香醇,近似我国的食法。

还是法国的面包值得骄夸。那些细且长的面包条,全体金黄色而又酥碎可口,与点心一样,这些当然与英美的"枕头面包"差得极远。在巴黎早餐小食中有初月形的小面包,也为他国所无。

法国又以葡萄酒著名。此中有红的白的,普通任食客随量取饮,不另计价,其高贵的有藏久到近百年,而每瓶则须百数十元,除供奉贵宾之外,普通人是不能饮到的。酒味愈藏久愈香醇。在法国稍有钱的人家,大都屋下有一藏酒的地室,各瓶标明其年号,通常一二十年之久的酒是不贵而极易饮到的。酒店中除葡萄酒外,尚有种种式式的酒品,名目极多。所以法人大都能豪饮。

总之,法国人比其他白种人算是最讲究食法的了。但万万不及我们中国人。不必说,我国的八珍,他们连梦想也想不到,即如平常的燕窝、鱼翅,他们也视为奇异。在法国人常闻到一些人讥笑中国人连鸟巢(燕窝)也可食,实则他们不知,窝字别有一种意义呢。不过法人有那些野味的烹调法,实为我国所未有,遇到法令准许打猎时期,市上便有野鸡、野鸭及一些山货。待到这些野味稍见腐烂后，始行烹调，其味香馥，给予人一种特出的味道。

　　我总想白种人到今日似乎许多事极文明，但食法尚有多少野蛮，总比不上我们中国的。即如食水果说，他们食草莓时，尚晓得落些白糖，但永不和以食盐。其实许多水果食时和些盐，不但酸味减少，而且更觉香甜可口，且合卫生。白种人极喜食糖，各种点心都是甜的。咖啡与茶也必加糖。实则咸的点心也具有好口味，即如用糖说，他们只知用机器白糖，而不知有些物品用上黄糖，味道更好，而且又具有极好的滋养料。他们遇糖缺乏时就用糖精以骗取口味，而不知制造我国通用又具有滋养价值的麦芽糖。白人不知应用麦芽糖，使我真为奇怪，这也可见他们的食法，万万不及中国人的高明。例如以蛋说，他们只知二种食法，一是半生食，一是荷包蛋。但在我国的厨房术，则能使蛋变成为百数十种不同的花样与味道。我常想，若有国际饮食会议时，我国派出代表，把食法报告一下，定能夺取锦标。不必说"食在广州"，即如北京鸭、四川菜，以至天津馆、上海厨与福建店，都有一些价钱便宜而味道特好的食品。回顾外国人，即使是法国人的烹调法，也实在万万望尘不及的。

十五、花都美容术

巴黎的美容术讲究到无微不至。十七岁的少女美,是天然所赋予的;但七十岁的老妇美,是由人力去争取的。法国女人永不说出她们的真实年纪,或许已是六七十岁人,但看去似是三四十岁。因为面额上的皱皮有割去的专家,染白发,理发店都可代做;衣服装扮得窈窕玲珑,涂上了满面白粉,抹上了遍唇胭脂;她们又有一种别国妇女所无的脚步——一种短步、急步、有节奏的娇柔步法。这些集合于一身,当然分不出她们老少的年纪,一律都能引起人愉悦与爱慕。有一位中国留学生说笑话,在中国的妇女是"三十如狼,四十如虎"。但法国呢?则是"五十如虎,六十似狼"。凡身历其境者,无不承认这些形容词,确有根据的。

美容术在面部上做了许多功夫。例如鼻形不好的,或削去,或修正;眼部不美的,则用了许多整理的手续。我们中国人的眼眶稍短小,法国人视为丑态,给予一个特别名是"小圆形的天窗"。郑某人在法国充留学生时,就把眼眶割成稍为长形,但手术不大高明,使人看她眼眶尾部似有裂痕。那么,她想由美容术而得美丽,反成为丑态了。不过由这个"破落窗"的改造,与她生来的轻佻状态,更加形成为一种女流氓式的风骚。

美容术并讲到修指甲与脚甲的。通常都把十指剪得整齐,又染上红色脂料,这是极使人满意的一件事。遇到天热时,有把脚甲也如手甲一样美化,穿上通风鞋,故意不穿袜,以便露出红脂的脚甲,留下步步的花踪，给登徒子们沿路追随吧。

　　在巴黎，修理指甲的，随处都有专店。但修理脚甲的，则极难找到，这或许因修脚甲是贱业吧，但职业若是有益于人的，本来并无贵贱之分别。其在我国则完全相反；我们大澡堂上都有修理脚甲的专家。但市上则几乎寻不到修理指甲的人。有一次我由友人介绍到巴黎的中国人专修脚甲者的地方去参观。这位工人是姓刘的，已娶有法国老婆，墙壁上挂了一张巴黎警察总监给他的奖状，表扬他技术的精巧。他极骄傲地指给我们看，并向我们说："你们这班留学生，花费了许多金钱，但对社会有什么益处？还是我们这班手艺人能够在社会上争气吧！"我此后常常回想他这席话，此中也有好多真道理。我们这班留学生，在社会上有些不但无益于人，而且有害于世呢。这位刘君的讽刺使我代表留学生们，对他真是惭愧到无地可以自容哪！

十六、华工刻苦

巴黎,世称为"花都",即所谓花花世界,我在此地住了十余年,拾得多少花絮也无?

那时,中国运出许多华工到法国,官场数字定为十万人。那班官僚在天津、上海管理其事,大发其财;那些华工到法国后颠连困苦,大受白种人的白眼。我们一班留学生们,眼看这班可怜人也曾多少出力帮助。时我为学生会会长[1],当然也出来照顾,但我们力量极微薄,对于华工,只有悲叹其命运的悲惨,而徒呼负负。到后来,我国公使馆不好意思,也派我们一位留学生李君,专管华工事务,可惜也不过是一种官样文章。华工所得工资极少,只有极俭约地度了生活。他们数人同居一房,自己炊食中国米饭,吃粗淡的菜蔬,巴黎画报记者也曾访问他们,把他们的惨淡生活照相发表出来。在法国人看来,这班华工是应受这样待遇的,谁也不想去改善。可是我们留学生看到,只有触目惊心,而最使人难安的,是一班华工的妻子保存她们的小脚,手执纸花在通衢中叫卖。法国人为好奇而看视她们的缠脚,也有多少掷给小钱。

我们也曾一度干涉她们的小脚出丑,但在这条街头检举时,她们就溜到别处去流浪,终于所得干涉的效果等于零。因为公使馆对华工

---

[1] 1913 年,张竞生被选为中国留法学生会主席,在任期间积极推动留法学生勤工俭学运动。

不予看顾，以致许多华工失业。当巴黎一度有被德军攻陷危险时，法国政府南迁。我国使馆同时迁移。一群华工，可有二三百人，到使馆要求救济，使馆中人遂请法警严密保护。我适于此时也到使馆领取应得的学费，那位秘书即嘱法警将我暂时扣留。他说这班华工是我鼓动来的，必须由我解散，然后放我自由。我当时是学生会会长，自然与华工们有些接洽。到此地步，只好劝解工人暂时散去，再行设法。

华工中，也有些不是招募而来，而是先前自己漂泊到的。我曾与这些工人接洽，极奇异地看到他们所保存的自绘的行程地图，那是一张全世界所未有的地图，可说是天方奇谭式的册本。但东西南北的方向，尚未大错。他们从我国北部向西旅行，至于数年之久，才达到欧洲。这种奋斗刻苦的毅力与精神，唯有我们华工才能有，他们到法国后，本此奋斗精神，得到一些工作。有些尚娶了法国老婆，生下子女，过了安居乐业的生活。

十七、香醇的咖啡

当我少年时在国内,不知咖啡是何物。自到新加坡时被当地的咖啡炒出来的香气冲昏了头脑,我开始对它同情而迷醉了。

在巴黎时,咖啡比茶更便宜。而且满地的咖啡店热烘烘的一杯,不过十生丁。所以当我们下课时、散步时,都去饮一杯。就激烈性说,它与香烟和醇酒同样兴奋,但它别具有一种滋味:既不是香烟的干奋,也不是酒气的奋发。它的力量是深沉而又发散。若和以奶与糖,更在奋发中具有深潜的香醇。对它少饮时,不但能振精神,而且能助消化,尤其是能搜寻心思。

法国文豪巴尔扎克,在写作时一夜饮到八九十杯,打破古今中外饮咖啡者的纪录。它确实能够帮助劳动界的奋力,与文人的心思。尤其是在寒冷的天气,阴惨惨的气氛中,一杯入肚,即时就觉五脏回春,别有一种愉快的感觉。一杯饮后,就生一回的心思,再饮一杯,又多生出一样的心思,这样饮到极多杯,就愈能生出复杂的心思来了。当巴尔扎克执笔构文时,他当然具有个人的才能,但借助这几十杯的咖啡,愈更能掘发他暗藏的才思,这是无可怀疑的,但这也不是说,一个平常人如多饮咖啡,就能生出好心思来。而且有时因太刺激了而反生出心脏病呵!

自回国后,我终为咖啡不够过瘾所苦了。只能偶然吃到,而终不能常时一杯在手,香气缭绕于唇边,神气迷离于脑际。

好些年前,我曾漫游于台湾。这个地方尚沿袭日本侵占时的风尚，咖啡还是极普遍的饮料。但我遍尝了好几十家的咖啡店，终未得到一回极好的味道。因台湾所饮的咖啡是台南所产。台南如海南岛一样的气候，但尚未够热度，不能产生出好咖啡。但我有暇时，就到咖啡店去饮一回，所谓慰情聊胜于无了。

在故园时，我常买罐头咖啡，只有初开时那一回尚有些味道，其余就不过瘾了。因为咖啡的香味就在新鲜炒出后冲出时最有原味的浓馥。若在久藏后，如罐头品之类，就消失去极大部分了。所以我在故园所饮的罐头咖啡，价虽不贵，但不能满足。

记得在德国第一次世界大战后，我在柏林时与一位德国博士交游，请他饮一杯好咖啡，他就高兴到神飞天外。他对我说："现在我所能饮的，其味道好似'洗脚水'！我是饮惯好咖啡的，到今日不能饮到，连大便也屙不出来！"

十八、莱比锡的一夜

还是乡居比城市住得好。在冬至前后，乡下人日入时就上床睡眠。所以夜长睡得极充足，通常人冬天总比夏天长得肥胖，因为睡足便健康了。

若我们今日在城市住的，乃照钟点起居休息，完全不是照自然的"日出而作，日入而息"的。所以就我个人说，仍然是夜间九十点上床，六七点起身，故虽在这样的长夜漫漫，仍然感觉到睡眠不足，每到午后，尚觉困倦。若在乡间，不怕睡不足，只怕有羡余了。

冬至到了！本来北半球已入初冬的气候了。但在亚热带的广州，仍然不过是深秋景象。近几日来，在"强风低温"下，广州也觉有秋寒的萧疏。黄槐已落些叶子了，苦楝结成了累累的黄色穗粒。越秀山的菊花未免褪色，莲池只剩些枯叶与傲霜枝。越秀山入晚游人稀少到等于零，唯有我与儿童们仍然照常到其间散步，呼吸了清净的空气与鉴赏夜景及月光。

到了这个冬节，家家做了糯米丸，在先前我们的乡下，遇了冬节又祭拜祖宗，大家肉食后又饮汤丸，在日光下彼此谈天，觉得冬日的可爱。

冬节所以可纪念，因为它是一年中最长的夜景。过此夜后，日即逐渐长起来了。这也是光明与黑暗的争斗。这个黑暗的夜魔逐渐被光明和太阳打倒了。我国古书所谓"冬至一阳生"便是此意。其在我，在这冬至夜，更有一件极兴味的纪念。那是我在德国文化城莱比锡时的事情。我与女友为要消磨这个漫漫的长夜，就到本地著名的"酒窟"。相传哥德在此写成他的杰作《浮士德》；也即是浮士德老博士，在这个酒窟遇到魔鬼猛灰士，把他变得年轻起来，而去引诱美女格丽倩的故事。我们俩到酒窟后，决定饮到大醉，要在惺眼模糊中对那幅大壁画，画上的那个鬼，红衫，猴面，头有二小角，有尾巴与羊蹄手，凝神注视他怎样生动，或者现形起来。果然，在壁画那靠近另外一窟厅的角落，依稀似有这样鬼形在活动！我的女友不免颤栗起来。紧紧靠倚我身旁，头汗淋淋，她已大半醉醒起来了。但在我因为饮得太过度仍然醉眼迷离。可是我心神极镇定，决断这必是一种幻象，或者必有人在捉弄，我就突然跳去，把鬼的尾巴拿住，原来是酒窟侍者，故意在戏弄我们。真相既明，彼此就大笑起来，笑到我们肚腹痛，醉态也全行消失了。那位侍者又要我的女友装作格丽倩，跪在地下如戏中所排演她在教堂忏悔一样。那个假鬼做天主就不让她悔过，只大声责备她，她口中只有大叫"空气！空气！"，这样更使我们三人笑破了肚皮！

这年的冬至夜，是阳历十二月二十三日。我们这样混闹到了天将微明，这是二十四早，为基督教国最隆重的圣诞节，满城教堂的钟声已震动起来了。我这个权做浮士德的老博士，变成了狂荡的青年，戏对我的女友说："你已得救了！你从此跳出地狱升上天堂了！"我又对那位装做猛灰士鬼的侍者笑说："你已尽你鬼的责任了！你好好再去戏弄别个老博士吧！"

十九、乘长风破万里浪

乘长风破万里浪,是人生最适意的事情,我幸而得到,且又许多次得到了。

乘长风破万里浪,或如祖逖的击楫中流,或如郑和的使南洋,或如他们以坚毅勇敢的精神,成群结阵到南洋去,开辟荒地,争取市场,终于建设了今日的海外世界。

至于我们一班所谓留学生也者,据说去求外国学问,究之所得几多,唯有天知道:常常有些仅仅学得食了洋面包,或得些"洋仔"的知识而归来!

在未到欧洲之前,我从家乡到汕头,也曾乘渔船漂荡于海岸,那时看到波涛的汹涌一阵一阵从船身打来,以为不免葬身于鱼腹了,这就所谓大惊小怪,未到大洋的河伯,自以为家乡的小溪流,便是最大蛟龙的藏避所了。

及后,从汕头到上海到天津,更加感觉到海洋的伟大无边。迨从香港到欧洲,经过印度洋、地中海,又所乘的是数万吨的船只,然后始能满足平生壮游的志愿。

船到南洋各埠头,都有停泊,有的停留了二日久,我得此能够领略这些地方的风景与人情风俗。而最使我骄傲的,是无论到南洋哪一地方,都有我们华侨,在商业、工业、农业及社会上有贡献。十年前,我特别到暹罗去游历。这个地方,无异是潮州人的海外王国,只要社会事业有些小规模,便是华侨经营的。养一群鸭,海外捞鱼的,都是华侨——都是潮州人。

不到南洋,不知华侨伟大的力量;不到南洋的内地,不知这些地方尚存有无限未经开发的富源。

船到印度洋,有时是波浪平静,海天一色,常见飞鱼溅波,海鸥翱翔。遇到波涛兼天涌时,纵然大船也如一叶似的颠簸于无限的大水流中,常使旅客在此瞻眺的衣服潮湿。我每当大风波时,更为喜欢在船面与它周旋。

在这长期的万里浪中,除却狂风暴雨外,未免觉得单调乏味,只有在日出日落时,月升月下时,看到它们从海水摇荡中一步一步地上升,一到水面好似跳出水飞到天上。那时也就显出整个大地的光芒;每当它们下沉时,好似到水里去隐藏,整个不见时,天地就现出寂静的景象。

我最乐于观察的地方,是立在船后舱上,看大船所排出的一条长带形的月影,这其间月影与水光摇曳得如海女神所拖的玉带。

乘长风破万里浪,我不知在将来能不能再去领略此中的无穷兴趣呢?

二十、我学了些什么

学习哲学的人，在旧时人的心目中，正如希腊毕达格拉斯[1]所说，在奥林匹克竞赛里，有些人是为利的，有些人是为名的，但哲学家既不为名，也不为利，只是来看看玩玩。旧时哲学家是玩世的，超出俗务之外，驰神于六合之内，留心于空玄荒渺之中。

我先前也不免抱有这个态度以致半生潦倒，弄到一事无成两鬓丝！

当我于民国元年到法国时，初则想学外交。那时有一位友人能够左右我思想的，主张我学习社会哲学。在京师大学读书时，我与同学孙浚明[2]已立志想习哲学。但巴黎大学的哲学系，是任学生绝对自由。我觉得空闲的时候极多，时时想兼习一种实际的学术。在比利时国都那年所举行的国际展览会，我到其中见到有招考园艺学生，二年毕业，心极歆动，想去报名。继想我是领法国留学生津贴的，若改易为比国，势必经过一番更改的麻烦手续。由此这个学园艺的心愿不遂，以后每一想及，辄为恨恨。假使我学了，则在我故园耕种的时代，定必有更多的收获，而且不至于听人言而致广大的柑园失败；即在今日，我也可请求为公园的职员，不但生活有着，而且与我的情趣是极称合的。

---

[1] 今译毕达哥拉斯，古希腊数学家、哲学家。
[2] 孙炳文（1885—1927），字浚明，四川宜宾人，1908年考入京师大学堂预科一类英文一班，与张竞生同学。后投身革命，1922年加入中国共产党，1926年任国民革命军总政治部秘书长，1927年被国民党杀害。

在巴黎的一个时间，看到同习哲学的去兼习医学，我心头又一番歆动，也去报名。法国学医的例须先行预习一年的物理、化学、生物学的普通科，然后始能入医学的正班。我就马马虎虎地学习了预备科，而对于医科正班并未继续去学习，这也是我一生中最恨的事情。

我对医学本来具有最大的兴趣。我以为这门是最切实的学问，而且对人类最有切实的利用。当我参观同学在解剖室中，那位好戏谑的友人，手执利刃对那些人类死尸左切右割，又用刀指一位女尸的阴部说："不知你生前由此物害了多少人，到今日乃成此下场，任人宰割如砧上肉！"我对此真感得悲愁千端，痛惜万种！

假若我习医，或者在第二次到法国时，就在巴黎当医生。或许我今日在国内行医，这个总是切实的职业。当我第二次到巴黎时，我极想搞卫生行政，但法国当局以为我不是医生，照例不允。到如今，我又在译针灸学，一本又一本。可见我的医学的热忱，可恨终究是门外汉。我对于法国自然派的医学，素极信奉，也稍窥其大旨，但终是过屠门而大嚼，未能细研。

检点起来，我所学得的是什么？毫无所有。即就是哲学说，我先前所学的是唯心派，是法国十八世纪的唯物机械论，究于哲理的真义相差有千万里远。我从此以后，已进入唯物辩证法的学习了，希望从此更加深造，以补偿我前此彷徨肤浅的损失吧。

二十一、美的生活法

人类到达盛世的时候,是"各尽所能,各取所需,与各享所趣"的高等生活法了。

各尽所能,有一种作用,就是美的生活基础。

唯有合理的工作,才是美的生活法。我们羡慕那些乡间与山间的男女们,那种健康的姿态、自然的表情和素朴的胸怀。我们乡下姑娘,由于日常工作与大自然相接触的结果,那些泛出桃花色的面庞与那些坚实窈窕的身材,一行比较那些城市的妇女们,尤其是那些不劳而食的,那些面黄肌弱奄奄一息或肿胖的行尸走肉,那些丑态,使我们起了许多厌恶的心情。

我国古代标准的美人是西施,还有"和番"的王昭君王嫱。西施是山间苎萝村的姑娘;昭君是生长于"群山万壑赴荆门,生长明妃尚有村"的。可见唯有山乡间的少女们,有了工作的劳动,才能长出明媚的身体与聪敏的精神。

若干年前,我曾一次在汕头市演讲,说及唯有黄黑色的面庞,才算是少女美丽的颜色(这当然是指我国女子说的;若在白种人说,则应以白黑色为美)。事后,我的友人讥笑我,说那时我的情人就是这样颜色,所以我才有这样的主张。由今想来,我的主张仍是对的。我所反对是那些肤色苍白浮肿的妇人,即是那些生来不事工作的姑娘夫人们。我在法国时,那时风俗是每逢暑假,巴黎一些女子就到海边或山间过了些时的野外活动与晒日生活。回到巴黎时,她们以露出面上或臂间一些黑色为时髦。而其实，她们确比那些不出巴黎的妇人们较有一些健捷的动作与光辉的容貌。

我曾在法国与瑞士山间，欣赏那些牧童与牧女们的幽雅、天然、素朴的姿态，使我时时想及那幅法国人所绘的牧童画；不但是牧人的神情，即那些羊群在静穆地吃草，与那周围环境的安静及天空的云霞，和谐地联合成为一幅美丽无边的生活形象。我常时在牧人身旁，坐下，卧下，鉴赏那四周大自然茫无边际的视野；而又时不时和那些牧人们谈起一些富有意义的故事。

城市中也有工作的人们，可是，他们的工作往往太苦了。在许多国家里面，人类变成机器的奴隶，而且不能得到最低限度的生活资料。所以城市的工人总比不上农民健康；而且城市的环境，总万万比不上田野与山间有大自然的风光。

我是生长于乡间的，到今日不免居于城市中。可是我有反抗的方法：除了做饭与睡觉外，我朝朝暮暮总散步于越秀山，鉴赏那英雄的木棉树与日月星辰的光芒。我与小孩们且行且运动，我们坐在体育场上看书写字，并观运动家们的体操。每晚归来总在十时左右，做了一场的好梦。

梦得美好，梦得香甜。唯有适当工作的人，才能得有好梦。至于那些不事工作的，常时不能好好安眠，有梦也是噩梦了！

二十二、青菜水果麦芽糖

食的一道当然以素食为合卫生与省费。这个素食并不单是人道主义或畜道主义或佛教的迷信，而有生理与医学做根据的。

因为无论什么人最好的消化力，只能在胃肠内消化百分之八十到百分之九十余，剩下的只好排泄出去。

若食菜蔬及水果类，虽则不全行消化，但它们并不是如鱼与肉到肠中会发生毒害，这就是素食比肉食在卫生上的优胜处。菜蔬水果比鱼肉多维生素，这些素食在身体健康上占最重要的位置，比鱼肉的富脂肪及蛋白质更为不可缺的物料。且素食如菜蔬类，又多纤维素，在肠内如扫帚一样可以清除存物便于排泄，故在患大便不通的人，更要多食水果菜蔬。

有些人以为素食不够滋养，这是大大误会的。豆类比鱼肉更多淀粉蛋白质。一些豆芽、豆腐、豆浆多食些，比肉食更好滋养。如以香蕉说，它的碳水养分，即热能所从出的，与牛肉的一样多。又或以为菜食乏味，这全靠烹调法得宜。

一斤肉价可买到普通菜二三十斤，菜食比肉食在经济上真是万分合算了。

我一家数口，多食菜蔬与水果，偶然为顾及小孩们的口味，只食上极少量的鱼肉。但我们若干年来并无病患，而且极端健康。我的最小的小孩，一行街上，路人对他极为注目，称赞他是顶壮健的"肥仔"。

我个人曾加入素食会,这不是为了会社有拘束,而是我在卫生上深深领略到素食比肉食的好处。

可惜我现在不免到城市受饮食的限制了。我先前的计划是要实行"果食法"的,即是连菜蔬也不食,只食各种水果。以我故园所种的水果就足够用了。这里有的是好柑、橘、柿、梨、葡萄、无花果、龙眼、荔枝以及杨桃、桃、李与丛林的香蕉树。这些水果可生食到一顿饱,可以晒干,可以烹调为各种形形式式的类型,可以为甜浆,可以为干粮。

在此应说及一项极重要的食法,就是多食"麦芽糖"。麦芽糖是由麦芽与糯米做成的,是有机化合物,在中国素来视为补养的良物。它那种金澄色,那种好味道,实在是食品中的上上乘。在今日糖料缺乏的地方,这样糖食更不可少。白糖多刺激性不能多食,而麦芽糖的糖分适中,多食愈觉有益。

我们一家六人,每月就食麦芽糖到三十斤。以麦芽糖抹上面包,其味隽永更觉无穷。

糖食为供给身体上的热能,同时就能使身体壮健,精神勃发,而且可增长脑力。素食中,菜蔬比水果为差。最好是糖食。而甜类的水果为食品中的上上乘。

二十三、谈饮料

在这样热的天气中,饮料比食物有时更觉重要。为节约计,暑天少食比多食更合卫生。但饮料又要比冷天多。

人们多爱食冰淇淋、雪条和汽水。冰淇淋当然极有益,食雪条,数分钱也可得到清凉。

说到冰淇淋,我记得前在巴黎时,有一间著名冰食店。我常与一位法国医生步行数里路,目的专在食到这些好物品。那位医生笑对我说:"这样冰质对于肠胃有镇热消化的功效,我们长途步行后,食了更加有益了。"

各种汽水,是用苏打与一些化学品制成的。苏打饮后能多出汗便好,否则是有害的。为要制止真正口渴起见,最合卫生的是稍热的淡茶水。所谓汽水与啤酒及各种酒都是刺激品,愈饮愈觉口渴,若用一些稍热的淡茶,即时就可制止了。

在旅途中,尤其是在山行时,最好的饮料是清甜的山泉。

说到此,我国城市的饮料店何以无"矿水"一类?巴黎的饮食店,这类矿水的饮料是极盛行的。十余年前,我在广州曾提倡取用从化的温泉,运到广州出卖,那些有汽车的朋友们也极赞成。可惜我不久离开广州,这个创始的经营也就搁置了。一切温泉大都可用为饮料,当然要经过化学的分析,证明确实有益的始可取用。从化的温泉经过分析是有益的。以我省说,温泉不少,只从饶平县说,就有三处。我在饶平时,就组合了一个"清流社",在汤溪上围住温泉,为沐浴与饮食之用。此中尚有板屋一间，于温泉洗浴后，得在其中休息静居。在日本，把温泉晒干为一些硫磺粒后，是要去贡献他们的天皇的。在法国，全国只有三个温泉，都看作宝贝似的圈做国有。他们把这些矿水掺些药品，流通全国及世界，视为疗治肠胃及皮肤病的药物。前时在我国，就有一些友人买到二元一瓶的这样通俗的饮料。我在广州时见有一些人饮这样水时，我就向他说起若去从化温泉取用，不用费钱而且比外来货更新鲜，更好。这个可见到今日我国的许多温泉区尚未充分利用，殊不知这样天然物比所谓冰淇淋、汽水等，更可做有益而省费的饮料哪！

在此，应兼说及一件半饮半食的物品：酸牛奶。在外国是极通用的。我前在哈尔滨，食到最好的，除白糖外，尚加上桂皮粉。它是清、香、甜，又合卫生的饮食品。多食可以杀肠菌，是健身的好食料。

二十四、美的服装

近日在窗前看街上男男女女的装束，使我忆起先前所主张的美的服装。

爱美是人的天性，只要我们不穿着那些不伦不类的服装，不把时间精力过多地花在衣服的装饰上面，在现有的条件下，我们把自己的服饰打扮得漂亮一些，是完全可以的。

就拿旗袍来说吧，穿起来不但美观大方，凉爽和方便，而且是最省布料的一种衣服样式。解放前，我国妇女都爱穿旗袍。现在我国到外国参观或访问的女士都穿这样服装的。如果我们从节约的观点来看，做一件旗袍所用的布料，只等于做一套制服的一半，做一条裙子一般也比做一条裤子节省一尺布。而且，旗袍和裙子都可以用花布做。而花布的价钱一般也比做制服的布料便宜。穿旗袍裙子，既节约布料，又舒适美观，这是值得我们提倡的。因此妇女们可以把自己漂亮的衣服穿着起来。

这其中自然有好的主张。不过美的服装，并不限于旗袍与裙子。

我近来观察到人类进化直立姿态后两只手确是灵活敏捷，但两只脚变成极端的丑态。当人类在动物界时，四脚踏地，都成为壮健矫捷的肢体，及到手与脚分立后，那两只脚尤其是在所谓文明人，逐渐退化消损到不能好好行动。美的服装一部分最重要的就在补救脚部的丑态，这个可有二方面，一是使脚部表出矫捷壮美，如把膝以下的部分赤露出来如穿短裙或短旗袍之类；二把它婀娜优美起来，如穿长裙或宽幅裙之类。因为穿长裤子的不美,是把脚的丑态充分表现出来,尤其是妇女们大都是短脚筒、大臀部,穿起长裤子愈加表出下身与上半身不相称。

除了脚部外,男女上半身的服装,女子方面美处在能够表现出奶部的突出,所以在外国女子晚装上露出到隐约使人得见奶部的全面。若在男子,应表示出胸膛的宽阔结实。

女子穿裙与旗袍是比穿长裤子为美丽了。

外衣服固然要求美,而内衣服也是需要美与舒服卫生的。无论你如何道学家心肠,只要看见法国女子的夜装内衣服,那个开胸宽大的粉红上衣,配上了那短裤子——中间开了大裂缝的轻巧柔软的而具有动人色彩的短裤子,无论何人总是觉得美的。

二十五、长寿法

一个人的长命,一方面靠住父母的遗传体格;一方面更重要的,是靠自己的修养。

就我们现在的中国人说,受了父母先天的影响甚大,尤其是先时母亲受缠足与不大劳动的遗传,以致子女的根基薄弱。又因家庭及公共卫生不讲求,以致小孩时就有许多疾病,但个人到现在如能活到三四十岁以上的,已经证明了有一切抵抗性,如能自己修养得法,那就能长命或可能活到一百岁了。

就我个人说,我小孩时就有轻微的大肠病,又牵连到有盲肠炎。在德国一个时期这盲肠炎极厉害,就到医院割去了。但大肠固结,大便干涩的病症,至今仍然存在。因为我对于饮食及行动,极力调摄,遂使二十余年来的大便病不致严重。又自从我晓得自然派卫生法后,我极悔先前剪去盲肠那种手续,因为照这派卫生法去调养,盲肠炎(即中国人所叫的阑尾炎,或绞肠痧)是可以自然消除的。若用人力去剪割,有些人在施手术时可致死亡的危险。

总之,我们每个人都不免有一种病。但如能用卫生法去对付,这个病是不能使人早死,有时且因这个轻微的病犯,而使身内起了警惕性,从而更加有抵抗外患与能够长命。例如我因有大肠病而形成大便干涩的表现,我就常时用手按摩腹部,又在大便时用手摩擦腹部、腰部及会阴,而助速便粪的排泄。这样我不但解除大肠固结病,而且使腹部、会阴部以及大肠,得到好好的运动,从而得到消化系增强的好结果了。

　　说到个人的修养,更是决定长寿的主要根源。首先最要是乐观——精神上的快乐修养法。我们这班老人物,每每未免对旧时保存顾恋的念头,我有一班熟人就犯了这样毛病。所以我常劝他们"向前看勿向后顾"的格言。此中有些熟人已有这个格言的修养,他们就极怡然自得,身心愉快了。

　　其次,对于饮食起居都须严守卫生。例如老年人要多食菜蔬,因为鱼肉更使老人的组织硬固化,菜蔬可以加强少壮的回复,尤须多食糖类。老年人如小孩一样,糖食比任何物品为有益,但机器制的白糖,甚刺激,不宜多食。最好是黄糖,尤其是麦芽糖,每日能食用几两多,是极有滋养料的。老年人的组织日见硬化以至于死亡。而抵抗硬化的方法在多运动。无劳作之人,每日要有二点钟的散步。又此中最重要的如打太极拳、八段锦或柔软体操之类。有一友人年已六十余,看去好似四十岁人,我问他养生的方法。他说:"前因政治问题被国民党监禁了数年,我因而发明一个在座椅中的锻炼法。"我想这个可名为"内极拳",即是身坐在椅中,用深长的呼吸,使五脏及四肢得到一种周转的内部力量,如道家所说的"丹田"力运用一样。这个方法在此难以详细介绍了。又抵抗硬化,当多洗澡。苏联人介绍用苏打水浴身,我近已采用此法,觉得皮肤极柔滑。闻长久用此法后,可使身体组织上得到极好的新陈代谢,可以返老为童与长寿。苏打甚便宜,比用皂碱洗沐更便宜,洗时极便利,洗后极爽快,请读者无妨去试一试吧。

　　苏联的第六个五年计划,在求国民长寿法中,对于儿童的麻疹与百日咳等病,特别注意;而对成年的,是为风湿病及高血压等的疗治。

　　就我们"自然派疗治法"说,我们对这些病,不用药品,而只用卫生、手术及锻炼就可治好,而且能从根本上治好的。

　　就大人的风湿病说,我已死去的爱人是长期犯此病的。或许是由遗传而来。病来时全身如针刺一样不能睡眠,尤其是在两腿间,要用大力去压伏或用力捻揉捶打，始见稍安。她是不听我的自然派疗治方法的。有时打了针，在短时间比较轻松，但终不能根本治好。她当然因这病的影响，而极受刺激。我自己也曾有一时在左手腕上犯了风湿病，刺激到不能睡。我就用力把手腕扭转运动，不但当时即觉轻微，而且这样长期做法，把这个病根本肃清了。

说到高血压一病，在先前有钱的老人中相当普遍。我眼前所知的熟人，尚有数人是犯这病，即如不久前那"四鬼之一"的熟人，也犯此症而死去了。这个病的原因，是他们多食而少运动。到了老年，自然肢体不免硬化起来，而使病症严重，根治的方法，就是少食——尤须食菜蔬水果，而少食鱼肉，尤须要多运动，做各种体操，多散步与多洗澡，使"硬化"的现象，变成为易于新陈代谢的"硬化"，这样自然不会有高血压与别的病，而可得享高龄。

"长寿有什么好处？"我近有一老年朋友曾来信向我疑问此事。不错，如果长命而多病，又于社会无什么益处。常主张不论长命短命，总要有生一日，就得到一日的康健与精神的痛快。

怎样能在壮年或老年而享受痛快的生活法呢？我个人的经验，是要遵守"自然派"的规则，则在衣、食、住、娱乐、性欲及精神各方面，依照自然的规律。我个人曾有一个长时期在法国"自然派"所办理的大岛上，享受自然的生活法，觉得身心都极愉快，例如不食腥膻的鱼与肉，而食蔬菜与水果，饮的不是酒，而是葡萄汁与苹果霜，这是饮食上的痛快。各人就其身体而练习各种体操，这是身体强健上的痛快。精神注重乐观，不做无谓的顾虑，这是思想上的痛快。集合这种种愉快的生活法，自然能够永久无病，即先前有病的，甚且如犯了第二、三期肺病，痼症的风湿病及严重高血压，也能逐渐克服它，而把它治愈，这些都是我亲身所经验，与亲眼所看见的。自然派的卫生生活，不用一切药品，都由个人依照自然的规律，而生出抵抗病毒的力量。这样才是根本的健康法，也是确切能达到长寿的方法哪。

当然，这只是我个人的经历，不一定人人合适的。

二十六、我的童年

我的童年是处在封建社会的乡间环境。

我生于农历的正月九日,与我父同样生日。是日为俗称的"天公节"。这个节名甚奇特。我个人考据汉末,是历史上所称黄巾首领张角的纪念节。张角是当时著名的农民首领,自称为"天公",其弟为"地公""人公"。虽则反抗不成,但民间仍然秘密地对他纪念,尤其是我们的张姓,在封建社会里,仍然保存他的同宗为光荣。所以"天公节"是姓张的特殊节名,邻近乡里和别姓,并无这样的节名。这使我想起张角的故事来。

我父亲相当聪明,可惜他少年失学,但对于历史书及《三国演义》《水浒传》《东周列国志》《西游记》等中国著名小说,时常阅看,而且有心得。他壮年到新加坡承继他岳父的"批银"[1]事业,找得些少积蓄,回家休闲。我最奇怪的,是见他后颈中有一粒枪弹,是他少年时加入本姓与王姓集体械斗时所受伤的,现在已变成为肉中的死弹子,不足为患了。他一生不食雄鸡肉,这是能使子弹重新生出毒害的,但别的任何食物,都不忌惮,这可是社会上相传的一种迷信。

张姓在本县占大姓的位置,但别姓也相当强大,彼此因姓氏的封建观念,常常就械斗起来。说到我生长的乡村,与王姓不和的,尚是

---

[1] 亦称批礼银、批佃银、批耕银,旧时一种租佃制度名。田主同意将田地租赁给佃户时所履行的手续称为"批";佃户在田主批给租地时要向田主馈送礼银,称为"批银"。

在市场上偶然的事情,但与隔邻杨姓则成为永久的仇敌。缘由是我乡农田的灌溉水流,乃从杨姓一村中旁边的溪水所挹注。杨姓在我乡灌溉水沟所经过的地方,未免有时偷水用,或把沟全部破坏,由是而酿成两乡的械斗。本来,在官府方面能够持平判决,两乡也可相安无事。但那时的官吏如豺狼一样,只待到械斗闹出命案时,他们才清乡大行搜括了。我记得一早晨,父亲在洗面时,眼泪汪汪,说到一位好品格的堂侄在械斗时被枪所伤已不可救活了。我的童年,可说是在长久都与杨姓的械斗、时时预备、如临大敌的环境中。我父在这个时候,成为姓中绅士,已变成睦邻的和平主义者了,但不能压伏这个野蛮行动。

当我后来回到故园,居住十余年时,我对于童年的乡里械斗印象太深刻了。我不但做到彼此姓氏无械斗,而且把彼此乡里的村人联络起来,如亲戚朋友一样。到今日的人民政府,更把先前的"仇乡"并合为统一的"行政乡",这更是铲除先前封建性的根本办法了。

我生长于四周美丽伟大的丛山中,自少就养成喜爱山间的生活。我入私塾后,每遇塾师下午睡时,就偷上山与牧童徜徉逛乐。最快乐时是满山风光,"多年"[1]花开遍了粉红色,到它们成熟时,摘取食到饱。山间有清溪,沙白水绿,长夏都浸在溪中游泳。因此,自少就养成爱好大自然的性格。我只知云雾在山峦的飘扬、林木中的静穆。我就是这样自然的儿童,奔放不受任何拘束的天然儿童。自少养成了放纵自由的脾气,只爱自然的风光,憎恶世俗的束缚。到成年后,仍然保存这样的性格,所以不能随俗附和。

又我自少就喜爱月光,这是当然的,因为室内的灯火惨淡无光。乡间的明月,便是天然的大光灯,无论哪个乡下人都是喜欢月亮的。在周围的山色里,入夜若无月光时,便是漆黑黑一团,有如在地狱一样。若遇月亮时,便觉山峰辉煌,如在天堂一样的光明。

---

[1] 山稔子的别名,南方丘陵很常见的一种野果。

二十七、学校生活

我在乡间入私塾几年后,那时为满清末造,他们想救活垂死的命运,就把科举停办,开设学堂。我县的琴峰书院改办为县立小学了。但这些小学生有三四十岁大的秀才与童生,而我十五岁也考入此校。此校请到一位著名教师乔家铎,是广州人。学生数十人,每日五六堂功课,自国文、算术、历史、地理、体操到日文,全由乔老师个人包办。他真是"全能教师",而且好,性情温和,对待我们如自己的子弟一样亲爱。

虽然全包功课,但乔老师每月仅领到薪水三十元。但那时生活费低,这样薪水已使许多人"眼红",想夺取他的饭碗。可是无论谁都不能继承为这样全能的教师。

我在这小学半年后,为要爬高,就到汕头考入同文学校[1]。那时的学校,不论学生年龄与等级,只就他的国文程度,不论什么学校都可越级考入的。这个同文学校,是反抗日本的台湾英雄丘逢甲所主办,是中学的性质。教师都算不错,而使我惊奇的是,有一位日本人教体操与博物学的,他在教体操时连"一、二"的口号,仍然保存日本的口音为"一施、尼"。他把学校的木棉花,当作博物科教课的标本,为我们解释它的构造与雌雄的分别和作用。在我们这样初始求学

---

[1] 岭东同文学堂始建于 1899 年,1901 年由潮州迁至汕头市外马路 103 号,现为汕头市外马路第三小学,2016 年重新修缮。

的人，听及此，以为这位日本教师确实是大学问家了。这位教师的身材极高，而且极壮健，我在后才知日本政府为避免在中国的"倭奴"观点，特别派出那些高大身材的人到中国来示范。这由此也使我们感觉到，日本那时与欧美各国，正在竞争夺取中国的教育权，要求满清政府采用他们的教师。

在这个时候，有一件特别的学生运动，即是"废止朝食"。我不知这个风气是怎样起源。大约是从广州人每日仅食二次的习惯而照样做法的吧。本来在少年的学生，每日纵食三次，因食费微少，尚不够营养的。但在提倡"废止朝食"的意义说，是早餐不食，或许饮些茶水，这样空腹是合乎卫生的。又把早餐不食的费用，加到午晚二餐上，究竟一日的食料也照旧一样无缺。总之，这个不食早餐的制度，在某些方面是极好的。我当时极端赞成实行。到后来逐渐养成习惯，到今日已有数十年久，仍然保存这个废止朝食的习惯。纵然要多食，也食不下了。

到欧洲后，眼看到法国人的早食，通常是一杯咖啡与一些小面包就足。可是他们的晚餐极端丰盛。到了早晨，肚腹俭食些尚可支持到午餐而不饿，在这样的国度，不食早餐是极合卫生，也是节约费用的。但英国人因为晚餐单薄，在早餐不但不废食，而且大食起来，可以为上午工作时支撑气力，他们的食法也是极对。

总之，晚餐或午晚二餐如多食的，废止朝食合乎卫生与经济但工农则以三四餐为好。近来有用科学的食法，证明最好是每二点钟食一次。每日以十二点钟计算，则膳食到六次，除一二次大食外，其余餐次不必多食，只每次或一杯茶，或一些点心，或一点水果即足。这样食得极有趣味，极合乎"食是快乐"的道理。因为照食的科学说，在食后二点钟内的工作最有效率，过此就精神与体力逐渐衰落下去了。所以早餐可不必多食，只饮一些茶水食一些点心或水果即足。但如能每隔二点钟就吃一次小食品，这样能使工作时最有效率，而精神上、养生上，及兴趣上都有裨益的。

二十八、黄埔陆军小学时代

我既入了中学了,怎样降低程度去入陆军小学呢?这个原因是当时受了社会所宣传的什么"军国民主义"的影响。在满清末造,中国的局势确实衰弱到将要灭亡的地步。那时以为救国的捷径就是兵强械利,由是就掀起军国民主义的热潮,以为振兴新军,就足把列强势力打出国外了。我就是这样受到影响的一人。

况且,这个黄埔陆军小学的派头不小,两广总督兼总办,另外派了一个留日陆军毕业生韦某[1]为监督,又有一位著名人物赵声[2]为副监督,此下又有提调,兼每班有数十人的学长,都是军帽上嵌上一粒水晶,有白的、蓝的与红的,好似一个大衙门。所有教授都是一时出色的人物,我们有赵懿年教历史,臧励和教地理,教国文的与外国文的都是选手。外国文的程度,照陆军部所规定,在三年毕业后,要达到能看书与翻译。每年招学生一百人为一期。第一期教日文,第二期为法文,第三期为德文,第四期为英文。我是入第二期的,所学的为法文。总之,名虽小学,所有教授的程度与当时的高等学校一样高。军操不过是平常,待到陆军中学校,始分为步队、马队、炮队等等去专习。在陆军小学,全然为学问打下基础。因为这样的学科,又极端优待学生,所以那时的广东全省少年学生赴考的,每期都有二三千

---

[1] 韦汝聪(1878—1944),广东中山人,陆军少将,1907年任广东陆军小学堂总办。
[2] 赵声(1881—1911),字百先,号伯先,江苏镇江人,革命党人,1911年3月29日率部赶往广州参加起义未遂,不久病逝于香港。

人，考取的不过一百人，故入校的学生，那时都是有能力的人物，又是得风气之先，以致后来操纵广东的军政有二三十年之久，都是这班黄埔小学生所出身，后来大都变成为军阀与政客，争权夺利，援引宗派，贪污舞弊，闹到广东成了不可收拾的凋残局面。

我在陆军小学二年后，暗中因为偷看当时革命人士所出版的《民报》[1]，提倡颠覆满清，恢复汉族，大大受其影响。曾与数位同学，把所谓"豚尾"的辫发剪去了。私心以为将来为军官后，岂不是为满朝服务而欺负汉人吗？我已经在预备脱离这个军校的范围了。适在这时看到报上登载陆军部令陆军小学在法文班中选派二三个学生，到法国入士官学校。心中极为欢喜，以为法文班中，我因肯学习，法文算是第一，选派时我必定得到。但事过个把月，尚未有选派的消息。我与同学数人往问副监督赵声，他与我们素有感情。他说，确有这个命令，但被韦监督复文说，校中没有这样程度的学生，遂请豁免了。这位赵声副监督，本是江南新军标统，因为有某种嫌疑遂被降调到黄埔这样无足轻重的地位。他对韦监督素来极鄙视的，说他大概是在日本当流氓，混充士官学生，才得到这个监督的要职吧。这个韦某确实是不学无术，官派十足，面上涂满香油，说话用鼻腔，装扮得极漂亮，完全不是正经的军人，素来为同学所不满。我因为不能派到法国去留学，心中甚为郁悒，更觉无心再在陆军小学毕业了。适为同学同食问题，就是每桌八人共食，其中有一二人抢食，以致同学中食得慢的，到了第二三碗饭无菜，只好吞白饭，遂与一位同学提倡，由八个同学同意的合食一桌，也曾得了学长同意，就由我们二人编成每桌同食的姓名。到食时，那些平时抢食的，合成一桌，不愿就位，就闹起来。监督闻知，就把我与那位同学二人开除了。

本来，这是少年的一时乖张行为，照理可以降班再回学校继续读

---

[1] 中国同盟会机关报，1905年11月创刊于东京，1910年2月停刊，共出版26期。孙中山为其撰写发刊词，首次提出了"三民主义"的主张。

书的。但我因为不愿为满清军人，决意不再回校，遂与那位被革除的同学[1]一同往新加坡去投靠孙中山先生为革命党了。又使我最受熏陶的，是赵声先烈的暗示。赵烈士后来为三月廿九日广州革命的主动人之一，事发后，他虽不致如七十二烈士的同时牺牲，逃到香港后，却因伤残与劳苦而致大病，不治而逝。

---

[1] 指王鸾，中国同盟会会员。

二十九、盲婚、入震旦学校

从新加坡回家后,我父叫我二兄告诉我,要继续求学,当先娶老婆。我那时不过十七八岁,也已看到一种正确的主张,是先要有养家的生活能力,然后始能有妻子。及后到了欧洲,眼见男子多是三四十岁始行结婚。而女子也以男人有生活能力的始愿嫁他。在我国那时,都是由家长主婚,又是在十多岁的男女已成伴侣。我常说:"这是小孩和小孩式的夫妻。不久,他们这样的小孩又生出许多小孩了!这是小孩的世界。人数固然极多,但一无好政府,二无生活能力,以致人愈多而愈穷。因此虽则多生也多死。小孩式的夫妻结合后,也就在小孩式的生命间而死去了!"

我就是这样小孩式的丈夫娶到一位小孩式的老婆,她不过十五岁。一个多月的新婚生活后,我们就别离。我到上海去求学,她就在家庭过了小孩式的媳妇生活了。[1]

到上海,我入了法国天主教会所办的震旦学校。这是全由法国教士主持的。除国文由中国教士主教外,余的都是法人教授的,尤其是注重法文的课程。这是我独一的志愿,是我所要学习的。因为我在陆军小学习了二年多的初级法文后,觉得我对此极有兴趣,且希望法文深造后,得以翻译一些书籍,也算是谋生的一道。所以我极快乐地

---

[1] 1908年,张竞生在家庭强迫下,与早年订婚的邻乡女子许春姜完婚。一个月后,张竞生离开家庭,两人婚姻关系名存实亡,许春姜在20世纪30年代服毒自杀,无子嗣。

进入这间学校了。

震旦学校是法国天主教所主办。他们的目的是宣传宗教的。所谓法文课本，并无什么高深的学问，只是宗教中的教义。学校的组织，当然完全是宗教化。他们希望学生为他们的信徒，或为法国人所用，这些都使我不喜欢在这样学校久住了。

尤其是眼看到这些法国教师们的作风，更使我肉麻，他们留起"豚尾"（满洲制的辫发），穿起中国长衫与布鞋。他们借此仿效中国人，他们的教士是不能结婚，但暗中的性欲行为极浪漫。那时上海法租界的徐家汇是他们的大本营。他们借势力大做操纵地皮的生意，以致他们教会的财产极富。他们有印刷出版厂，有气象台，有教堂，有学校。震旦学校，后来又改为震旦大学，与美国在华所设立的各处大学相抗衡。他们在徐家汇，俨然成为一个王国。

我在震旦一学期后，就到北京去，想考入那时的京师大学法文系。但在等待考入时，我又入法国教会所办的法文高等学校，是在宣武门内的一间大洋楼，其中教程与组织完全如震旦一样。在此校半年久，我考入京师大学，由此才能呼吸一些自由的学术空气了。

三十、辜负潮州父老

一个好哲学家，同时必然是好教育家，可恨我二者都不是。

当一九二〇年，我在法国大学结业时，由潮州各属的议员联名聘为潮州金山中学校长[1]。这间中学拥有丰富的产业，又素以腐败著名。当时执省政的陈炯明极想把它并入官办。但潮人恐归官办，校产必为官僚所吞食，一如以前的韩山师范学校一样，所以潮属议员对陈的提议拒绝，而仍主张照旧一样为公立，而以我这个潮州第一个博士为校长做"挡箭牌"。我因为潮人的关系，就即答应，但只许暂住校数个月短期，目的专为整理腐败的校务后，即行离去。

当船到香港，例须入广州领校长的文件，我在船上用一些旧纸写上许多条陈，其中最突出的为限制人口，提倡避孕一件事。把这些条陈当面交给陈炯明，我这个校长的地位就即动摇，因为陈的子女成群，又见我所写的纸张字句都极潦草，不是如当时上大都督的那样整齐严肃的文书。他事后向那位力保我的潮属议员兼财政厅长邹鲁说，张某恐如你那位侄儿吧？邹的侄儿是美国留学生，归国后犯神经病。陈意是指我或许也有神经病的，所以他不想任我为校长。但那时地方势力极大，我仍然以潮州公众名义的聘请，走马上任。

到金中后我大行整顿，辞退了许多素来声名不好的教员，聘请许

---

[1] 1921年2月，张竞生出任广东潮州金山中学校长，同年9月辞职，不久出任北京大学哲学系教授。

多好教员。可是大风潮也就起来了。那些被辞退的教员，暗中勾结一些学生，借故就在校内对我动武，向广州打电报及发传单，说我有神经病（迎合陈炯明的词句），又诬我为"卖春博士"（指我在汕头报提倡避孕节育的），总之闹得满城风雨，一塌糊涂。

我本意已不想长期做金中校长。逢了这场的风潮，又悲哀国事的腐败与我家庭无聊的环境，我初想跳海自杀，继而转念到新疆去牺牲，或者仍辟一个新天地。我终于不得省方的同意，而乘轮远飏了。

我此时的灰心已达极点，而终不能提起先前斗争的勇气了。这真是可惜！以当时的事实说，以我所计划说，如我有一点教育家风度，我定可于校产整理后，办起一间近代化的岭东大学。

这间近代化的岭东大学，条件俱全，只要我与一些人努力去做，包管可以成功。可恨那时厌世太深，与恨我不是教育家，我把这个好机会放过了。我真是辜负了潮州数百万人热诚的付托，我对潮州子弟的完善教育未能履行，这是我终身抱恨的事情，也是我不能取赎的罪过。

经过廿余年的自怨自艾，在解放前，这个大学校又有一度极可实现的希望。可惜主持者毫无教育的常识，虽则香港及南洋的潮商竭力帮助，而终于失败。若使当时照我的计划而行，包管可以成功。往事已矣，这个也可见国事整个的不好，地方局部的事是极难做得好的。

三十一、未能实现的志愿

我生平最遗恨的,是廿余年来想与人共译世界名著,到今日尚毫无着落。这个志愿本来是已有二三次机会可以成功的,但终于无成就。

当美的书店开张一年后,经济已有办法,我正想集中人才,共同进行译述世界名著的计划。不意一连十次受了起诉与搜查的摧残。终于不得不关闭。个人生计尚属小事,最恨是这个大计划也随而消灭了。

在我第二次往欧洲时,船过香港。那时为广东省政府主席的为友人陈铭枢。但因那时在报纸对我的歪曲宣传,又正在浙江省政府驱逐我出境之际,我想陈铭枢身居政府要职,又素来习佛学的,定必对我无好感,最多不过看友人面分,不下通缉令就算了。所以我未曾下船入广州会面。到了法国后,我写信给他的参谋长,也是同学的,说到我经济的困难。不意他闻知,即寄我旅费五百元,使我纠正初始的顾虑,随而向他提出意见,要求以一种名义给十万元,为译述世界名著之用。我在信中并为详述这个办法,即是所出丛书,所有权为广东省。不但世界古典名著予以择要译出,而又着重于科学名著的介绍,推而到技术上,如工程,如野外运动,以至于打猎、钓鱼、栽花、种果各种民生著作也有系统的译成。我信中着重说,只期以三五年内译完,每个月都可出版。书本为便装,每本不过数毫价钱,期得普通人能买得起、看得进。我最后保证说,以我在上海美的书店的经验,包管书本陆续出版，陆续得利，陆续推广，则到三五年间，所出资本陆续可以收回。社会的知识普及得到，而公家财产不致落空。

陈氏接我信后极端赞成。给我信中并附上我向广东省政府应提出的条件。我接信后，欢喜极了，即予复信，照他所给我的手续申请。我以为这事千成万就了。就在巴黎郊外静穆处所，物色一间译述人的房屋。并向当时一些国内教授在欧洲旅行考察的，说明同行译述的利益。一因对国人的重大贡献，一因译述时的生活有着落，而此后所得优待的版税，可以为生活的资助。这样，我满心满意地在等待好消息的来临。

天下事真是有些出人意外的。当时的通讯都靠海运，不意在我们这样来往信期间，迟延了二三个月。当我信到达广州时，陈铭枢已去职，我的计划由此落空。他只好道歉，并以最浓厚的友人感情，由他私款给我一万五千元，祝我努力。

我得到私款后，因为是"省毫"，而且巴黎的生活高涨，只好维持个人数年期的用费，至于集合多人的经营是不能做到了。我由此只用个人力量译述"浪漫派丛书"几本，余的译述都束诸高阁了。在我方面，真是抱恨无穷。数年前，我曾游历暹罗[1]，中有一位富华侨，也曾有意请我到他槟榔屿的别墅，集合一些人同时教书与译述。因我看他不是此道中人，终于被我婉词拒却了。

---

[1] 泰国的旧称。

三十二、陈璧君约我救汪精卫

我进的京师大学,就是北京大学的前身。但在满清时代的大学,当然不免有腐朽气象。各科系所教的都是官样文章。学生自由研究的风气几乎等于零。桐城派的古文,占了中心势力。虽则各班外国文有多少外国教授及留学生主持(例如我所入的法文班,就有二位法国人为教授);不过所教的,都是遵照既定的课本,个人特出的意见不能自由提出的。

我入此校后仅数个月,便发生一件特出的事情。一日有熟人张俞人来会,说他此来是与汪精卫未婚妻陈璧君同来谋救汪逃狱的。他约我晚间与她密谈。当然以汪那时的志气,能奋不顾身,只身到北京谋炸满清摄政王,事虽不成,无论何人都会寄予同情。我就一口应承与他们会谈了。

在一条暗巷的小寓内,见到满面凄凉的陈璧君。她向我提出计划,照满清政府当时的条例,捐纳一个实缺的主事后,再谋为法部监狱(即禁汪精卫的所在)的监狱官,由此就可以把汪放走了。那时实缺主事的捐纳款项一二万元,她是南洋富侨,外加一些人的帮助,款项是不成问题的。但最难的,是要有这样一个当得起捐纳的人,张俞人是一个书呆子,土头土脑,当然不配。至于我,是个尚未满二十岁的人,当然更配不上。此外,在当时的情况下,要寻得一个这样具有革命党人志气的人,是万分做不到的。我们会谈之下,只有惋惜这个计划的难成。他们不久就出京了,独留我这个人在受苦。

我愈思愈难耐：我想他们此来的计划，或与别人也谈及。万一事机不密，有些泄露的风声，我就不免被捕而至于杀头了。我想放弃京师大学他去。但父亲是断难允许的。我若离此校，家费定不再供给，只好终身失学了。由是，行住两难，终日彷徨失措，无心读书，只有敷衍功课及格，其余时间便到校中藏书楼东阅西看那些佛学书籍，借以消遣心中无限郁闷的心情。

这样无聊的光阴，经过有一年多久，幸而武昌起义，汪精卫得以出狱，到天津组织"京津保同盟会"。我才得离开京师大学往天津加入组织，到此始把先前的顾虑包袱完全放下。计我在京师大学约有二年久的时间，除再学习一点法文外，其余毫无所得，可说白费了少年的有用光阴。那些佛书，翻来覆去，无非是空空色色，色色空空，白嚼舌头，在我觉得讨厌。又那些翻译的字句文法，也使我头痛不易了解。我于佛学可说是毫无缘分，只有看到一些"高僧传"的奇怪情状，有些开心。但到底于实际学问毫无关系。

三十三、痛家庭之多故

我父亲[1]是一个稍富裕的华侨。他在新加坡住了许多年，克勤克俭，也稍读古书，遵守道德，通晓世情，可是他一生最大的错事，就是晚年买了一位小老婆。

这位父妾在潮安的家中成长，受了城市坏人的狡猾习尚，本性阴险恶毒，到我家后，恃宠放刁，极尽挑拨的能事。大兄与二兄被父亲赶去南洋，大嫂二嫂经不住她的摧残，双双服毒自杀！我幸而少时在外读书，也曾一度被其间疏，父亲几乎不接济我的学费。我今特写出来，不单是暴露父亲的过失，而且为一班在晚年娶小老婆的鉴戒。假使老父不娶这个妇人，我们家庭的生活本极美满。但既娶了，假使不听这恶妇的谣言，也终不会闹到家散人亡。我的母亲是极和顺的乡下女子，但她对我父也极敢抵抗，常常与他及其妾侍大闹一场，但于事毫无裨补。

我就是这样亲历家庭的惨祸。至我个人受了旧时婚姻制的毒害，更加惨痛。

我在十岁，即与她八岁订婚；当然是"父母之命，媒妁之言"。我娶她那一日，她的容貌，虽未像某先生所说那位她，如猴子一样的尊容，但我这一位矮盾身材，表情有恶狠狠的状态，说话以及一切都是俗不可耐。我前世不知什么罪过，今生竟得到这样伴侣。可是我终于

---

[1] 张竞生的父亲名为张致和。

忍耐,我在欧洲那样长期,终然不敢想与她离婚,当我在金中时,她也来相晤,但我终不能相亲,一点什么关系都未曾发生。以我那时学校的处境,对于世事的厌恶,若使她对我有一点安慰,我或者不至于如那时厌世到极端而至于想自杀。这样名是夫妻,实如路人,当然在她也不快乐。及后她在家乡,接我由北京被迫的离婚信(此情已在前说及),她更加痛苦。到后,她终于决定自行离开这个无情的世界了。我写及此,真是不能继续再写下去。千错万差,是社会旧制度的遗毒。若生在今日新婚姻制之下,我们彼此都不会为爱情所牺牲吧。

说及家庭的变故,我尚须兼及我与长子[1]那段决绝的事情。当我避免广东伪省政府通缉逃到香港时,他的母亲闻知,亲到香港带他去上海,以后抗战军兴,我在家乡七八年之久,不能得到他们母子的行踪。及胜利后,始知儿在南京农学院毕业。我赶到南京,他已被派到台湾。我赶到台湾,他见我埋怨我若干年来不理他。我说连他的住址尚未知,我怎能理他。他究实是受他母亲在广州发出的指示,决定要与我脱离父子关系的。我也一时负气与他决绝。到今日已十年之久,天涯中他不知有父在,而我也不知有子在了!人生至此,惨何以堪!

---

[1] 指张应杰,1925年出生于北京,后移居台湾。

三十四、说　鬼

鬼在《聊斋》已尽量人情化了，故能引起读者的兴趣，但"鬼"字在蒲松龄的意义是"贵"字，即贵族贵人的意思，与他的"狐"字是胡人，是指那时宰制汉人的满洲的意义，所以在《聊斋》表面上虽则是鬼狐满篇，底里则是描写与讥刺贵族与满人的现实派的写法。

可是人们不晓蒲松龄这个本意，以为世上确实有鬼的一回事了。

易卜生的名著《傀儡夫人》[1]一剧的结果是娜拉不愿在家庭为丈夫的玩具终于出走了。究竟娜拉出走后的结果，世人生出许多不相同的猜度。郭沫若就说她就是秋瑾的前身，就是说不愿做家庭的奴隶们，走出到社会为种种的奋斗了。

但易卜生似乎别有一种看法。他后来再写一剧叫做《鬼》[2]，就把娜拉变作阿尔芬夫人出现了。阿尔芬夫人被牧师所蛊惑再回到她丈夫的家庭，挨受丈夫的磨折而因为爱子的缘故终于屈服在旧时社会的势力下了！可是她仍然是反抗的女子，立意在把丈夫征服起来，但终于不能达到目的，而只好这样说："鬼！当我听到兰琪娜和奥斯荷德在那边的时候，我眼前仿佛见到了许多鬼！曼德斯先生（他即是牧师），我有时会想到我们都是鬼啊！这不但是因为我们继承了我们父母祖宗遗传给我们的东西，而且继承了许多旧的死了的观念和所有旧的死的

---

[1]　今译《玩偶之家》（1879）。
[2]　今译《群鬼》（1881）。

信仰，以及诸如此类的死东西，它们虽没有完全在我们身内活着，可是它们是潜伏的，完全一样，我们不能扔下它们。无论什么时候我拿了一张报纸看的时候，我像看见了许多鬼在一行行字之间跳着。整个世界准都是鬼。我看，他们真跟沙泥一样的数不清。我们——所有的人——是这样可怜的怕着光明！"

这些话说得极可怕是："整个世界准都是鬼。"易卜生生活的时代与社会，与我们今日的不同。他还没有感触到"从鬼变成人"。

究之鬼是不是有的么？就事实说鬼是不能有的，但心理上，鬼仍然是存在的。我们记得英国大物理学家罗斯因为他爱子在第一次大战当兵战死了，他说常时与他的儿子——鬼——通讯。伍廷芳是前时我国的大官僚，也算是学者，他也证实能够与鬼通问的。我有一个旧同学，大军官，先前向我说及他有一女工，一晚间打扮得极尽美丽，衣服齐齐整整，涂粉抹脂，向他说她的死的爱人约她今晚再会，她终于半夜间吊颈自尽了！我的旧友人坚信到底世间的鬼是有的啊！

可是我们无论从天文学说，生物学说，从无论什么科学，都可百分之百证明了鬼是无的。可是从心理学说，"鬼"确是有的啊！

正如阿尔芬夫人所说，我们有祖宗父母的遗传性，我们有社会旧的死的观念，过去的幽灵，在我们心理上活跃着。

三十五、四鬼重生记

我今早真兴奋地参加了印尼华侨园的访问会谈。他们在南洋坏报纸上，屡次看到我与另外三位潮州代表人物耆宿[1]已被枪毙了。他们此次来到广州参观，听到我们四人仍然生存，甚为高兴，特别访问我们聚谈，并照相纪念。

我对他们热烈关怀的情绪，真是感激到万分。在谈话中，我表示在这个祖国欣欣向荣的前途中，除非万不得已的意外之死，我衷心是不愿死的，我要生活到百岁，眼看更幸福更美满的社会实现，过着富裕的高尚的生活。

我向他们提出二件要求：（一）请他们在南洋多多为我们搜集与我国有关系的史料。因为我在省文史馆极有兴趣地担任"我国与东南亚各国关系史料组"的工作，我极希望能得到这些地方的史料，做成有系统的研究。（二）我要求他们响应政府优待华侨归国垦荒的政策，把我国的荒山荒地用华侨传统的劳苦节约而善于经营实业的精神表现出来，为我国兴建出许多福利的事业来。

他们原则上是对我的要求表示十足的赞成。他们说到政府已允许给他们在广州附近约有千亩地的经营。他们又说有许多华侨，都有想到祖国投资，开发实业的志愿。

除我外，那三位"重生鬼"，有一位是政治家，一位是军事家，

---

[1] 此三人为政治家陈卓凡、军事家郑巽甫，另一人为社会活动家，姓名不详。

一位是社会活动家,他们各就其见解,向来访的代表申说他们所要求解答的问题。代表们都极欢喜满足了。

说及我对于南洋华侨,确有特殊的关系。我父是新加坡老华侨,我们一家生活,都由他劳苦得来。我兄弟姊妹都曾往南洋谋生。叔侄宗人,每一家庭也如粤闽的华侨家庭一样,都与南洋发生直接的关系。以前,我到越南与暹罗漫游,亲眼见到华侨在这些地方有优越地位。东南亚任何地方,都由华侨的血汗发展起来。可说南洋到处都是华侨的第二家乡,其后裔也成为有力量的土著。华南尤其是闽粤,与东南亚是息息关联的。我们保护华侨,爱惜华侨,乃是一种天职呵。

三十六、梦　境

我前说睡时花费了人生大部分的时间这是不值得，应予节约的。

我先前译了心理学家弗洛伊德《梦学》[1]（在《读书杂志》登出）。他是性学家，所以说梦是性欲意识的表演。实则，他不免于局限性，为他所主张的学说所蒙蔽了。因为梦是一切生命的重演者，一切事情都能在梦里表演出来，不单单是性欲的。

我个人的梦，便是一个例子。我在廿余年前有二次想与人译述世界古今所有的名著，可得二三百本。本是可以实现的，不意在进行中突生事故，以致在财力上不能完成。这是我一生中最痛恨的一件事了。可是，我常在梦中实现这件未完成的志愿，眼见在我周围，有十几位名家学者，每日埋头于译述世界名著，一部一部地赶日译完，一部一部地印好发行，那样好的书籍，又精美，又便宜，社会上人人都在购买，在看阅，在赞赏……不幸是睁开眼睛，原来是南柯一梦！可见梦不单是性欲的表演，常是生命中最希望的那一件事，不能完成时的补偿了。

"日思夜梦"，这是梦的根源，梦里所表现的，都是在日间——本日间或最近期，或先前最关心的事件，以一种复杂错综的心理作用表演出来。所以要做好梦，须要平日做了好事，在梦里，好人总是得好

---

[1] 张竞生翻译了弗洛伊德的《心理分析纲要与梦的分析》在《读书杂志》第1卷第1期至第2卷第12期连载，由神州国光社在1931年6月至1932年12月出版。

报,恶人总不免吃亏。我们记起古时有一件传说:那个凶狠的主人,在梦里变成他的奴隶的奴隶,受尽了恶毒的待遇与鞭打,但那位他的奴隶在梦里变成他的主人,威风凛凛,好不快乐。终于这个主人解放了他的奴隶,以免在梦里挨受摧残。这件故事是有根源的。

你要得到香甜的梦吗?你就要在日间做好事,想好事。如你常把夜间所梦的,有系统地记录起来,由此可以检查你的行为与思想,这是值得记录的一件工作。

三十七、浓厚深挚的友情

在这黄金色的晨光,我能来执笔写起友情,这是何等愉快的事情。

友情——朋友的情爱,有如春天的枝叶勃发生长,到了夏天的烂漫,而入了秋天,成为黄金色的鉴赏与享用。

当我与一位同学在黄埔陆军小学被开除时,预备出发往新加坡,谒见孙中山先生那一回晚餐会上,百数十位同学们的热烈招待与资助旅费的情景,当时使人觉得,世界上唯有友情比任何情爱为伟大。

在席中,那位同行朋友的父亲,眼见这样热烈的友情,感激到眼泪四垂说:"唯有在少年时候,才能有这样感情的发生。到了我们老年人,这个友爱已死亡不可复活了!"我那时听后觉得这些话极奇怪,怎样到了老年,友情就会消灭呢?由此想起,到了今日证实了那位朋友的父亲这一席话是极有根据的,但也不完全如此。

例如那个先前与我被开除同往新加坡的同学,可说是"死生之交"的。可是到今日,他有妻子,他有家庭的满足,连我这个老友人也被忘记了。我先前曾累次要求他与我会一面,饮一杯茶,呷一杯酒,重话先前的情绪,所谓"把烛西窗,重话旧雨",也被他所不乐为了。到了今日,他虽然来会面,但已无先前真挚的心情,使我当然感到极端寂寞了。

我虽有许多故人离我而去了,但此中尚有多少亲爱我而给我许多温情。第一位是少年同学的,他做了许多任大官。[1]当他在广州做民政厅长时,我曾给他怎样监督广东的市长、县长,尽职做好官的方法。他对我条陈只付诸一笑,我从此就鄙视他了。但到今日,他转向学问研究,尤其是对于水利一门,他有深长的经验。今且对哲学有些心得,对我极殷勤,屡次来访问深谈。我们已恢复先前少年时亲热的友情了。他住在佛山,每次来广州公干时,我们就多得到了一次情感上、学问上的安慰。我对这样的情感实在满足极了。

我时不时在通讯上得到浓挚的友情,是北京张次溪[2]所给我的。我们彼此素未谋面。他认识我只在若干年前为赛金花捧场文字上结下的缘分。他也是极赏识这位名妓的。他不但在文字上表扬赛金花,而且对她在北京陶然亭的坟墓,尽了保存的心愿。这位张次溪著作等身,尤其是深悉北京一切的典故。他也任过前时的要职,慷慨动人,侠义可风。可是到了今日,他仍然向前进取,全心全意为国家服务。二三年来,他与我不绝通讯,对我文字上及介绍出版上,竭尽力量帮助。他叫我作哥哥,我称他为贤弟,我们俨然成为未尝见面的兄弟手足,有热烈情爱,不仅是泛泛的友情了。我每次得到他的信件时,就增加一层的温情安慰。

尚有一位故友,是四五十年前的同学,他现在住在新加坡隐居。他姓许,名唯心[3]。这个"唯心",是佛学上的"三界唯心,万物唯识"的唯心。他深攻佛学,是辛亥革命前后的有名革命家。这位故友,给我许多思想上及物质上的帮助,使我有无限的感激。可惜我对佛学不够深入,未能与他在这方面有所切磋。他每次在通讯中为我说及佛学是众生平等,慈悲为怀时,我深深地得到故

---

[1] 指陈铭枢(1889—1965),字真如,广东合浦人,曾任广东省政府主席,1949年后任全国人大常委会委员。1906年秋考入广东黄埔陆军小学(第二期),与张竞生是同学。
[2] 张次溪(1909—1968),广东东莞人,史学家、方志学家。
[3] 许唯心(1892—?),新加坡知名华侨,祖籍广东潮州。20世纪初,主持中国同盟会潮汕分会的工作,20年代任《大岭东日报》总编辑,30年代侨居新加坡等地,有佛学方面的著述问世。

人热烈情感的安慰,温情的、友情的安慰,真是说不尽向往倾慕的情怀。

  我今所保存的,是一些为道义为学问的故人或新友。我得此,才是领略到清洁的心灵与纯净的安慰。

三十八、和李大钊同事时

李大钊的相貌,与我近在广州镇海楼所看见挂出的有所不同。在这些纪念像中,表出李先生一方面的严肃神情而已。实则他的真相,在严肃中具有极和蔼温柔的状态。他的低微声音,加上那和悦的笑容,使人觉得他可亲可爱。我今日执笔想起他时,仍然如在面前,领受他缓缓地一句一句的北京口腔,那种温和热情的心声,使人永远地印入脑底,化为灵魂。

他那件所常穿普通的布长衣,衬出他中人身材的坚强体魄。在他所兼任的北大图书馆内,一切修理整齐。可惜图书购买费不足,但在可能内,李先生对于一切近代普通的需要书籍,竭力罗致。故我当时所想研究的书,都可由这个馆中借到。

我也曾到他的家中便饭。那是一间北京普通的平民屋子。我们食的是北京普通馒头。因为是请客,所以除了一些素菜外,加上一碗蛋汤。他素不饮酒,只用些薄茶解渴罢了。

因为李先生对于学说有了深切的领悟,所以信心极强,故在北大所教的,在社会上所宣传的,都是他所信仰的真正学说。

他不但在学说上,而且他在实行上与一班向前进取的好青年一同奋斗。他都循循善诱,因势利导,他是一个善于说服人的领袖。我从没有一次见到他在辩论中表示有一点粗声厉色。

我们两人一日在闲谈中,我说他这样的人,在北京居住不无危险,请他设法迁避为佳。他引用了罗马大文豪与政治家西塞罗的说法:"处在这样混乱的局面,无论如何,都须横死的。"西氏当罗马政变时,逃到城门就被敌人抓去杀头了。所谓"横死"就不是自然的死法。李先生继后以庄严英勇的声容对我说:"处在这样的南北军阀时代,我也知我命运的危险,但这又何足畏惧呢!为主义而牺牲,要有这样牺牲的人,始能引起后来的信徒,而得到主义实现的胜利。"他末了又念了:"落红不是无情物,化作春泥更护花。"我们彼此黯然相对久之。

现在的事实都证明了,李先生极具有先见之明。

我虽则有一些时期,跟随他同行,可恨我那时太落后了,不能一直跟随他走。到今日,他殉义若干年后,我始知他所信仰的学说之伟大。我实在觉悟太缓了,实在对不起我这位伟大的故友。只有时不时想及他为人的温和、赴义的勇敢,而对他无穷的敬仰。

三十九、林美南[1]公道待人

近广东省人民政府委员兼广东计划会副主席林美南,不幸因积劳逝世了。

在廿年前,我在饶平县主办公路时,他与刘翰同任技师。他年仅二十左右,瘦小的身材,但极聪敏、勤劳与正直。那时的技术人员在测路程时,故意弯曲路道侵入祖墓或乡里,使当事者行贿赂后,才予改正。林技师对此种不正当的行为极端痛恨,以身作则,创开技士界的廉洁正直的风气。

在这个工程的长久期间,他住在我族的小学校内,每日一早就到路上测量,与我一同监工,直到深晚始休。因此,他对我办这些公路时的情状极端亲切知道的。所以当解放后,他任粤东区的专员时,对于我先前为公路纠纷的乡仇王姓捏造事故告我的故案,为我竭力保护,主持公道。并且写一信给我,鼓励我向前进取,有意争取我再为祖国服务。种种亲切的美意,我至今仍然感念他这样为公服务的精神与公道待人的胸怀。

我在那时挂名为饶平县实业督办,他眼见我对公路的开办与三个苗圃及七处林场的振兴,遭到许多封建势力的反对时,极痛心地常向我说,在这样社会,难怪有这样的反抗怪现象。

---

[1] 林美南(1909—1955),广东揭阳人,20世纪30年代开始在潮汕从事革命工作,抗战时期任潮梅特委书记。1949年后担任首任汕头市委书记和首任潮汕地委书记,后调任广东省农林厅副厅长、广东省计划委员会副主任等职。

解放初期，他暂时任汕头市长。我在汕头见他时，曾向他条陈振兴潮汕区的山利与海利，并开办潮州大学。

林美南的身体，本已瘦弱，加以在长年的地下工作，在那种困苦奋斗的环境生活中，使他得了心脏病，但精神上尚保存他素来的健旺，工作不停，以至于壮年就离开岗位了。

说到他们在地下工作时的困苦情形，我曾亲眼见到的。当我住故园时，那时周围在地下工作中有陈剑青等一帮人，每夜居住在山头，常时食不饱，衣不暖，而且常要预防敌人的袭击。如陈剑青因此而犯胃病与肺病，药品是不离身的，我曾向他说，眼见他们这样奋斗不顾身的情形，我很同情。

好好安息吧，林先生，你的肉身虽不存，你的精神是永久存在于人间的。

四十、佳时令节

"月到中秋分外明",月圆,有时不是在十五而是在十六、十七。十五月圆,不单是八月,每个月都是这样圆。这或因天清气爽,初入秋候,人人都喜欢来鉴赏这样的月华吧。在广州,普通人家不只有饼食,而且有许多鱼肉可以填满肚腹。市上出售了各式花样的纱灯、纸灯,小孩子们也得到一种快乐的玩耍。

我以为赏月不应团坐在家中,在这样狭窄龌龊的环境中去赏月,有如坐井观天,未免减少鉴赏清辉的乐趣。最好是在高山上,在流水旁。

"诵明月之诗,歌窈窕之章……纵一苇之所如,凌万顷之茫然。浩浩乎如冯虚御风,而不知其所止;飘飘乎如遗世独立,羽化而登仙。"那是最好的赏月法。在日本,便有这样的苏东坡学会,虽不能在赤壁,只要在河流地方,乘舟飘摇,便是以活动的姿态来鉴赏这月光的移动徘徊。若在广州,最少也要到珠江岸边或越秀山上赏月,总比关闭在房厅中为得意。

佳时令节,愈多愈好,我前在《美的社会组织法》一书中,主张每月总要创造一二次的群众集会。不是迷信,而是有一种教育娱乐的消遣。我国旧时有元宵、清明、端午等节是极好的。我们在初春惨淡的雨季中,纸钱四飞,吊拜我们可爱的死者,在荒山旷野中,群众同来掬出有情的眼泪,这是多么可使人眷怀的清明。至于端午,一些健儿们在鼓棹中流,表示出援救冤沉的屈原那一股勇义,这是多么可爱的群众感情。

除了旧时令节外,现在尚有许多新的,如妇女节、儿童节,而最具有意义的如劳动节。在这些节日中,可惜大多是在室内演讲就了事。

今年十一国庆节也快到了。在法国叫国庆节为"狂欢节",人人都尽情发挥他的欢悦,遇到什么人都要狂吻狂抱!他们以为不如是就不能表示出这个狂欢节的意义。

四十一、我们的秋天

一年四季,秋天是最好的季候,尤其是华南的秋天,亚热带广东的秋天,是极长久的。我们可以说,在此地并无所谓冬天只有初秋与深秋的分别。从十月到四月,足足五六个月都可说是秋天。二三月寒潮来时,固然有一种冷气袭人,但古人说是"春寒",在我们现在说,只是"秋寒"。

春天是情思的季节,这是一种湿热初起的气氛,使人起了一种温情的感觉。眼前的秋候,那是一种皎洁的风光,使人的心灵清爽,也起了"秋水伊人"的怀念。秋思,秋的心情,有些是"秋风秋雨愁煞人"(秋瑾的供词),也有些是"秋水秋月化成满地为秋波"的诗句。

在早晨,明媚的秋叶,与晶莹的日光,掩映出一团的金色。我现在所居的环境或则散步徜徉于越秀山,于北秀湖,见到一切的山光水色,都像黄金色的世界。初秋的袅袅风寒沁人人脾,触起了皎洁的心灵。大地以至于街道及人,都具有清白的神采,愈觉得万物的可爱,与秋气的可恋。

在夜间的晶莹月光之下,秋风掀起了万籁的秋声。这不是欧阳修《秋声赋》那样的肃杀悲哀的声调,相反地,我们感觉到虫声唧唧,是和谐的音乐;树声萧萧,是幽美的歌唱;空气微微的颤动,是宇宙中愉快的飘翔。

秋月与秋星,与秋的日间一比,又具有一种感人的滋味。这不是春夜的温湿,也不是夏月的热氛与冬月的冷酷,而是一种秋风秋月令人可爱的情感。

若使人们离开城市到乡村一游吧,所见到的秋收情景:如瓜,如豆,如各样水果,与金穗的麦畴及稻畴,因风浪而成为漾动的波浪,农夫的欢乐状态,大地成为天上的乐园。

我曾在这样的秋收时节,参加了法国的葡萄园工作。无论何人都得到了摘取葡萄的兴趣。一面摘,一面任人食个饱,用餐时又有许多好食品,葡萄酒饮到酩酊大醉,既醉之后,又彼此唱歌跳舞起来。秋月初升,我们才回家。一路上又领略到秋夜的风光,自己恍如融化于大地,成为"秋水为神玉为骨"一样的肉体与心灵。我们实在变成为"秋人"了。

四十二、最美的秋天旅行

一九二一年,我在日本过暑假,看到一班日本学生背上包袱,在夏日炎炎之下,满身汗水,做富士山的长途旅行。我在德国的春光明媚之下,也见了许多学生做全国性的旅行,这些都使我感动于他们少年的好风气。我总望有一班人,在我国各山脉中,也做有系统的旅行。

当我在法国读书时,我曾漫游于法国著名的阿尔卑斯山脉。这条山脉是与意大利及瑞士交界的。我曾与大学哲学系的同学,一位男的与二位女的,过了整个的秋天,在那些山峦的黄金世界里,在图画似的环境中,鉴赏那秋天的美丽风光。秋天的旅行,比春天的湿氛,与夏天的炎热,及冬天的冷酷,是一种不寒不热的温和气候,是一年中最理想的季节。尤其是这秋天所表现的黄金色彩,表现出那些良辰美景,为其他的季候所不能有。

那次的秋天旅行,是我带头提倡的。我以为秋天既有特出的良辰与美景,我们尤当做出一些特殊的赏心与乐事。我们的服装要具浅淡的粉黄色,与秋色的金黄相配合。那两位女同学的衣裳淡雅,恰如其分。我们在日未出时,即已起程,领赏秋天特有的黎明,晃耀金黄的光芒。我们在月升上许久才回旅店鉴赏那秋月的晶莹神态。在中午野餐时,我们不食鱼肉,只用法国金黄的面包条,涂抹上奶油与糖浆。并无菜蔬,只食粉红色的苹果与葡萄。饮的是晶莹的白葡萄酒与金红的浓咖啡。总之,我们四人从服装与食饮上,务求与秋天风光气象混合为体。我们自称为"秋人",秋天的人物,晶莹清洁的人物。我们不但在形式上这样表现,我们尚在精神中表演出来。

我们是大学生,当然富有法国学生浪漫的传统精神。我们的浪漫,不是流氓式,而是艺术家的作风。当那夜是中国的中秋时候,我曾为同学翻译苏东坡的著名词句,即"明月几时有?把酒问青天,不知天上宫阙,今夕是何年。……起舞弄清影,何似在人间……人有悲欢离合,月有阴晴圆缺,此事古难全。但愿人长久,千里共婵娟。"我们在山头月光下,同时起舞,醉态蒙眬。舞罢,彼此陶醉于浓蜜的、深入的、口与口紧扣的接吻之中,终夜在野外,彼此交颈而睡,如鸳鸯的交颈那样亲爱,但终不及于乱。我们只在精神上、情感上领受两性的情爱,丝毫未曾有肉欲上的沾染。这是"情友"的情爱,纯净的心灵上的情爱,当然比夫妻的,别有一种说不出的快乐。

现在,那三位同学不知散在何处了。但每当秋月当头时,我总深深在我的心灵上记起这段因缘,记起"但愿人长久,千里共婵娟"的心愿。

四十三、持螯赏菊

公园里,我看到许多大盆的菊花,每盆清一色可有数百枝。我前在北京,曾看到一盆到七八百枝之多。枝枝是一样有绿叶与黄花(或红花),同样高低,集成为一个整体的花盆。这是中国特有的养花艺术,为他国所不能企及。

菊花在中国培养得极早,《诗经》中已有记载,那时的菊只有黄色,或许只在秋天开花,所以称为秋菊。到后来,培养的人多了,遂有各种颜色与花形,且在春、夏、冬也可开花。在若干年前,有人统计我国的菊类可有三四百种。这是最为人所喜爱栽培的花,所以变种有这样的多。欧人最喜种的为玫瑰花。从一八一二年到一九一二年,仅有一百年之久,他们的玫瑰花从原有五种变成到一千多种了。

秋天的闲情颇多。"九月九,黄蜂满处走",它们为的在寻伴侣偷欢,以繁殖种类。在此日有登高的风俗。当此天高气爽的秋季,能够多多登高山,驰骋广大的心怀,与大自然相合一,当然是最好不过的。当我儿童入私塾时,在这时候,许多儿童于小山阜间放纸鸢。纸鸢有形形式式,极为美丽。乘风奔走,放的儿童汗流满面,这于锻炼儿童身体及兴趣,是极有益的。

除了登高放风筝之外,秋季尚有一种"秋兴",秋的兴趣吧,就是"持螯赏菊"那一回事了。螯,就是蟹的大脚钳,并不是蟹中最好味。不过在此秋季,蟹黄与肉脂正是当时,在饱食之后,存下一些蟹螯,持此对菊花缓缓咀嚼,愈觉蟹味的隽永,与菊花的芬芳。

在上海时，当这样时节，市上蟹如山积。这是江浙间淡水湖泊的特产，味好，肉黄又多，价也便宜。有些著名的食店，此时专为食客特备了许多大型活蟹缸，任客选择后，即时去烹调，觉得别有一种新鲜与兴趣。我有一次，与家人特别到昆山去领受这样的风味。我那时除蟹味外，尚想借此饱赏昆山的名胜，所谓物质与精神，一行而双收吧。

今年的秋气感动我特别深切，我终身忘不了，少年时在北京，当此气候，曾往观"万牲园"，忽然间，有一种气氛侵入我五脏内。那一股清凉如钻入骨头与脑根一样。以后我总想再尝到这样的感觉，可惜永久未得到。今年的秋气给我的也有一种强烈的印象，那就是黄金色的光彩世界。这个黄金色不但在日光，在月影，在树上，在空中，而且在地上的土面，在一切所有的物质上。自然，黄金色的大盆菊花，更引起我对黄金世界的鉴赏。请你们不要误会我是羡慕那些黄金矿质吧。我所鉴赏的是黄金的色彩，是整个世界的黄金色彩啊！

四十四、人生乐事浴温泉

在一张各地名胜风景中，有一图是印出山东济南的趵（音报，跳跃的意义）突泉，是泉水在跃出时，如跳跃一样，高高涌出于水面，煞是好观。可惜这是凉水，还不如那一图所介绍的"从化温泉"，使我想起先前对它的享用。

十余年前，我那时得到公共机关的汽车，常常与友人们一早到这个温泉区去。汽车行时不过数十分钟可到，我们在经过的路上，买些当地著名的青梅酒。在温水中又洗澡，又饮食，待到黄昏时候，始回广州，这是多快乐的生活哪！

说到温泉，我就兴奋起来了。我在法国享用过，我又专到日本别府的温水区整整消遣了几个月的时间。在别府的小客店，也有由水喉通引到店内的温泉，极便利于客人洗澡的。我在本国享用温泉更多，在福州，在北京西山，我都享受过。我且在自己的家乡，名叫"汤溪"处，组织了一个清流社，社员数十人，这是我所办公路的一站，交通算便利，我把温泉的一角落，建造男女分开的新式浴池。在池左近搭上木板屋，浴罢可在屋中休息，且有汽水点心，有时且在此间宴饮谈天。这个汤溪可算是一个风景区，是饶平县的风景区，它在溪上有一条著名的长石桥，算是我国建筑的翘楚者。它周围有虎头山，如虎头一样，是含有铁矿的。我也曾想在这山头设一"群众疗养院"，可惜我财力不足，终未实现。

温泉可以治病，是一种自然疗治法，常在温泉洗澡可免有各种皮肤病。其泉可饮（当然须经过化学分析后而决定），治胃肠病、大便秘结。而且凡属初出的泉水，都含有多少的镭质，饮后精神健旺，身体着实。

到现在，国人对于温泉尚未够重视，在法国全国中，仅有三处温泉，都收归为国有了。它们所制出的温泉水在社会上普遍售用。可惜我国内不知有多少温泉，都是仍然听其自流（现在从化温泉已设有疗养院了）。

四十五、消遣法

拉屎是极无聊的,尤其是那些大便干涩的人们,但不能不拉,每日拉一次要去了半个多钟头,而我又须要每日拉二次,时间花费,精神痛苦,有时在厕上起身,不免于眼昏脑乱。

因为拉屎是无聊,所以欧阳修发明"三上读书"的方法。所谓三上,就是厕上、枕上、马上,用读书以消除这些时间的无聊。

在灯光明耀之下,我坐在抽水马桶上,常常也是手执书籍,以度过无聊的时间。在故园时,日间的阳光与夜间的灯光,极好在园边潮州式的厕所读书,有时在厕所所放下的书籍,被虫蚁侵食到满页是渣滓。

枕上读书,我未曾养成这个习惯,只好在枕上思想。平时是极易入睡的,但近来或因是年纪,或因为鳏夫的关系,有时上床后一二点钟尚未能睡,我只好想念前时那些情人,或一些美丽的风景及一些快乐的事情,以便入梦时,得到一些好梦象。

为要夜间易睡,我就废止了午睡的定规。午睡一些短时间,本是我国最好的习惯,李鸿章且把午睡介绍到德国宰相俾斯麦。这个好习惯仍然在外国通行,而在今日的我国新政府制度下已极推广了。

马上读书,如骑马在长途中,也是极好的消遣法,可惜南方少马。我前在潮安为校长时,曾买到一只极温和识性的老战马,每当夕阳,独自骑马驰骤于西北堤间,领略那些韩江的风光。那时的生活我是极感百无聊赖的,但我未曾在马上读书,只有在马上悲哀那时国事的败坏、人心的堕落，与自己身世的凋残！我今就来补足欧阳修的一些读书方法吧，即是船上读书与水上读书。我在来往欧洲的大船中，每次要费去一个月的船上时间，又经过那些热带的水程。我就到船内浴水池（海水的浴池）开足了水，浸在池内，手执书籍孜孜看一点钟、二点钟之久，以消磨时间与避免热气。

记得第二次往欧洲，是乘在船头的三等舱，那夜狂风，船摇动得极厉害。晚餐后，那些国人留学生们已抵挡不住，各想归房了，我就提议与其归房后不免于头晕呕吐，还不如想一个抵抗的方法，就和他们在食厅中乱行跳舞起来。这样消遣法避免了精神的顾虑，而就船的颠动方向，步骤与它同样舞动，身心不觉风浪的影响，而且适意于动作了。在这样情况下，不是读书，而是以跳舞为最好的消遣法了。

在无聊中，消遣法是多种的。但这些消遣法不是嫖妓，赌麻雀牌。当求上乘的消遣法，如读好书，鉴赏好画图，听音乐，或与益友闲游辩论，或则打太极拳、八段锦，最好能到郊外领略大自然的月光星光，风声涛声，在依稀日间的丛林阴影下，在依稀夜间风景的微茫下，想念我们的情人益友，领会古今人的嘉言懿行，这样才是积极的消遣法呵。

四十六、欣赏古迹

在荒山旷野中,竖起一座九层到十几层的佛塔,也如在海岛丛礁中有一灯塔一样,是最奇突的艺术。这种高塔,若竖立在城市,如广州六榕寺塔之类,便觉俗套无奇。也如寺院必要在深山谷中,始能以幽胜见长,所谓天下好山水十有八九被寺院所占是也。若这些寺院建在城市中,也就觉得俗套无奇突的可观。

"原来是姹紫嫣红开遍,似这般都付与断井颓垣,良辰美景奈何天!"因为在断井颓垣中所见的花红柳绿,当然比在公园中所见的美丽动人。我常想在苎萝山中的西施,与在泛舟五湖中的西施,总比她在吴宫中涂粉抹脂为娇艳可爱,因为她在大自然的表现总比她在人为中出色。所以在城市中一座新鲜完整的建筑物上,无论怎样典丽壮美,只有引起人的羡慕与鉴赏。但若在著名的荒城废墟中,不但在鉴赏,而且在嗟叹悲伤。

由此作用,所以我们看上伦敦或巴黎的近代城市,总不如看那罗马与希腊破碎的废城为感动。现在广州中山纪念堂可算壮丽了,但假使保存孙先生为大元帅的办事处原状,与及被陈炯明炮轰烧后的废迹,当然更能引起人的观感。我每回经过越秀山离中山纪念堂不远的山坡上,见竖立一座极小的"孙先生读书治事处"的四方形小碑,便觉得它真使人参观后不大起兴趣。回想我有一晚,与张继、吴稚晖同被孙先生所请,就在这碑地的木屋内便餐。那时的木屋是二房一小厅,为先生的宿舍,此中有一木板走廊远远地连接到下边的大元帅府办公厅（即现在的纪念堂），在那时的情景说，比现在的一小碑，真觉得有千万倍的幽胜与美丽。

我曾在法国自然派医学社的地中海日出岛中住了一些时间。我们住在拿破仑所筑的堡垒下边，这座堡垒已经破碎不堪了。但正因在这样残破的废址中，于月夜凭吊时，似乎尚听得这位魔王叱咤的声音。

在普通的田野间，绿畴与麦风，固然有升平的气象，但我曾参观法国马尔河边的第一次世界大战战场，其中见到满野都是人头人骨。所谓"子璋髑髅血模糊，手提掷还崔大夫"，对那些好战的祸首，有万千痛恨！大好田园变成古战场，黄昏时节，在这些血肉模糊中，似乎见到那些头颅残破、手足缺失的骷髅，成群成阵在这样战场上跳起那悲哀的舞蹈，唱出无穷的痛恨歌声！

四十七、种花和养鱼

在城市洋楼鸽巢住居的人们，除内一些家具与四壁外，一无所有。我今幸而在窗门的一铁架上，安置五个小瓷器：一个盛水中有小龟，一个盛金鲤，三个种上茅草、橘株与玫瑰花。那只小龟已在这水盆中生活有二个年头了。

可是同在一样的瓷盆内，所蓄养的几尾小金鲤，有红色、蓝色、银色与杂色的，在许多样子中，我最爱那些"纺车形"。这些金鲤在狭窄的环境中，优游自在，追逐无停，日夜中无一时停止它们的活动。它们的快乐，引起我的兴趣；它们的兴趣，又引起我无限的快乐。我对它们常想起庄子的寓言：世人不知我，安知我不知游鱼的快乐，我虽然不是鱼，而世人也不是我，彼此都不相知，当然彼此不知对方底里的心情，可是我虽不是鱼，仍然知鱼在游水中的乐趣。因此，回顾旁盆的小龟，我就不想做乌龟，而想做金鲤了。

有一盆，种上一株茅草，也算是我的"杰作"。这株茅草是在旧窗绿的腐土中所生出的。自我拔置在盆内，得了好土质与水分，初始是一枝草枝，到后就发生了四五枝，且每枝上生出一美丽的花卉，看到它的苗茂，与先前的零枝黄叶一比较，我极骄傲地自视为东方米丘林了！呵！从这株茅草中，我如得到了整个大自然的勃勃生气。

在屋内单调的环境里，西洋妇人喜欢在客厅花瓶中插上鲜花。在《浮生六记》中，作者曾极讲究插花的方法与"活花屏"的构造。但我想花瓶的插花，虽则依住花季的应市，而可得到各种花的变换，但因花插在瓶中，不一二日就枯萎，未免兴味萧然了。我在若干年前，就想到如能在欧洲提倡盆栽，定可得到人民的欢迎。因为欧洲人，尤其是妇人们是极喜欢花的。大多数的妇人们，总喜欢在客厅花瓶中插上花卉，她们视这些花卉，如菜肉一样，在家庭中不能缺少。假如盆栽的花卉，能使她们觉得比插瓶的更加新鲜，有生气，更为经济，她们就极乐意去栽培了。

我对窗架上这二件盆栽的橘株与玫瑰花，寄托了无限的幽情。玫瑰花晕红，微有熏醉的气味，在欧洲的玫瑰花有千余种，算它们是花中的王。橘子有挥发性的香味，而且累累丛生，粒粒可爱。

因为门窗外有这些生物与花卉，使我得于茶前饭后，举目盼瞩；虽则不如故园的广植，但在这小小的玉瓷器中，也觉得万物皆备于我了。

四十八、游　湖

人类需要玩耍，需要休息，求得身心的愉快。所以每一个地方，都由人类就其自然的材料，创造出许多的胜景。例如我国最著名的是西湖八景，而我潮州与惠州也一样有八景的所在。[1]

说到西湖，就引起人的留恋。可是我在廿余年前的观感与人不同。我那时是极端厌世的。到上海时，有一位西湖迷的友人向我说，如我肯去一游西湖，包管即起死回生。他一生所希望的就是能在此湖驾一小艇徜徉于其间，便是最快乐的事情，余事都不足介怀了。因为这位友人的热情，与所说的过于神奇，我亲与他同去西湖，结果仍然超出友人的愿望。而我对于此湖的兴趣极少极少。

这原因大约有三项。第一是西湖周围的山中树木稀少。我常说山之美在乎有树林的点缀。譬如一位美人的头上秃秃，就不觉得她美了。最少，也会减少她的美趣，我在欧洲也曾多次游湖，如法国的安西湖，如瑞士的日内瓦湖，都是树木荫蔚。我最感得游趣勃发时，是那次游安西湖，适逢"大风起兮云飞扬"，湖周围的高山林木满地吼号，平日静静的湖波到此也掀动如海潮的狂啸。我们扁舟摇荡于湖中，似乎濒于覆灭一样。这样惊魂动魄的情景，都由于山中的丛林帮助风力的权威。若使满山濯濯就不觉得风波离奇的变幻了。

---

[1] 潮州八景指"鳄渡秋风"、"西湖渔筏"（原西湖与韩江相通）、"金山古松"（曾名"马丘松翠"）、"北阁佛灯"、"韩祠橡木"、"湘桥春涨"、"凤台时雨"、"龙湫宝塔"（原位于北阁对面江心，现仍存遗址），均位于城外韩江两岸，属旧时外八景。

当风平浪静，湖光如镜，又有一种别的风趣。我也在此安西湖，领略到夕阳掩映于丛林之间，因穿过的疏密不同，而现出各种的颜色。而主要是山区与林木的高低不一，层次不同，与夫日光的强弱变异，由此在朝霞与夕阳时，在湖光上所反射出来的光彩时时在变幻！红一会，蓝一会，淡黄与昏黄，分析不出它那时时刻刻的复杂变动色彩。

可是西湖呢？因为满山缺乏丛林，湖光无论在朝霞，在夕阳就显出单调。但我不否认西湖诸山的秀丽与婉曲的神情。"三潭印月"一景，在月光掩映之下，觉得有一种美景令人迷醉。

那时的西湖尚有第二个缺点，就是纪念的建筑物太少，太不雅观。例如苏小小的墓，就矮细到不足入眼。岳武穆的庙宇尚有可观，但那时的庙门侧边有秦桧夫妇二铁像，任人小便，淋其全身。我以为西湖既是大众观瞻鉴赏所在地，应把可纪念的建筑物宏伟地竖立起来，给予游客留下深刻的永久的教育性质。

说到那时我游西湖，得不到留恋鉴赏心怀的第三项缘由，是因我那时厌世悲观的罪过，在我无限郁闷的情绪中，所需要的不是静穆的风景，如"禅房花木深""山光悦鸟性"之类。这些平沙落雁、远浦归帆、山市晴风、江天暮云等等的"死景"，愈增加我的死念。我所要的是动荡的，如钱塘江的怒潮，汹涌而至，浇洗我满塞身心的块垒。

四十九、读活书的消遣法

无聊就去读书,这就是"三上"或"五上"的意义。但读死书与无用的书,有时愈觉无聊。我在满清时代的北京京师大学(即北京大学的前身)读书时,适被张俞人牵挽入援救汪精卫逃狱的集团。事终不成,他们就溜之大吉,而我那时受精神上包袱的苦恼极大,终日等待满清侦探的来临,想一被发觉,定必杀头无疑。我于是无心功课,只到学校的藏书楼乱看许多佛书。究之于我毫无益处。我对这些经典,愈看愈觉无聊。它们的空空色色,与什么色色空空,不过是嗑舌头,说来说去,千篇一律,终不能解除我心中的烦闷。还是在藏书楼中得到一本德国人游历世界专门搜集妇女身上的奇形怪状,如"布袋奶"哪,如荷忒托民族的广阴大部哪,这些图像,较可消遣我一时苦恼的情绪。[1]

在法国十余年久的留学时期,学习哲学,有时也觉得这门功课的枯燥无味。我于是乱行加入一切的学术讲演会。一次听到讲到马能演算高等代数学的奇妙;一次加入吸烟会,练习吸纸烟时所喷出的烟缕形状,能成为圈形的,成为一圈又一圈,连接极多数的为能手;一次加入学生斗酒会,谁能饮到最多酒而不醉的为"酒神";一次加入舞剑会;一次加入化装会,减少了我对功课的枯燥厌恶,增进了我对社会生活的兴味。

---

[1] 该书名为《世界各民族女性人体》,作者斯特拉茨,德国人类学家,1901年初版。

我以为习哲学的人，实则习一切学术一样，除却他们所学的功课外，应把所有一切的学术通通去涉猎，然后才能博中得到约的成功。尤其是近代一切的科学，都是必须博览，始能成为通才。记得在巴黎时，有张君劢问我学哲学的方法，我就劝他把那时所出版的"哲学和科学丛书"二百余本书买去全行流览。但他是缺乏科学的兴趣的，到后来终成为杜里舒神秘学说的俘虏。所以无论读哪种专门学术，总要以各种科学为根据，然后才不会偏枯。

所以读书，尤其是读死书之外，应该另求读活书的消遣方法。对于花呵，月呵，山呵，水呵的鉴赏，固然是一种消遣法。但对于最臭味的尿呵，屎呵的研究，也何尝不是一种消遣法。屎尿可做肥料，尿中有一种质可做药用，而中国药的"人中黄"，我们当然不去利用它，但对屎的肥料用途，当然不能否认。有一位教育家向我们说，直要到闻得屎味觉它是香如香水一样，然后才配称为农人。他的话也含有一些道理。我有一位朋友与我行街，如遇到有公厕的地方，就必须绕道别行。我现在已养成习惯，宁可到越秀山公厕去大便，不愿在屋内狭窄的私厕去苦蹲。

总之，一切事物都可作为活书去学习，都可作为消遣品，"大道在便溺"，也可算真名言！

五十、暑假期与云、山、海

我是生长于山乡的人，自少就喜欢看云气的变动。朝朝暮暮的云气变动得不相同，有些好似像老人，像儿童，有些像船，像动物，如鸟如兽，如山谷，如楼台，霎时间，人的变成兽，也有兽的变成人，变成美人，变成种种的形态。

我于一九二一年到日本的别府——是一个温泉区，过了数个月的暑假生活，终日除了入温泉池之外，就独自个人在山阜中看云，观察鉴赏在天上各种云气的变动。当早晨时，雾气把山与人笼罩得一块，人与山也变成与云一气了。最好看的是晚间的红霞，满天满山放出千万样的光彩。

巴黎的织毡厂的出品，就是有些研究者，从天空研究出有四五千种不同的云色，从而在毛毯上照样织造成数千种不同的色彩，为染织工业上放出异样的美术品。

当然，云的变动是极快速的，尤其是在夕阳时。我曾与一位法国写实画家交谈，他说，有些时的夕阳写景是无法摹得真的。因为正在画出它的真景时，别一景又变成了，使你无法去追及的。

最近在广州的一晚间，天空忽现一条极大的虎尾，一节一节的极长的相衔接，市人聚观以为奇景，原来是一种卷云所变成的呵。

安得在暑假期，到山间，到海中，观察一切的云气？我曾在海船航行时，遇到大风雨，有云变动得如一条大龙，头在空中，尾在海上，如吸水，如吐雾一样的奇观。

我先前在欧洲十余年，每逢暑假，便到山地或海边去避暑。此中不但在避暑，而且得到种种有趣味的生活。

先来说山居吧。我生长于山乡，所以对于山特别有兴趣。山峦起伏不一，有山峰与陷谷，高的低的，突出与陷入的状态有种种不同。所以在早晨与晚间的日光反射，也表现出种种的不同，有阴影与阳光相间的，有纯一的阳光，也有复杂的阴影，这是无穷的图画，表现出山的色相。

最美时是明月当空，夜景的山貌与日间一比又格外美丽与伟大。夜间游山别有一种兴趣：一股清爽的空气凉入心脾。举目所见的山峦与陷谷比日间的都较伟大清鲜。日间的山光是迫人的，夜间的月光在山中是迷人的。迷眼模糊，辨不出天高山高，分不出谷深海深。在深林中，月光反射出各种形态，在青草地上又有一种格外的温柔。游客们在此坐躺，觉得比自己家中别有一种无穷大的环境与无穷尽的兴趣。

最美时是暴风雨的来临。那时的地动山摇，草木叫出强烈的呼声，呼号怒号，这是大自然的变幻，愈觉它的气象万千！

爬山，是一种最好的体操，也是无穷的趣味。记得我有一次爬一山屏，不觉滚落到地下有十余丈远，满身涂泥，所带食物也抛散在各地方。但再行爬上，这时的快乐真出喜外，山阜上是平地，有各种野果任你吃一顿饱，此时俯视山下与周围的山峦格外美丽；而在山峰上俯视下面又觉得高高在上，所谓"登东山而小鲁，登泰山而小天下"了！

山居的生活是静穆的，但不是单调；是纯一的，但又是复杂；山泉可浴，尤可饮；自来美人多出于美山水的地方；西施是苎萝山人，明妃是出于"千山万壑的荆门"。我县的美妇人是出于山区的坪溪与凤凰。

至于海呢？海当然与山同样伟大，但别有一种壮观。当天气静明，海波不动，海天一色，这是一种的伟大。又当狂风鼓荡，波涛汹涌，又有一种的壮观。可是我个人说，我总觉得海比山为不如。同一好天气，海面在无限广大中，未免现出单调，不如山峰与深谷及四围山色表现出在单纯中而有复杂的气象。至于骤雨暴风来临时，海波的涌汹，在壮美中未免含有粗暴；反不如山在此时的暴怒冲动中，仍然具有含蓄镇静的雍容态度。

可是海景也有一种为山谷所不及，那些日夜不停留的潮落潮起的声音，比通常静穆的山谷，是生动，是变态，不停留的变动，是进化的象征，是生命的模型。若说山是静型的代表，那么，海是动型的代表了。

海水浴，当然是强健心神的最好药剂。凡神经刺激的应到山区去。但神经衰弱身体疲惫的，应到海边去休养。

有好些年份，我不能在暑假期到名山大川，在海边去过炎天消遣的生活了。写及此又想到先时的假期情况，未免有说不尽的怅惘！

五十一、适意事：建设

反抗就是力量，建设更是力量。所以反抗固然是适意，建设更是适意的事情。

当我在故园时，假如我每日能种植一株好草，一丛好花，我就满足。常想到那位罗马大皇帝，每晚中检点自己有无做一件好事。我想我也是这样的心情。

建设当然愈大愈多愈好。但各人的地位不同，只要肯去从最小最少的事物去建设，总比白白过日子为适意。

我当然不以我的故园为满足。我尚想把一切山地都建设起来，我曾经把力所能及的山间种上桉树与油桐了。那条我所筑的公路[1]两旁也种上了桉树，到今日都已成木，绿荫了。

建设，有时虽小，但其效用在后来或极大。我常痴心想，如我人能够发现一种有用的草，或培养了一种有用的果木与用木，这个人的功绩，当然比任何皇帝的功勋为大。因为无论哪一个皇帝的政令，效力只能影响于当时，或一些较远的日子就止了。至于一件有益的草茅或果木的发现，是给人类永久享用的。我于是曾用了许多力量想把龙眼、荔枝，变成无核，如无核葡萄一样，虽则事终无成，但我的志愿极为满意。我也曾用力研究一种根与别种根互相影响的结果。

---

[1] 指饶平县的饶钱公路。南起钱东，北至原县城三饶，全长43公里。1934年，张竞生担任广东省政府实业督办，组织完成了该项工程。

若干年前,我在香港《循环日报》[1]曾发表了《三年富强中国策》。三年?或许有些夸张,但能照样做去,在极少年头,中国那时定能富强。我的大意是尽量利用人力开辟荒地与山利,这是一件。在人力集中时加以军事训练,这其二。每一千人以上的地方,就设有教育性的收音台站,这其三。这三件政策同时并进,包管我国人在极短时间内就可富强。这当然是就那时的国势而说。到今日我国又有一种实在的富强方法了。今就第一件政策说,以我们广东为例,照切实的测计说,每人平均可得数十亩山地,至于现在的耕地只得一亩多。以这样多的山地,如能用科学方法去开发,则人民可以得到极大的富裕,因为许多山地可以种农作物,不过数月间可以收获。许多山地可种果木,数年内也得收利。其余如油作物等收利也极速极大。

推而论之,华南诸省的山地如广东一样多,有的且更多。西北东北诸省的荒地与山地也是那么多。我们若能用人力与科学技术去开发,都可成为富裕的区域哪。

可惜我向来无大力量去建设,但在小的建设上,我也算做得多少了。我满心在建设中,我此后或许不能在物质上建设了,但我又想在思想上做些建设的工作。且看后来的成果如何再说吧。

---

[1] 1874年创刊于香港,至1947年停刊。该报由近代报刊政论家王韬创办,以"变法自强"为办报宗旨。

五十二、剃光头、裸睡与买古董

剃光头,把头发剃得干干净净,一毛不留,如和尚,如尼姑一样,真是痛快舒服万分,尤其是在这样炎热的天气。

剃光头,我在十余年前,在故园时,就想实行。因为爱人的反对而中止。到现在,我已实行几个年头了。觉得头脑在剃光后,比较清净明晰。

六根干净,一毛也拔,不亦快哉!康有为在他的《大同书》中也主张把身上所有毛发——当然连阴毛在内,全行剃去。我不知他所持的是什么理由,大概是受佛教的影响吧。

我今又来说一件适意的事情,就是在睡觉时,衣服脱得一干二净。山东人就有这样的好习惯。第一是俭约衣服,第二是合乎卫生,而在山东人说来,夜睡时尤觉温暖,此就冬天说,但山东人的被褥安排得紧紧贴身,所以在冬天裸睡,也不至于受寒。我们不能做到德国的裸体派与法国的自然派,日夜全行一丝不挂,但在自己的睡床中赤身而睡,并无妨碍社会的习惯与世俗的道德观吧。

我今又来说起一件故事吧。当我在上海美的书店时,一日一位法国警官看我的名片后,他说你是张竞生,是主张男女在街上裸身而行吗?我说并无这样的主张,若有,岂不受你们警察一网捞尽么?彼此只好相视而笑。我那时在杂志上,确有主张女子解放束奶的恶风俗,放开自然的奶部,组织一班有觉悟的女子这样大胸膛到街上游行以示风范。[1]

几年来我在无聊中,又有一种消遣适意的方法,就是购买极便宜而又适用的古董。我的茶盘、笔架、洗墨池、插笔筒,都是古董的,每件不过值二三毫钱,与买市上的瓷器尚要比较便宜,但在我的兴趣上享用无穷。即如以那笔筒的图画说,那样美丽的蓝色中有一书案,倚了一位古装的书呆子,神情与我个人的恍惚相同。我爱他,爱上这样古董不值二三毫子的书呆子。

---

[1] 见张竞生《大奶复兴》,原载1927年7月《新文化》第1卷第5期。

五十三、室内旅行与研究

先前我看了一本外国文写"室内旅行",此中详情,到今日我已完全忘记了。今我另拟一个旅行法又加上一个研究法,请读者多多指教吧。

当我三十年前在北大时,我计划每年逢暑期,定要到外国去旅行一次,头一年我到日本去。第二年,我想到澳洲,因为护照发得过缓,我改去哈尔滨。哈尔滨当然不是外国,但极具有苏联风味,我住在那时俄罗斯城的旅馆,其中有许多俄人往还。这个暑期消磨于松花江边的野水浴,也算过了一段快乐的假日,以后因经济与人事的缠绕,就不能实现逢暑期到外国旅行的计划了。

到了今日,我把我的室内当作小世界。且幸屋四周有许多大树荫,我的东窗在日光初升时,便有四射的光芒,明月也照入卧榻之下。这些使我室与大自然联合为一气。假若我安置一个"地球仪",我转动了它从东到西,从日本到英国,恍似我先前环历地球一周同样的情景,假若我要过轮船与火车的瘾吗?我就开动了小孩们所购的玩具,放在面盆水中,也发现轧轧的轮船机器声音。我在墙上所挂的图画中,见到一处处的风景、一列列的建筑物、一些些的伟大人物,好似我到各地去与这班人访问,领略其伟论一样。在斗室内,做牛角尖的旋转,见了盆栽的小橘株、玫瑰丛,好似如在广大的柑区与花园一样,见了金鱼缸好似临了大湖池。这些由小见大,由近推远,从微到著,因此及彼,在一小室内,自可描想、梦想、幻想、痴想到种种色色的宇宙事物去呢。

　　室内旅行，总是一种幻想，但室内研究，乃是极实在的事情。一切科学，都须经过室内的试验后，始成为事实的应用。假如我要研究一种工业机件，我就把它做成小模型，放在桌上随时考究，这样定可得到相当的效果。我最喜爱的是植物，就在室内安置许多的盆栽，如柑橘，如各种花卉、各种香草之类。潮州有盆栽的龙眼株，把这个自然的伟大树干，变成为极小的株型，生下累累的龙眼可有数斤之多，在盆中玩赏后，我又把它们放种在故园中，变成为普通的大树，产生许多好味道的龙眼。香菇是极好的食品，若把它们的花粉放在特别装置的小盆钵内，就可长成为各种极美丽的香菇，可玩可食。番茄苗经过无性或有性的杂交与接枝后，养成盆栽，就可变成各种新型的番茄，既可供玩赏，又可为食用。总之无论何种植物，都可为盆栽。从盆栽中去研究它们的生长，变种与成熟。这些比在植物园场的培养，更可得到切实的效果。因为在室内时时刻刻在眼前的盆栽，得到周密的照顾关怀，比放在自然场地中较为亲切。所以凡植物家要做切实的研究，都要做室内盆栽的工作。例如金橘一物，自从植物家从我国山野中得到野种后，到今日已成为世界最著名的盆栽物品了。

　　在室内也可以养育许多动物。广州如北京一样，有一些人宝贵各种笼鸟。早晨，主人手携笼鸟集合于特定的茶室内，许多笼鸟中有些是以善唱见重的，有些是以毛羽美丽擅长的，有些又以能斗著名的。可惜这班养鸟人，只会玩鸟，而不会从此研究鸟性呵。

五十四、夜之美

早晨起来，睡眼蒙眬，不觉又过了一夜了。人生若干年月就被一夜一夜里减去了一半时间。至于幼孩及醉生梦死的，睡时比醒时更占了三分之一至二分之一时间，这真是太不值得，太花费人生的可爱时间了。

夜里比日间别有一种天地，一种风景，一种感觉与情怀。

任你怎样习惯的一个地方、一个角落、一条街巷、一间屋宇，若你到夜里，在光景扑朔，在月光星辰迷离之下，便觉别有一种现象比日间所见的大不相同。所谓美人，在灯光之下，愈显现她的佳妙。在日间，在光天白日之下，无论怎样美丽，总不免显现一些缺点，一些瑕疵。一在夜里，就把小瑕疵通通掩住，美丽处便都表现出来了。戏剧演员，在日间不如在夜间表演得出色，便是这个道理。

我曾通夜不睡，在夜里二三点钟时，出到街上，觉出日间行惯的街巷别有一现象。登越秀山，低小的山坡，显现出逶迤的婉转。到达了中山纪念堂时，它在建筑上本是中等的伟大，但在夜景看去，似乎是极伟大的建筑物，上接云霄，中与越秀山连成一气，似乎是纪念堂的面积扩大到天上，到山中去了。

夜景实在比日气为优越，那种静穆，那种微妙到不可形容的是天籁。在万籁俱寂中，便有一种灵敏的籁声在你心头，在你脑中微微颤动，当你能在深夜里徜徉于广大的场地，最好能去登山涉水，越岭渡坡，你就觉得有一种说不出的奇妙感觉。那时，你不是你，你是与所接触的事物并合为一气，往后又与大自然合为一体了。

人最好是时不时有机会在夜间到野外去，睁开眼睛，定下心情，领略大自然的风光，扩大自己狭小的形骸，放松了自家的心怀。

最难过的，是有些人在床上睁开眼睛不能睡，去"辗转反侧"愈要睡愈不得，弄得神魂颠倒，噩梦袭击，若能起床，如不能到郊外去遨游，至少也在街头上行一下子，保你别有一种兴趣，一种情怀带回到你床中。

五十五、笑与哭的艺术

近多年来，有些杂志上的图画都是笑容可掬：两位首领举杯互祝时的面容，一些工人农人们在车间与田间，学生们，游客们，都是表现出一团的欢乐。这真是笑的世界，快乐的世界！

美的笑法，是一种内心愉快的自然表现：此中有哄堂大笑的，也有温柔的媚态。在男人呢，是英雄笑——哄堂的大笑与豪杰的笑法——轻快豪爽的笑音。女人呢？却是那些文静温柔的笑法，有时也可来些贵妃醉酒时的娇娜！总之，无论男女都不可学习那些狡猾奸诈的笑法，使人惹起了不舒服的感觉。

可是在许多笑中，自然免不了有些是伪装，笑得不自然，引起人厌恶。我少年时读到小说中所描写的"鸧鹒笑"时，不知它是什么的笑法。后来听了那个房主妇的笑声，使我再记起这个黑鸟儿的喜态；它是狡猾笑，奸滑笑，格磔的喉音、朦胧的鼻音、尖刻的舌音，集合起来成了一种似笑非笑的鸧鹒笑法呵！

笑总是比哭好。可是，哭也有它的伟大与痛快。我永久记得那晚在南京寻我儿不着时那约一点钟的大哭，得以发泄我心中无限的悲怀。又那晚闻得我妻在乡间逝去的消息时使我全夜伏在越秀山大哭的惨状，而也使我发泄心中无穷的愤气。天下有些事是非哭不可的；这是笑不得的时候，只好付诸痛哭一场罢了！

哭与笑一样，有真的也有假的。旧时北京有些大出丧，就雇了长于假哭的人凑热闹，她们哭得有声有容与合韵。呵！前满洲慈禧就是这样一个擅长假哭的女子，到后来竟得了满酋的宠爱而成为皇后了。可是我们要同情的是真哭，不是假哭。要哭如孟姜女，使长城崩坏，不是如潘金莲一样的干号！

笑与哭不单是个人上真情感所表现，而且在社会上起了大作用，即是喜剧与悲剧。

近代人如柏格森发表了一本叫做《笑》的书。他是唯心派哲学家，认笑是出于机械的、不自然的一种动作而引起人发笑的事情，这是对于笑的研究褊狭局部的看法。又有尼采，也是著名的唯心派哲学家，他研究悲剧的起源是由于"酒神"所滥觞。这个研究也是不完全的，笑与哭都是人心中一种感情的表现。人生不单只有笑而且也有哭。儿童出胎时就呱呱，过数日后又能发现笑容。在生、老、病、死、苦种种过程中，人生不是笑便是哭，不是处于乐境，便是陷于苦况。集合了、体验了个人悲观的情态，典型化了这些情感的表现，于是而有喜剧与悲剧的创立。所谓喜剧，乃是由于笑的成分的集合，而把它们艺术化起来以能逗起人发笑，感得愉快为主。所谓悲剧，则是集合了哭的成分，而把它们艺术化起来以能引起痛哭流涕为主。喜剧可以法国莫里哀所著的为代表，悲剧则以英国莎士比亚为翘楚，但大端上，是他们善于把社会笑与哭的资料集合起来与艺术化、典型化罢了。

究之人生笑与哭总是一气联系起来。人生的乐趣，就在笑与哭中糅杂一气，而终于在苦中挣扎，以求多得些幸福为奋斗的目标。伟大的艺术创造者，就在于善能混合了喜剧与悲剧为一气呵成，而使读者能在喜剧中看出悲哀，在悲剧中看出欢情。

笑呵！哭呵！人生究竟就是这两个剧里的主人翁！

五十六、节 育

三十余年前,当山格夫人[1]到北京宣传节育时,我当时为北大教授,因留学法国许久,濡染于节育的风气甚深,所以我极力介绍她的主张。结果呢?因为宣传不深入,对于群众说,发生效力甚少。富人对此,当然满不在乎,仅仅有些知识分子受了影响,但效果也极微末。当我过上海时,被汪精卫(在他叛国之前)请饭,见他的子女满屋。他不好意思地对我说:"我也是赞成节育的,但结果竟是这样呵!"我想这个节育的宣传,所以发生效力不大的缘故:第一是节育用的药料器具不易便利买到;第二是女子方面尚未觉悟,虽则男方要节育,但须靠女方的帮助,否则,就无法达到目的。就我个人说,当时与一女子同居数年(说不上是爱人),幸而仅生了一个小孩[2]。及我四十岁后再娶,因在乡间学农,一连就生了五个孩子[3],始觉得多了。

近闻有些人已注意到节育有需要的提议了。我极赞成这个提议,而希望它能见诸实行。

在我国从前,多生子女的苦痛,实在有笔难描。女子与男子一样,在今日都应为社会服务,漫无节制地多生子女无异于使母亲变成生殖

---

[1] 玛格丽特·桑格(Margaret Sanger,1879—1966),又译桑格夫人、珊格尔夫人等。美国著名的生育节制专家,20世纪二三十年代两度来华宣传节育思想,引发中国思想界的热烈反响。

[2] 张竞生与褚松雪生的大儿子张应杰。

[3] 张竞生与第三任妻子黄冠南生育了五个孩子,分别是张超、张彪、张晓、张优和张友。

的机器。有觉悟的女子,对此节育问题,更比男子有急切的要求。

最近读到朱德将军的《母亲的回忆》一文,其中说及:"母亲一共生了十三个儿女。因为家境贫穷,无法全部养活,只留下八个,以后再生下的被迫溺死了。这在母亲心里是多么惨痛悲哀,和无可奈何的事呵!母亲把八个孩子一手养成大人,可是她的时间大半被家务和耕种占去了,没法多照顾孩子,只好让孩子们在地里爬着。"这是旧社会许多可怜的母亲与小孩的写照。

我希望使大家得到必需的节育常识,容易得到便利的节育药料与器具。我希望个人方面的确有需要时,就当去实行节育;尤其是当节省肉欲而多去享受夫妻间的精神生活。我又希望社会上多多去注意讨论节育的问题。

五十七、红颜与美眼法

近与我前所介绍提倡内极拳的陈秋冼先生细谈之后，他尚有一个红颜与美眼的方法。即是用双手掌，一向两颊摩擦，二向颈方及两耳边摩擦，三向头发内摩擦，四向两眉上方摩擦，五向眼下部周围摩擦。在摩擦前，两掌须先行摩擦到发烧气。在上所说的五方面各摩擦二三十次，每日至少实行一次可使面色晕红，眼神漂亮，耳听好而头发茂盛。这些是在做内极拳手续后的补助方法。

陈先生说，他前往桂林住在艇中有二三年，眼见艇妇们也如普通妇人，搓粉抹脂，使面部上有许多斑点。经过他的指导后，即是用上所说的面部五种手续摩擦后，不但斑点消灭，而且她们得到红颜（面皮有光彩）与美眼（眼神清亮，且眼皮下，虽在老年也无皱纹）。

谁人不要红颜呢？谁不要红颜常驻呢？一双剪水的秋波，谁不要呢？请照所说的方法有恒心地、长久地做去。这不过是举手之劳，无论何时何人都可做得到。

现就来信的反映，各方对于内极拳感兴趣，这是常情的要求，健康的取得是人人所需要的，我们已把来信个别地答复了。但此中最重要的手续，须特别提起注意是：

（一）要有恒心。每日照常做去，这样到一个时候就有功效。有些人以为做了几日不见效果就灰心放下，这是不应该的。

（二）内极拳的深呼吸与各种动作都须行"暗力"，即是由脑力带领身内的暗力，外面似极安详地做去，底里则身内力量做极大发挥。

（三）除这样动作外，尚须动力于洗澡，不间冬夏，如先摩擦全身发热，后用冷水浴更好。否则也要用温水最少每日一次。

（四）要注意饮食上的卫生。即是不多饮酒，不多食鱼肉，而多用菜蔬与水果及黄糖的食品。

（五）要紧是在求精神上的愉快：每日能开口大笑几回更佳。要乐观不要悲观；要向前看自己及祖国前途的光明，不要留恋于先前的快乐与顾虑眼前的不如意。

说到最重要的深呼吸方法，以我的了解，不但在静坐时行之，即在走路时，在卧下时，也须履行。我最觉得有益的是在越秀山散步时，面对太阳光，行深呼吸法，好似整个身体把太阳光吸入五脏内去一样，这是相传的狐狸精修炼的法术呵！至于用两掌摩擦头与面部，是猫子通常的洗面法，何以人而不如猫吗？写此以博读者开口做几次大笑吧。

五十八、接吻的艺术

我眼前一本《接吻的艺术》是GT女士译述的。此中原文尚有些趣味，但译笔上不大好，尤其是那些诗句的原意都失去真义了。还不如把我个人所体验的接吻艺术来谈一谈吧。

这真可惜，我国人对于接吻或偶一行之，但并未讲究与普通实行。我个人就是在中国生活了二十二岁，又曾被家长强迫娶了老婆，但不知接吻是怎样一回事。及到了巴黎，才看见了法国人的风尚，渐渐觉得接吻是人生的一种艺术，一种极有乐趣的事情。

说到我在巴黎学习接吻的经过，是极有趣味的。我初到巴黎住在一位教授的家庭，那家兼收一些学生住客。那时，有一位女士从法国北方来花都学图案。她身材窈窕，衣服朴素，表情上极纯洁与老实的。因为同住同食，自然彼此亲热起来，她对我最注意的是在"鉴赏"我的小脚。实则在中国人说，我的脚是普通，并不会怎样"小"，但在他们法国人看来，我的脚是比他们的格外小了。或因这位女士已有中国女子缠脚观念，所以见得我的脚特别感兴趣，常向我说："我最喜看你那只小脚呵！"我由此引动起对她的情感，不过友人的情感，并未有进一步的要求。我也曾请她几次到咖啡店饮咖啡，她极少饮酒。有一次从咖啡店归寓时她回房内正在看书，房门是开的，我就用轻轻的小脚步入她房内，在她柔软的金丝发上深深地行一热烈的接吻礼。她转回头见是我就极严肃地站起来用极惨淡的状态对我说："这是头一次，希望也是最末次，你对我这样的行为吧！我来此巴黎时，我父在与我送别时，严重地嘱咐我到这地来，是少女的危险地带，极望我不至于堕落。"她说时声泪俱下，"我永久保存这个父亲的志愿，我宣誓不致为男子所引诱的。"

实则，我此时对这位女士，只可说是初次学习接吻的风俗，并未有涉及其他的念头。就我个人说，我到外国二年后，才觉出法国女子的可爱与其他的要求，这也如食他们的特味乳酪一样，初始只觉得臭味，须到一二年后，始觉出它们的香芳。我此时到巴黎只有数个月，对于法国女人仍然有些格格不相入，故我对这位女士以后又同住数个月，终是保存了普通的友谊。

我的第二次接吻，是在法国海边，对那位为我后来的情人施行的。这次不是在她颊上与金丝发上亲吻，而是在她的口中，在她的唇中极热烈的亲吻。那是"灵的接吻"，是接吻中达到艺术上的境界了。

以后的亲吻，不只是在唇间，在口中，而是在舌与舌的缠绕中！当我与爱人在伦敦时我须要用我舌与她舌互相纠缠中，长久不停地互相亲吻到好事毕后始休，到此灵肉一致得到满足。亲吻，成果始是达到最高峰。

五十九、我变成儿童了

我幸而又不幸地不能如老博士浮士德一变而成为浪荡的青年去引诱美丽的少女；我不幸而又幸地，一变成为天真烂漫的大时代的儿童。

五年前，我来广州入南大时[1]，这学校对我们的口号是："甘当小学生，甘做小勤务员。"我在此校八个月的学习，一直到今日对于新哲学仍然如"小学生"一样的在温习功课。我有低龄数小孩，又合了同居的小孩数人，共七八位，从十多岁到四五岁成为一群，每日和他们到越秀山或北秀湖玩耍。在这一群中，我不知不觉地也变成他们一气，乐得过了一些时间的儿童生活了。

诚如歌德所说："唯有群众与小孩们，才能做出一番伟大的事业！"我们这一群小孩所做的也有一些特出：在沙土中玩耍到满身灰尘，面上脏到如鬼脸一样。有一次，我在山窝看书，他们在山头对住一株只有数尺高的梓树仔，因这树身在中间有一凸起与凹下的裂痕，好似一个人的面孔。他们就认它是"小地主"，对它嬉笑怒骂，彼此拿起石头把树的周围打得糜烂不堪。在他们大叫大喊之下，我闻声赶到，但见这株可怜的娇稚树仔，已流下许多香芬的津液。虽则它不致死去，但已经受了极厉害的摧残了。

在和这些小孩出外玩耍时，最有趣味是拉野屎。一日我在离开他

---

[1] 1951年，张竞生按上级安排到广州南方大学政治研究部学习八个月，结业后被分配到省农林厅任技正。

们稍远处看书,听他们在山窝内毫无音息,我即时奔赴,见他们正在集体拉野屎。我一时被牵动,也蹲下去照样做,觉得即时恢复先前小孩时期在山野间放大便的自然快乐。在城市的小房间内拉屎,又脏又臭,哪能与在山野间清风温日之下随放随散了的臭气相比较。我幸而得有机会,能与小孩们同去山野间拉野屎。拉后,我们便把土盖上屎堆去。有时小孩们纸少,就用眼前摘取的桉叶当大便纸,又香又嫩,可说"物尽其用"了。

与小孩们游山后,各采了种种野花满握,归来放在花瓶。但愿野花插满头,不问依归处,我不幸不能常时变成儿童的本性,但竭力仿效他们的无思无虑,天真烂漫,随时尽兴,随事消遣。他们那种蓬蓬勃勃的生气,鼓起我将衰未衰的心灵。我极愿如他们那样终日不停的生活法,思想法,想入非非的、大胆、敢作敢为的生活法。不错,诚如歌德所说,唯有小孩与群众,始能做出伟大的事业。我们的万里长城是由群众筑成的。眼看我们这班小孩在一堆沙中,筑成一条条的道路,一处处的山丘与沟渠。他们所建筑的,也是那些具体而微的伟大工程哪!

爱的漩涡

一、情人手抄本[1]

（一）

"娇滴滴玉人儿何处也！""别恨离愁，满肺腑难淘泄。除纸笔代喉舌，我千种相思对谁说？"

一早起来，几日来被阴霾的春气所埋没的太阳已在放射出满天的光芒。春已到来了，暖融融的春光随风在迷醉人：越秀山的梧桐抽出幼芽，枝头的小鸟叫；白云飘扬，天空晴亮，最动人是入夜的月亮与星光，撩起了爱人的情怀！

我的爱人在何方？在遥远的天涯。在南京与我的距离有数千里远！但我俩心心相印好似在眼前！

她快来了！就要在数日内来了。我俩几月间在通讯中无限的情绪，不久地就要在实践中一端一端地来实现了！还其间是初相逢的见面礼，当然是互相亲吻与拥抱。我俩已约好在下午时，她胸前缀上一蕊大红花，我手中执起一束美丽的鲜花，我俩就在这种标志上互相认识。

我俩已经认识好久了。她给我几个小照片，都表现她的"杏脸桃

---

[1] 本文记述了张竞生与人生最后的恋人汪翠微的交往过程，汪的基本情况可参阅张超的《漩涡内外自浮沉》一文。

腮"，满面笑容。我最爱是在她那一个小相上，在桃花下所照的，俊庞儿娇是脸，苗条儿是身材，分不出她是人儿是花葩。她穿的是杜鹃花的印花，满身上表示花容月貌，满脸儿是娇羞的花貌。

她现在是"徐娘半老"了，但不减当年的风韵。正是在这样成熟的年华，比少女别有一种价值。

1957年3月4日，在饮一杯橙花酒后

（二）

人生姻缘，似有前定。我俩是素未谋面的。偶然间一位在北京的友人[1]为我们介绍。这位友人与我情同兄弟，而有丰富的学问与见识的。他与我的爱人是通家，而极佩仰她的。

她呢？据这位友人在信中说，是南京有名数的美人。她极聪敏而又侠义。她是"私生女"，而被一位慈爱的妇人，在她出生后仅数十日即将她收养如自己亲生一样。在廿岁时，她嫁给一位大商人，但不几年，这位商人又买妾氏，她遂与彼离婚了。离婚后，她为了生活与供养二位养父母所迫，曾在一年间的短期内，为舞女的生涯。因她的娇媚与艺术，引起社会人士的重视，遂成为那时舞场中的"红人"，对她竞逐者多人，有大商、富贾，以至达官、巨绅，都愿拜倒在她的"石榴裙下"！可是她不愿富贵，不羡骄奢，只望得一位学问家知心人，为终身的伴侣。那时有一位少年游宦，偶然路经金陵，闻她名声，特到跳舞场中与她认识。这位少年风流豪爽，学识丰富，因旧式婚姻娶到一位不合心的发妻，每对风月而悲伤，回顾前途而搔首。常望得一适意的伴侣，以补情爱的损失。自认识她

---

[1] 指张次溪。

后，自喜佳人难得，遂而与她同居了一年有余。不幸，政局变迁，他被迫离职，经济感觉困难。况且家中老婆子未易容纳这位爱姬，于是忍痛割爱，只身北上；这位可怜的女人又被抛弃了。可是她具有坚强的意志，且受近代社会的教育，自誓今后自力谋生，不愿为寄生虫。况经屡次被对方所离弃，对一切男子就起了"反感"，不愿再受他们所摧残了。所以她到上海为一大家庭的保姆，日夜抚育小儿辈，将薪资所得寄回南京为养父母二老之用。每在灯下，顾影自怜，嗟叹今生已矣，薄命女愿尽余生为社会服务，不再为男子所戏弄了。

在这样孤苦奋斗的长期中，她抱定一个信心，一个宗旨，在好好为社会养育小孩们得到身体的健康与精神上的修养。她每夜只睡上极少的时间，常常在午夜鸡声初唱，即起来喂小孩们吃牛奶。她在日间和小孩玩耍，教他们一切应有的常识与合理的规矩。她是一位优良的教师、慈爱的母亲，她是社会一位温柔和气的女子，一位极力在情感上、道德上、智慧上帮助人的母性。以她这样的高尚人格、忘我的劳动、济助人的牺牲精神，自然得到小孩们的家长所表扬，与社会人士的敬爱。她到此领略到人类的爱是为整个人类，才是伟大的、浑厚的、广度的。伴侣间的爱情是自私的、狭义的，比那整个人类的爱，未免相形见绌了。她于是不愿再与男子结合了。她视男子都是自私的、假情假义的、毫不值得恋爱的。她从此有一种反感，对任何男子都不愿接近，都视他们为怪物，为肮脏，为无情感的机器、为女子们的敌人、凶徒、摧残人！她于是回想先前被人离弃的经过，是她极好的教训，教训她重新做人，重新做起了一位新女界的人物，重新得到人生情爱的伟大意义不是在一个人身上，而是在整个人类上。她于是觉悟了，从而更解脱了，解脱了男子的束缚，而得到自由身，自由的情爱，自由的精神。因为她的爱是对整个人类的，男子也是人类，所以她对先前那二个离弃她的男子，反而不觉得怎样痛恨，反而原谅他们为不好教育与恶劣环境所造成。

故她在痛恨男子中，尚存有一些原谅的好意。所谓"恩与仇"，到此都一律同样看待，一视同仁了。她于是大彻大悟、大解大脱起来了。我们这位可怜的女子，到此成为一位大觉悟的菩萨，一位救苦救难的观世音！

可是她虽然愿为社会服务，愿为整个人类的情爱而牺牲，但社会是无情的，生活是鞭挞的锁械。年年日日，"为他人作嫁衣裳"。人孰无情？况且她是多情的女子。在凄清的灯下，不免常想起一生飘零，谁人怜惜？随风柳絮，谁人拾取？因此，不免常自堕泪，湿透衣裳。每见枝头小鸟，比翼双飞，池上鸳鸯，交颈同睡。她常怀疑这个广大的博爱人类主义，究竟有何着落？未免对景生情，有秋水伊人之想。她常想到如得一位真情热爱的对方为终生的伴侣，在两人的情爱生活中再扩大为整个人类的爱，岂不是在私爱中又有博爱；岂不更加有意义与着落么？她于是自知先前的过度怨恨男子，未免是一时的错误。一切男子，不是全无真情感的。天地间尚有一些男子，真情挚爱愿为情死。他们也有的纵对女子假情假义，也尚为她们而死的。她又对自己的女界起了反感了。女子固然比男子重情爱，但多少女子是为势利为虚荣而假装爱她的对方呢？她于是对男子，对女子，都同样厌恶，同样原谅，同样宽恕他们的错失了。

我们这位可怜的女子到此深深陷入于矛盾了。爱既不能，怨又不是，宽恕他们又觉得多余。那么，她自己只好检点自己，只好努力自己，不管他人是是非非，只好自己如随风飘舞的柳絮不愿堕入污泥，只好自己振作与白云相追随，与飞鸿相唱和。希望有一日堕落在高高的山峰、洁白的雪层中，同归于尽。她想到此，泪也不流了，只保存她天然的笑容；冷眼看，看那些热爱的伴侣，双双对对；看那些悲鸿孤雁在满天哀鸣！

1957年3月9日，在一支又一支香烟的吸吞中

（三）

西欧人的婚姻论进化家主张在未婚前先有"试婚制"，即是先行同居多少时间，少则几月，多或几年，男女双方在这个试婚期，得到彼此性情、人格、文化程度的深度认识后，如果确是志同道合，然后才举行正式的结婚。如不可能，就如普通友人的分散。当然，在这个试验婚制中，最好是完全不产育，便免致为子女所负累，在西欧妇女常识上，她们对于避孕的方法是极有把握的。

在我现在的情状下，我又提出一个"通讯试婚制"了。若说西欧的试婚制是有肉欲一方面加入的；那么，我这个"通讯试婚制"，是纯粹的主灵方面作用了。

现就我与汪女士的结合事实来做例证吧。我俩经过我友的"月下老人"介绍后，他介绍我许多好处，说我是一位杰出的哲学家、文学家；说我的人格怎样清高；说我在思想上怎样奋斗与革命的精神（指我所主张的性学与美学）；说我几年来的独居生活，"父兼母职"，为五个小孩做饭菜洗衣服，管理一切家务的勤苦；说我是情感派，可恨一生不能得到一位知心的伴侣。这些是"月下老人"、媒公媒婆的撮合话题，其中自有许多夸大处，但这些夸张话，不免掀动了我的对方人许多倾慕的情怀了！

这位"月下老人"对我一方面，又盛称汪女士，怎样好心灵，怎样奋斗，怎样侠义，怎样热情，与她的花容月貌。他甚且说过是南京女界特出的奇葩，是千古难逢的佳人。他又打动我内心的是她经历许多世故，到今日半世飘零，落花无主，劝我且做"东风主"，一意扶持与培养她成为一个文学家；最少能够帮助我管顾小孩，主持家务，助进我的文化工作。这些话又掀动我"古井"许多风波。

我俩在这样挑动中就通讯起来了。这位"媒公"，且把我俩的近日相片互相交换。在她虽则"徐娘半老"（她近四十岁了），但表示极壮健青年。在我呢？我已过六十年纪了，但我的根基着实，又是极端信奉"自然派卫生方法"者，故我自视尚是壮年人。亲友也证明我尚后生，活泼有生气的。我眼明，耳灵，食得下，极劳苦的工作与极深的心思都做得出。我俩在相片中与介绍信中，彼此对于身体方面也都有信心，都有把握后半生的康健与工作的保证。当然，女子通常比男子较为谨慎与顾虑的——尤其是对婚姻一问题上。在她头一次接到我的"自我介绍"信，对我所提出的情爱与同居二个问题，她答说早在十六年前已经知道我的思想与为人了。可是，虽然由介绍人怎样说，所谓情爱当须经过若干时日的彼此接触后始能发生与决定能否情投意合。至于同居问题，她表示许多顾虑。

她所说的极合理，但问题的解决是极困难的。或者回复到"试婚制"先行同居，然后去考验彼此的性格。但这是一个极危险的"尝试"。因为同居后，彼此性情不合而始行分开，难免生出许多的悲哀。况且同居后，如生有子女，事情更难于安排！

我于是生出一个通讯试婚的方法来解决。我就复信说：经过那位"月下老人"的详细介绍，我俩的身世与性格，彼此极为明了。那么，我俩在千里相隔的路程中，怎样能够互相接触而决定性格的相合？我于是向她提出一个彼此要"先有信心"。就是在未见面之前我俩先有信心，承认是一个可靠的伴侣，把二人所有的心情整个地尽量在通讯中表达出来；由这样通讯中（当然是极诚实的坦白，丝毫不假话），我俩也可从其间认出彼此的真性情，进而决定今后是否能结合成为真实的伴侣。她在这点上完全同意。我俩就极热烈地通起讯来——每日彼此都写了一封长信，无所不谈，毫无顾忌，一任对方提出一切问题，互相讨论，互相批评。这样在信文中，一如彼此在同居中，在对面交谈中，尽量发表意见与倾诉一切心中所有的情怀。

在三个多月的彼此近百封信中，我们彼此已经极深度地与极广度地了解对方的情绪与要求了。

我今就来摘要的介绍此中一些重要的问题吧。

1957年3月10日，在早晨阴雾的天空下

（四）

在两个素未谋面的人——尤其是我国的女子一方面，怎样能够破除羞恨与顾虑的心情而尽量诚实地倾诉呢？可是官样文章地通讯，又不能得到彼此的真情，这又不值得通讯的了。终于由我，由我这个在欧洲情场有经验的人先行挑动。我在起始几封信中，就不客气地认对方为曾经相识，好似先前的"情侣"一样，我是至诚的、真情的向她说话。我也要求看我如情侣一样的假设。由这样的基础，我们就假设是一对情侣、一对夫妻在暂时离开远地时，彼此通信的情状了。我俩就毫不顾忌地彼此倾诉心中所有的情绪了。

这其中，第一问题是彼此所拥有的情感到什么程度，即是说，我与她是毫无情感或只有少少的情感或极丰富的情感？在几封信后，她认识我是情感极热烈的人。她说我的情感好似"暴风雷"一样来得太快太急骤了。她说以我这样的热烈情感，真是打到她的心坎动摇，灵魂飘荡。她强调说以我这样的热情，无论哪个女子都受感动，都能对我亲爱的。她又反问我，怎么我这样多情人，而终生不能得到一位女子恋爱呢？

在我一方面，我也认识她是多情的女子，可惜她也一生不能得到一位多情的对方。她也是我国女子一样的情感——缓和的如"毛毛雨"的，并不是如西欧女子那样用情的剧烈。总之，我俩是有情感的，而且是多情的。可是用情的步骤与表情的方法彼此不同，彼此不免有一个距离：她是"毛毛雨"的，而我是"暴风雷"的。这其间究

竟能相调和吗？能相接近与合一吗？"爱能调和一切的"，在十几封信后我俩彼此谅解了。她所怕的是"暴风骤雨不终朝"，来得猛而消失得也快。我就对她表示我这个暴风雷的热情是会耐久的，但有时也会温柔地变成为毛毛雨了。在她呢？经过许多信的温情后，也对我激起热情如暴风雷一样对我热恋了。我俩到此对于情感一问题上已算调和为一，不致参差了。

人们常说我国女子的情感好似一个暗藏的火炉，中间是热烈到几百度，但外面好似死灰一样无一点温气。这个中国式的情怀确是如此。但我个人对此不能满足。我习惯于西欧女子的表情法——内外是同样的表情法。她对你如果真爱，在外面也就同样毫无顾忌地、热烈地表示出来。我在巴黎街上，常见女子对她的爱人亲吻到如醉似癫。我在跳舞场中，看到女子对她的情人表示出她身心的醉迷癫狂。在他们的家中，朝朝夜夜，总是亲吻不离口，情意缠绵到不能离开。这样用情与表情法是合理的，是我所乐意的；因为有情感不能好好地表现出来，究之，与无情感有什么分别？又由善于表情，也可增加美化，提高原有的情感呢！

说到我对女子的用情并不完全失败。我在欧洲十余年间，对方女子是极爱我的。我的失败，只是在中国的情场中，不幸遇到一位重势利而轻情爱的女子。至于末后我所结发的死妻[1]，她对我也有些情爱的——她生来无热烈的情感，即对她所生的孩子也是极薄情的。况且她也不会表情。但我对她永久留存下爱感；对她的死，使我更终生留下情感的悲哀。她为"大时代"而死的。可是也因她无深厚对我与她的小孩们的爱情，以致不能忍耐抵抗而终为大时代所牺牲了（她写的《绝命妇日记》，我总望有一日为之发表）。

在长久通讯中，在极端坦白与真情中的倾诉，我与汪女士的情感是否相孚一问题上，已经彻底解决了。在末了，我俩直以"爱妻"与

---

[1] 指黄冠南，张竞生第三任妻子，1952年在饶平被迫自杀。

"情夫"相称呼了。我俩虽未见面,但彼此已极有信心!我俩是一对好夫妻、好情侣了。我俩彼此宣誓,愿今后,无论如何,总要实现我俩终生的情爱,到死不愿离开,"百年偕老",我我卿卿,一刻不能相离;同甘同苦,永远地,永久地,两个人并合成一体;两个心合成为一个心,向文化上,向社会服务上,携手共进!

到此,还有一个"性格"的问题,需要彼此谅解与解决的。一个稍聪敏的人,都有"个性"。我俩——尤其是我的个性甚强。可是个性有好坏二方面:坚毅奋斗,向上努力,这是好的;执拗不悟,不接受批评与修正错误,这是坏的。我俩的介绍人开始就向我说:她先前是极"任性"的。但她已经历许多世故,遭受许多困难,希望她今后反省,所谓"浪子回头,千金不换"。这是我俩的介绍人所深切对于她所希望的。在通信中,我也向她提出这个缺点。她也承认她先前任性的错误,誓愿今后好好改过。这已经使我满足了。我的"个性"上当然也有许多缺点,如遇一事太凭主观,遇一事物太快判断,执行一事太过执拗等等。在这次通信中,我因针对她的"任性"的过去偏差,大胆地提出她对我要"绝对服从",这个不免吓她一跳。她复信说,她素性是有自己的意志与主张,她的志愿力极坚强,凡事认为对的,她就彻底去实行,不管任何困难。她素来是极自由的,不愿受任何拘束。甚且说向来不受人干涉鄙视,以损害她的人格,摧残她的尊严。在这样合情合理的正义下,我所谓"绝对服从"这个要求,真是太过专制、自私与无理胡闹了!在我提出这个要求时,我由后来检点起来,觉得是我先前受那些女子的欺骗,所以生出这个过度的戒心与反动。实则是自己的错误,太过苛求对方的。我于是修正这个"绝对"为"相对",而且彼此"互相服从"。但我总要求在合理之下,彼此是要"绝对"服从的。一件事,如以真理为根据,不能由两方提出异议,只有"绝对"地去服从。到此,不是服从彼此个人的意见,而是服从那真理;不是为个人的利益,而是服从彼此的利益,换句话说,是服从大众的利益的。就我们二人共同的利益上,我举出许多例子给她看，说明这个绝对的服从，不是服从我个人，而是服从我们两人，也即是服从真理。经过许多反复解释之后，她也同意了。她说："在我俩中说，你是比我老于经验，熟悉世故人情，比较富于学识，长于处理事务，所以我决定今后一式事情都要先和你商量，得到你的同意后，才去实行……"到此，我俩对于性格的一问题上，也算解决了（可是我尚在怀疑中，这个问题须待到同居后许久去考验。我先前对我那位死妻，在初始订交中，也要求她与我需要彼此服从于真理。她当时也满口答应的，但结婚后就极少去履行了。说句苛刻话，她如真正听我话，"服从"我的要求，她虽在困难的环境中，也终于能够去克服，不致为大时代所牺牲了）。

现再来说到经济一问题吧。西欧人说："爱情就是面包。"即是说无金钱就无爱情。当然这只对普通人说的。自然有许多人重爱情不重钱。她也知我所得待遇费虽稍高，但为五个小孩读书及一家人生活费，有时尚须济助一些亲戚朋友，以致常常是两手空空。她比我更穷，先前所得的微薄工资，除寄给家中二老之外，连一件漂亮的衣服也不能买上。可是她对我表示愿食贫，愿同甘苦，愿极端节约，不愿负债。她常说爱情不在经济。那些骄奢的大腹贾、贵公子，愈拥有充裕的经济愈不能有浓厚的爱情。她本人前此也已经过这个教训了，所以她对我的穷困，愈坚定她对我的情爱，鼓励我勿以经济为顾虑。她常说得好，一对真正的伴侣，万万不是在求物质上的享受，而是在彼此精神上的安慰、情感上的交孚、工作上的互助与上进的奋斗。这些不是纸上空谈，在这次的旅费筹措上，她给我一个事实的证明。在近来她决定来与我同居了，但她需要多少给她的二位养父母安家费与最节约来此的旅费。从南京来此与一些治装费和安家费合共需要百数十元。可是我手中空空，不能一时筹集，只好向一些知心友人摊借，但多方筹集终不能达到必需的数额。她一方面只好等待，也曾设法向她的穷家哥借了些少，仍然不足，她又想变卖一些私己的物件，而又不能卖出。因此，她只好久久等待旅费有着落时始能起程。在我俩信上的焦急情绪中，她永未对我的寄款微薄一层上，说出些丝毫的不满，只劝我勿焦急缓缓去筹集。在此种情形下，她决不是为金钱而爱我的。因为我实在穷乏。但她尚且向我表示她来后当按所收入的极端去节约。总之，由她来治家，比我更有步骤更有计划去掌握家庭的经济了。

她爱我尚有别一桩事来证明。在个把月前，我因筹她的旅费曾向一位香港商人（平素对我极好的友人）借一笔款，但等待不来时，我就向她写一信，是为经济困乏的刺激而写出的。我大意是说我俩同居的时间再行延续一年半载后才来实行。为的是，在这期内我可得到出版社订约译出外国书一笔稿费，到此时经济上当比较眼前为充裕些。附带是我俩通讯中虽然有稍久的时间，但尚嫌太短。如再延长一年半载，比较上两人彼此的认识更加深入。最后是：同居不免发生肉体的接触，而在通讯中，我俩更可调情，更加领略到精神上的满足，纯粹心灵一方面的满足吧。横竖我俩已经彼此挨受若干年的孤单生活了，再多一年半载，似乎也挨得过。我发此信时，仍然保存我对她深切的爱情。可是她接此信时，误会我对她的爱情变动了！使她几乎心碎肠断，眼泪不干，饮食不进。幸而在第二日，她又接到别一信解释我一时的提议，内心上我终究在爱她。她才起始安心，不致如对那信上的悲哀到几乎发生神经病来呢！性交只是一种本能的冲动，本是极无意义的。但这个本能的力量真大，任何人都不能抵抗的。可是到了一些具有特别的意志与思想的人类，他们可能去抵抗，例如宗教界的男女与有些哲学家如柏拉图、康德诸人。他们把性欲的力量升华为精神上、思想上的作用了。

实则一对好伴侣的快乐，最要是在彼此调情上的满足。调情这个作用，我近来才发现它的重要性。我在西欧时，因为男女的性交太易了，所以我极少在未深刻认识对方之前有充分调情的机会。在这遭与我的情侣，在通讯的长时期间，我才得到这个调情的滋味了。调情就是由肉感而升华为灵感的"边缘"，又是帮助情感的发展。在我俩的每封信中，彼此都充满了这个调情法，此中最重要是在彼此可望不可即的情况下，倾诉个人向往与相思的情调。相思是有二种不同的：男女交合后的分离，遂而起了一种"离别的相思"；但在男女希望后来定能聚合时之前的相思，是"希望的相思"，它比"离别的相思"不是忧愁而是愉快，不是悲哀而是欢喜，不是失望而是希望。这样的相思是值得长久相思的。所以，我在那封信上，要求她再延缓一年半载然后同居，虽则为家庭经济上打算，但最重要是我想在通讯调情中得到这个"希望的相思"更多、更好、更有趣味、更加情感与灵感呢。

虽则是在这个短短时期的通讯中，我已得到一些"希望的相思"的滋味了。多少日子，我除提起笔为她写情信之外，别事都不萦怀，即最需要的译述工作，我也都搁置了。我的相思不止在她的一身上，我的相思扩大到白云：见白云飘扬，我就想到它是飞到我情侣的身旁；闻到鸟声，我似乎是听到情侣的音韵；日光、月亮、星辰，乃至风风雨雨，一切大自然的景象，我都幻化为我的情侣的象征。宇宙的一切凝结在她一身上，她的一身分散为万物，这样的"希望的相思"情怀，你说不是应该长久长久地去相思么？愈多愈好地去相思么？

在未同居前的情侣，通常彼此的相待是极尽客气，互相尊敬与原谅的，而且彼此各自检点努力向上，以求对方的喜悦。可惜一经结婚后夫妻彼此的相待就随随便便起来了。他们彼此以为"米已成饭"，不怕为他人夺去了。而且同居之后日久厌生，彼此看到对方都极平常，毫无特别可以引起新兴趣。至于在情人时期，男女彼此于每一次相会时，无论在服装上、修饰上，以至言谈举动上都想出一种新花样以求取悦于对方。所以"情人制"比"婚姻制"，无论在美趣上、表情上与对事业的奋斗上，都是较为优越的。说到我与她在通讯上，当然是彼此以"情侣"相对待。在这时期当然得到情人上的兴趣。可是在我俩同居后，我仍然希望我俩是情侣，不是如普通的夫妻。即是虽然为夫妻，但"情人化"了。情人化的夫妻才有生趣，不会如普通的夫妻那样把情趣硬化了，消失了。

我们在《浮生六记》中看到作者的"闺房记乐"与"闲情记趣"

二章，所以特别感到兴趣，为的就是沈三白与陈芸娘在夫妻生活中，仍然保存情人式的风韵。我极望在与我情侣同居成为夫妻后，竭力仿效沈陈相对待的行为，而又想加入些"西欧化"的礼貌。例如，彼此求对方做一事，必说一声"请你"，事做后，必说"谢谢"。早上必彼此道"早安"，要去眠时，必说一声"晚安"。普通夫妻的相待大毛病就是在"太简慢"，以为彼此是"熟人"，不必讲什么礼貌规矩。由这样"简慢"的习惯，遂而生出如"路人"一样的无情。我想我俩今后遇到一人外出或回家时，要向对方亲热地行一"接吻礼"。衷情表现的礼貌，即以帮助情感的发展与提高精神上的作用。可惜我国的家庭里，夫妻、父母与子女、兄弟姊妹的相待，都极少讲礼貌，连最简单的礼貌也不讲究——即如"请"字、"谢"字、"早安"与"晚安"等口语也不说起了。我是极端反对这样"太简慢"的风气哪。

末后，说到年龄一问题，我是六十多岁人了。虽则是身体强健，精神盛旺，好似四五十岁的状态。但我也自知老，我年来对伴侣的年龄希望她是五六十岁的。五六十岁的老妇人再出嫁吗？在西欧社会是极平常的，可是在我国就成为凤毛麟角了。当友人介绍她时，我不免嫌她稍年少，她是三十七岁的。虽她不嫌我老，尚且表示极端爱我这样老年纪。因为她先前已被少年人离弃了，以为老年人用情专一，不会中途离异可以到"百年偕老"。况且看我照片，大为叹赏这个奕奕有生气而且貌似诚实的人物。所以在给介绍人和我的信上，表示愿真情爱我。当她接我那封要求她延续一年半载才来同居的信时，她以为我情爱中变，她在灯下宣誓。她把这誓词寄给我如下文："现在我在灯下诚心诚意地向你宣誓：我爱你始终如一，决无中变，决无私心，决无一脚踏二桥，决无思念他人。我誓永久地，终生地在你身旁，决不离开。如爱你不是真心，叫我不得好死，死时分尸碎骨，五雷轰顶！"我读此后，真是惭愧万分，是我一时的思想给她误会。我于是又觉得她是真情爱我的。所以我俩此后只有商量从速同居以求得彼此肉灵上的安慰与愉快。到此，年纪一问题也算解决了。

可是尚有家务一问题也须预先商及以免后来的误会。她未生过子女，而我竟有五个幼稚小孩。那位介绍的友人在信中勉励她为"贤妻良母"。她在许多信中衷诚表示极端爱惜我的儿子，当作亲生的对待。这使我极满意。我固然愿得到一位好伴侣。可是假如这伴侣对我儿子不好，我愿永久孤独，不愿为自己快乐，而使我儿受到后母的痛苦。照她的素来行为看，我是极端放心她确能做到"良母"的，我尚望在经济可能内，佣用一女工帮理家务。但她来信说她愿做一切家务，不想用女工。这更使我感激。但我总愿用女工，使我的爱人能够有多时间向文化学习呵。

文化，文化，一切人都需要的。况且她虽有聪敏的天资，但少年失学，长大又受社会事务所纠缠以致她的天资不能尽量发展，那位介绍的友人常时嘱咐我好好地把她培养成一位文学家（可能时教她一种外国文以能够译书为度），我抱此希望，在她也极愿实现这个希望的。

暂此结束我对我俩在通讯上所得的感想与希望。在几日内，她就来与我同居了。我将于同居后再来写出一切的事情吧。

又一切都算极顺利适意，但因"物神"的作祟，使我俩不能密些时相合。终于由两人向各方筹集必需的旅费了；而在她往车站购票时，所带钱又被扒手偷去，遂使她又去再筹集，而延缓一些起程的日子。可是，无论外界怎样阻碍，我俩永久所抱的结合志愿终于达到。我俩远地许久的相思苦况已一去不复返了；她定在明早到达广州了。

1957 年 3 月 13 日，在春雨缠绵中

二、美的住居和风景的创造

人生最重要的生活，除衣、食、娱乐与工作之外，住居算是极重要的条件之一了。住居是我们休息时、会谈时与睡眠时的必要所在。可惜我们住的地方太不讲究了。在城市的洋楼也算是好的建筑了，但如鸽子窝式的生活，使人飞不出如鸽子离开窝外到天空去翱翔遨游；我们实在还不如鸽子的逍遥自在呢！乡下人的住所，虽则有好环境，但建筑上又太简陋，太粗糙，不合卫生与艺术。

美的住居，是住在大自然中与大自然合成一气。这怎样可能呢？这个可能是第一要去寻觅风景，第二，而最重要的是要去创造好风景。不错，最重要的是要去创造好风景哪！现在的大洋楼是适合于工商界而不适合于人的住居；因为在这样大建筑中，缺乏空气与日光，而且群居一块，人事纷纭，声音嘈杂。固然有些小洋楼是一家独住的，例如我前住在伦敦离市中心较远的地区，那些小洋楼的后面有一片稍大的空地，可以种花卉菜蔬，养鸡狗飞禽，于其中建一台，可以饮食鉴赏，这也算是城居中有些乡村风味了。我们人类初始是"人猿类"。也如猿猴一样以树上的杈丫为巢穴，这些巢穴，便是天然的居处，这是极自然快乐的生活法。到后来，因为大地气候变冷了，这班类人猿不得不移居到地面。所谓"穴居野处"。到现在我们西北有些地方的人民尚是住在山洞内的。这是极自然的住居，也是最朴素愉快而适合于卫生的住居法。

城市要乡村化，这是极端需要的。如上所说那些伦敦的小洋楼一样。最好是北京城内那些旧式的住屋。普通是"四朝向式",中间有一大片空地,把东西南北的房间隔开起来,使各房间得到充足的日光与空气。在此片空地中可以种植各样树木,在北京最多是枣树,故在高处望北京的住屋,恍似在疏散的丛林中一样。我在北京时住在什刹海的旁边一间屋,于其中间的空地,移植一株大树木,周围遍种上各种随四季不同的美丽花卉,在东西南北的房檐下密植了翠竹。我就这样享受了数年间的城居乡间化的生活。

故以住居说,城市必要乡村化。而乡村中只要在交通上、娱乐上、知识上组织成为城市化,但住居不但不要城市化,而最重要的是使它成为"大自然化",那是使屋宇与大自然的环境拍合成为一气。

这其中最易使人人做得到的是"竹篱茅舍"的住居法。这个住居法是极朴素与少费用,人人可以做得到的。或许是茅舍,或许是木板所建成的木屋,这个在日本乡下是极多见到的。这样木屋夏天凉爽而冬天温暖。我在德国莱比锡,尚且见到这些大木屋,高至数层楼,是极具有古风与美术性的。但这个木层尚算花费。我在以前曾游历台湾。这个地方的乡下人所住居的是用竹编成大算片糊上黏土便成为墙,在屋顶就盖上草茅,居然成为一极简朴的住居。计一厅二房与外边小厨房,共费不过二三百元。这是极可效法的住居式的。

我在故园建筑二间小屋,各有一层楼,比较是近代化了。墙是土块的,屋顶盖上瓦,但每屋也不过花了数百元。我所最留恋的,不是这些小屋宇,而是在屋的周围创造了各种的风景。我在窗边种上桂花、牵牛花,藤叶满爬上窗缘,花卉点缀在窗边。在门前有泡桐花,有瓜棚豆架,把这个屋宇遍处遮满了花卉、瓜果、豆粒与那些绿叶、稚枝、藤蔓。每当朝曦初上,娇嫩的日光穿过了这些花葩绿叶,射入了满屋的光辉;明月当头,这个月影在屋内晃耀,在床上徘徊,伴我们睡眠。夜莺在树上啼叫,满地上是虫声,在小声中的蚯蚓与蛇音中,加入了一种地虎如大鼓一样在张调音节,如在音乐会中的大乐一样好听。这是天籁地籁,人间哪得模仿得到?人间哪得几回闻到?这是大自然的夜景，人间——尤其是在城市的，哪曾见到？

我有意创造成我故园的大自然好风景。我在一边满种上蕉林，多至数百株的蕉林，大叶随风而飘舞，花开时那样妩媚，结果后又那样香甜，我们是食不完的，只好出卖。在乡下那时每一排蕉只卖几毛钱，可有二三十斤重。在园又一边种上高矗云天的大竹树，风来做骚骚声，那种稚嫩的竹笋，当作面条食，真是便宜到不值钱。在竹林与蕉林那样遮塞天空的荫影下，我们徘徊散步于其间，好似深入山中，做了无忧无虑的羲皇上人。我们又有许多橘树，许多荔树，又养上了蜂群。

我又开一小沟引水入一水池种上莲花，有一小亭建在莲池的一小阜上，在此看书与接客。若论那些日光月影，风霜雨露，当然是大自然所给予的。至于这些蕉林、竹丛、莲池与瓜棚豆架，及那百余只肥鸡及一只极可爱极美丽温柔的小狗，都是我个人所创造的。园的周遭有一清澈地［见］底与细沙如毡的小溪，远远地有许多高山峻岭。有出名茶的凤凰岭，有明末皇帝经过的待诏山，有高至天空蜿蜒如蛇一样的坪溪岭，有瀑布奔泻的山坑，有野花遍地的山峦。

这就是美的住居，有那大自然的风光与人力创造的环境，在这园中的两间小屋，不是单独的、离开的，而是与大自然的山光水色与人力的树木花卉合成一气，分不出是屋，是天，是树林，是花卉，屋被大自然吞入去了。人居其中如浸入于大自然的怀抱中，这就是我的故园，我的"绿窝"，这个名字是友人为它洗礼命名的。这个绿窝是一片绿色的环境，那两间小屋也绿化了，我们居其中也绿化了。绿窝，绿窝啊！怎样使我不永久留恋你呢！？

我穷，我不能盖起高楼大厦，但我也鄙视这些高楼大厦。我许久住在巴黎、伦敦与柏林那些高楼中，我今日也住在二层楼中，但我鄙视那些高楼大厦而愈使我留恋了我的绿窝。但假设我是大富翁，我当然使我的绿窝更加披上美丽的绿衣绣袍。我是学习过一点花园艺术的，假如我能为力，我当然使我绿窝如我理想的花园式一样去创造。假如我能为城市公共的花园设计，我当使这个公园不是如今日所见的那样丑怪、无艺术性而有市侩气。我国旧时的名园是可骄傲的,是使人留恋羡慕的。日本人学上了我们的花园法,也有许多出色的名园。我手中就有一本法文写的日本各处名园的图景与解说。大概是美的花园,不是如今日市侩式的公园那样平直枯燥与其中的建筑物那样突出与丑怪。美的花园是要曲径通幽,假如是小山,也使委婉得看之不尽,如入山阴道中,盘旋屈折在山穷水尽处,疑无路中又有路。要有小山阜,有水流,如天然缺乏时,也要由人力去创造假山挖开水源。所有园中建筑物,要与园景拍合成一气,使人在观览中,觉不出突出的建筑物,只觉得建筑物也与园景是统一的。我国旧时在深山中的名刹僧房便是深藏在丛林中,在山岳内、在流水旁边,恍似寺院与环境一样的静穆。每当半夜中闻到它的钟声,或晨昏中的鼓音,便似听到一种天籁从天上飞来,又从地下散布。所以我喜欢游历山中的名刹,喜欢在其中饮食、休息与过一些夜眠,觉得别有一种境界、一种心情、一种出世间的生活法,与我们俗人所过的住居不一样。先前西湖诸名胜,便是以幽静见胜。可惜现在有些山头,建筑了一些突露的小屋宇,不免破坏这个环境的统一风景了。

我今说美的住居,是与大自然合一,故最美的是并无住居,而是露宿在大自然中。读者请听吧,我就要把露宿的乐处和美处来说一说。

这是我与情妇[1]在哈尔滨过暑假那一年的夏天。我们在参加公园游会后,天气虽然很热,但微风在树上颤动,白云与红霞在空中飞翔,我们不想辜负这样夏天好夜景,就到松花江边去游泳。江边的野草丝丝如女子头发那样柔软,许多小鸟在枝头吱吱喳喳地叫,满地昆虫声,声声在催人入眠。我们游泳倦了,只躺在草上假眠,不觉沉沉入睡。醒时已是午夜。我们相约不再回寓了,满愿在此睡到天明。在一轮红光射入眼帘时,我们才蒙眬醒来,但闻流水潺潺,鸟儿尚在枝头吱吱喳喳,远处那些牧马号叫,江岸那些野花争红斗绿,香味由微

---

〔1〕 指褚松雪,见前注释。

风吹到，袭人如醉似痴。这就是野宿的美满情况。可惜夜夜不能如此去领略，而只好困守在俄罗斯式的旅馆！（哈尔滨，在我那时游历时，分为三区：一中国城，一国际城，一俄罗斯城，我们是住在这城的俄罗斯旅馆的。）

你们瞧，美的住居是这样的露天住宿，万不是那些城市中的高楼大厦。我恨不能终身做这样的流浪。但我在欧洲时，因为治安好，环境好，我也常时在高山、在海边享受露宿的乐趣。而此中最使我不能忘记是那几个月在法国自然派的根据地——日出岛，过了也似露宿的情景。我是与法国情妇同住在自然派所供给的一个帆寮，其中有二帆布床，此外别无一物。这个帆寮乃是放在林中间，周围并无他寮掺入。又是在一斜坡上，坡之上头有一破坏的堡塞，据说是拿破仑时代所建筑的。我们二人就在这样帆寮中度过春宵。这样帆寮遮不住日光月影，隔不开鸟声虫音。在月夜隐约中，我们似乎听见那位神经英雄拿破仑在呵叱，又似乎闻到那些驻防的兵士叫出他们惨苦无聊的哀鸣。我们在这样的简单的帆寮中，只有薄薄的帆布，隔不开我们与大自然一气的呼吸。远远地海潮在呼啸，近近地群狗在吠号，我们不是睡在帆寮，而是睡在大自然的怀抱中。你们做学生的有些享受了此假期露营的生活，当然了解我们这样如露宿过夜——过了许多夜的快乐生活吧。

最特出的，我们是照自然派的规矩，全身赤裸，只在性具上盖了一块小小的三角布，这是与全裸体无异的。我觉得在这数月中的这样裸体式的生活——尤其是入夜时，全身所感受的大自然的夜景，觉得我不是我，而是与大自然合成一体了。而我俩的"交合"也不单单是二人的事，而是与大自然交合了。我们《易经》所说"天地交媾，万物化生"，我俩便是与天地交媾了！

总之，也如穿衣服的美丽处，当其如无穿衣服一样；住居的美丽快乐处，就是如无住屋一样。这样帆寮在露天、在高山、在海边，便是如无住屋一样，如住在大自然的环境一样。这是值得去享居的。在此顺说及哲人泰戈尔在印度设立露天大学校，也是此景此意吧。

三、美的饮食

衣、食、住、行、性欲与娱乐，是人生的六大要素。若能把它们都搞成有乐趣，有艺术性，有精神上的修养，那么，人类就离了畜牲道而成为高尚的人物了。

我先来说怎样得到美的饮食法？

"食是快乐的"，有一位巴黎的太太常常向我说这句话。可是，这句话有二种解说：一是食为饥饿的。人当饥饿时，当然要食，而且愈饿时，食得愈快乐。在我国先前饥荒的地方，穷人食了树叶与"观音土"也觉得极满足，但他们的快乐是"饥不择食"，为自然所需要罢了。至于巴黎太太所说的"食是快乐的"，乃是别一种说法，是在食中求得厨房术的烹调与饮食时的美术及精神上的满足。

说到厨房术，我国是世界第一的。在西欧诸国当以法国为最著名。所以各国的大客店、大食店与大邮船，都要请到法国厨房师为指挥，稍著名的食单都写出法文为标榜。实则法国菜固然是西菜中的翘楚，但比我国的，真是小巫比大巫。就如以鸡蛋来说，他们只能做出三四样，如半熟、荷包、全粒熟及蛋花；在我国则做成近百种的花样与味道。他们的烹调法，只有煎、炒、煮、炖与炆，在我国则有二十样的不同。至于一件主菜的切法与调味法，在他们是极简单的，而在我国则极为复杂，在美丽的花样中而又可得适口的种种滋味，故"食在法国"万万比不上"食在中国"了。

通常以为富人有鱼肉，才是好食料，其实鱼与肉并不比蔬菜、薯类与水果为有好口味与滋养料。一样番薯，如烹调得法，常常比鸡鸭肉为香甜。先前，北京的鸡因为养料不好，它的肉味极淡薄，而且北京工友烹调不佳，以致鸡肉比不上英国的番薯那样可口。所以，无钱的人更需要讲究烹调法，使极平常的薯类与蔬菜变成为美味。

数十年来，由于食的科学的发现，知道鱼肉对于身体的益处万万比不上蔬菜与水果。因为蔬菜、水果具有各种维生素、纤维质、脂肪糖质，而且在肠腹内不致生出各种的毒素。

说到"维生素"这个问题，在饮食界上起了一个划时代的大革命。先前人们以为食料最需要的为鱼与肉，因为它们是富于脂肪质，乃是最富滋养料，非食它们是不足养生的。可是自维生素发现后，人们知道鱼与肉中极少有维生素，而蔬菜与水果则含有最多的。维生素到今日已发现了好几种。人们如在食料中缺少哪一种，就会患了坏血病、脚气病，或则脱落头发，或则眼力不好，或在儿童时就不会长大，在壮年时就不会产育；甚且成了各种神经病。你看这些维生素关系我们精神上及肉体上怎样的重要哩！

即以脂肪质、蛋白质及碳水养分说，鱼与肉并不见得比豆类为多。豆类如黄豆、乌豆等等的蛋白质比鱼肉更富有而复杂，而且含有各种维生素。可惜现在市上所卖的米与面，都是机器白，蛋白质是有的，而维生素已全失了。假如人只食这些白米面，便患上了各种疾病，幸而人们尚兼食了蔬菜、豆类与水果，所以补充上维生素，以致这些白米与白面，虽则多食，尚不至于犯上各种毛病（乡下人的舂米不太白，面中也含有麦麸，不但有维生素，而且有香味与含纤维质，是养生中极好的食品。可惜我们在城市居住的人，得不到好食品了）。

鱼与肉不但缺乏维生素，而且含有各种的毒质，多食而消化不好的人更加中毒。根据西欧医界权威者的统计，他们多食鱼与肉而至于中毒为最大的原因。因为无论怎样好消化的肠胃，最多只能把食物消化到百分之九十余，通常的只能消化到百分之七八十。那么，所剩余的不消化物品可占百分之十至廿余。它们残积在肠胃内，假如是鱼肉类的渣滓，在肠内就好似在厕所一样在发臭与生毒，以致血液中毒生出各种疾病了。

因此，鱼与肉类在食品中，既不是供给最好的滋养料（缺乏维生素），而且多生毒质，又价钱昂贵。一斤猪牛肉的价钱可以买上十几斤的蔬菜。近来广州市上限制鱼与肉的购买，每人每日只能买得极少的分量，这是极好的办法。我们并不需要这些肉类，乡下人每年食鱼的极少，但他们极壮健无疾病。

说及食素的好处真多呢！不但在经济上、在卫生上、在美趣上，而且在精神上都比鱼肉为上乘。

试一入市场，举眼看到那些猪头，两只眼睛，那些骨头，那些猪脚牛蹄，那些肠肚，血水淋漓的猪牛肉与那些鱼类，真是触目惊心。一只极美丽的鸡鸭，一经宰杀后，四体分解，变成一件极丑恶的死尸。实在的，这些都是死尸，怎么人们能够对这些死尸入口呢？或有一日，人们都食素了。若把现在的死尸们绘出画图，给后来子孙食素者一看，就要对他们的祖宗这样惨无人道而又极野蛮的食法不免惊骇起来了。

但一转身去看那些蔬菜水果的市场吧。若与鱼肉市场一比较，就有天堂与地狱之别了。在鱼肉场所见的是地狱的惨状酷相，在菜场上所见得是天堂的美丽景象。一株株的菜花如花卉一样的馨香，一撮撮的芫荽香味迷人。古人所谓"含英咀华"，在蔬菜中我们所食的是它的青瓣、花芽与英华。这不是"死尸"，而是植物中的精华。

蔬菜有浓馥的气味与清甜。自来为世所称道的"菜根香"。鱼与肉本来是腥膻的臭味，全靠烹调去变易，但无论怎样去调味，若把鱼肉缓缓地咀嚼起来，便觉有一股原有的腥气，至于蔬菜也可用种种的烹调与和味法，如红烧、青炒与熟炖，使人咀嚼得愈久愈觉得清香。

总之，蔬菜在食品上是美术的、经济的与卫生的。它们富有纤维质，能够帮助肠脏的运动，使大便得到顺利。它们富有维生素使多食的人免有疾病，而且可得精神上的壮旺。

照近代生物学理说法，凡食一物就不免与它们同化成一气。例如，食了猪肉，便使身体上变成一部分的"猪性"，食了牛肉变成"牛性"。这个可以解释多食肉类的人总比素食的性情为凶暴。若说我们中国人喜食猪肉的，多变成猪性那样懒惰肮脏；那么，他们西欧人多食牛肉的，便变成牛精那样好斗与野蛮了。佛教徒不食肉而食素，所以多是温和的性格。可是，我们主张素食的，不是如佛教徒的迷信，而是从科学立场的。

素食固然是好的，但"果食"更为优胜。在现时我国的蔬菜都用大小便做肥料，我们对于蔬菜不能生食，只好熟煮，以免病菌的传染。至于各种水果，把它们洗净后，无论生食与熟煮都可避免病菌的上身。自来以为水果是一种可有可无的食品，这是极错误的看法。实则水果无论在维生素上、在滋养料上、在味道上，都是极好的食物。例如以香蕉说，在我们华南的地方，它们的价钱极便宜。可是就其滋养料说，它们与牛肉有同样的品质。每日只要食上六个香蕉，包管身体与精神就够满足所需要了。水果是可加工做成各种各式的花样与味道的，无钱的人只好生食就够了。假如有些经济的人就可把它们加工制造起来。我在故园时，自己种上许多香蕉，一食不完，有时就把它们切成条子糊上面粉，放在豆油锅中熬熟成为极悦目的金黄色，不但可口而且具有丰富的滋养料。香蕉又可制成为罐头与香蕉粉，及香蕉干条，便于保存与携带到那些缺乏这件水果的地方。

若从所有的水果种类计算起来可有百数十种。若把它们加工起来如制成粉、浆及各种成品，可以得到数百种式样与味道。这些都是贵重的物品，富有维生素与滋养料，而且价钱比鱼肉都便宜。所以西欧人除有些素食外，尚有些人专门"果食"。我昔在故园时也想到有一日专门食水果，不食他物了。可惜此志到今日尚未达到，总望有一日能达到吧。

说到食品，尚有一门最重要的是糖食，这真可惜，为什么我们在这个出糖的地方，而竟不知道多食糖的习惯。彼西欧人是极多食糖的，每人每年平均食到百零磅之多。他们在社会上的活动性，对此当有极大的关系，糖类是最多碳水养分，是极富滋养料的，而且食小量的物品便可生出极大的热能。在生物类中如蚁、蜜蜂都是食糖，而它们也是最聪明的动物，最好组织的社会。人类如能多食糖，当可逐渐变成聪明与灵动。可是机制的白糖是刺激品，不宜多食，最好是赤砂糖与乌糖。此中麦芽糖与蜂蜜尤是最好的食料。

要之，美的饮食是素食、果食与糖食，此中应加入奶、蛋类的食品。蛋类在我国已有许多式样，可说是洋洋大观了。但奶类的食品则极少。一般以为食新鲜净牛奶为有益，实则这个极难消化，不是成年人所宜食的，牛羊奶最好是与别种物掺和，如做成牛奶饼干、布丁及各式点心之类。

美的饮食法，当然可分为二类。就通常说，为长命及健康与精神的安静起见，应以菜食与果食为主，而饮料则以薄茶与矿水为佳。但人生的兴趣不在单调，而在变动，偶然间，"过屠门而大嚼"，对于鱼与肉大食一顿，和以"葡萄美酒夜光杯"，更加以浓烈的咖啡与雪茄。食到大腹便便，饮得醉醺醺然，这样也算大快人意，只要在一月中大食大饮一二次，饮食后，最好是在夜间遨游于郊外，领略大自然的风光，深思精虑，最好是此夜不入睡，睁开眼睛，骋怀于野外或在斗室中，这也算是"变常的乐趣"。夜夜一样醉生梦死太过俗套了。能于每一月中，有一二夜勿睡而在郊外或在市内与友人或爱人携手谈心，领略夜景的风趣，这是值得一做的。

在此，又应说及有时饱食，领受"食的乐趣"。但有时也要饿一顿，领略"饿的乐趣"。每月能饿一顿或一日或二三日勿食，也是养生的一道与兴趣的方法。这个饿法最著名是甘地所实行的，邑人曾圣提[1]是甘地的信奉者，曾到印度。"在甘地先生左右"（这也是他所著

---

[1] 曾圣提（1901—1982），广东饶平人，曾于1925年和1932年两次到印度追随甘地任文职，20世纪40年代写有报告文学《在甘地先生左右》等，1979年再赴印度进行甘地研究，病逝于印度。

书的书名），实行数日间绝食的经验，证明在大饿后得到肉体上的感觉与精神上的透彻。所以美的饮食法——哲人的饮食法是变动的，具有兴趣的饮食法。当大饮大食时，有时过度或不免于死亡，有如世所传的李太白醉死江中；杜甫大食肉后也致病而死去；而希腊大哲学家伊壁鸠鲁也说是在他一次食到数斤多的猪肉而快乐死去的。

但有时则当大饿一顿，在饿时才知道在食时的快乐。而且在饿时，可使肠脏清净活动，精神上也可得到明了解脱，适当的饿法并可使人得到康健与长命。假如甘地不被人枪杀，他定可能活到一百岁。

就我个人说，我当然赞成大饿，但不赞同大饮大食法。

附记：我先前曾撰述《新食经》二本书，自问对于素食与果食的主张，是有科学卫生的根据，与艺术的食法有关系的。

四、美的娱乐法

美的人生观,也是善于娱乐的人,就其广义说:凡起居、饮食、住处、性欲都取了娱乐的态度与享受。一切都娱乐化了;在工作上,在交际上,甚且在决斗上,都看作一种娱乐消遣法。这些人是"至人",可惜人们是未易达到的。

人们最多所能达到的,只有局部的娱乐法,如加入夜总会跳舞,或去看电影戏剧,或加入体育会操之类,但可惜乡间人终年疲倦于工作,连最少的局部娱乐也不可能!

人类在小孩时就有本能的娱乐法——就是各种的玩耍法。考究这些玩耍法,是为他们将来长成时从事工作与战争的预备。所以小孩最喜欢的玩耍是搏沙、糊土、建屋、筑桥,尤喜欢的是彼此比武格斗。偶然间也有做男女交合的事情。记得儿时,我在乡间与群儿游戏,有一日彼此做起"迎新娘",是效法大人的。在迎亲之后,我与一女孩到僻静的地方,彼此脱下裤子,也干起那件事,但这是一种游戏,说不到有"深入"的做法,她仍然是清白身的。对于这种事情,我在前所介绍的《性史》第一集时(我只出这第一集,其余续集及别书都是假借我名的),曾极力提出为教师与家长们应注意禁止儿童这样娱乐法的。

我国也有"儿童节",但儿童们只是集队散步旅行或集会听讲。究竟,这个节不会使儿童们起大兴趣的。我曾在德国遇到儿童节,那日的男小孩都雄赳赳地穿起戎衣,佩上竹木制的刀剑与枪矛,满街中闹出战争对敌的现象。这是德人军国民主义——侵略者的精神,是我们所极端反对的。还是那些女孩们打扮得如花美貌,彼此娇滴滴地在街上玩耍,使人生起了快乐的感觉。

"独乐不如与众共乐",娱乐当然要与人合成一气,所以要讲究社交。先前德国的大学生,有些人加入各种俱乐部到数十个之多。此中最无聊的是烟酒会。彼此斗吸烟到若干点钟与若干条(通常是大型的雪茄),吸到脑昏神迷;饮酒到七癫八疯。又有一种斗剑会,凡大学生以面上留有这样的剑伤痕迹为光荣。这些都是资产社会与军阀所残留的恶劣风气。试问这些娱乐法有什么好处呢?英国著名的牛津与剑桥大学,别有一种战斗性的风气,那是赛足球与竞艇。足球队在这些大学中别有一种精练法,是全国闻名的。每年的足球赛,收入极大,可以补助学校经费的一部分。竞艇也是极好极有兴趣的锻炼法。我曾在这些大学左近的河流中,鉴赏这班学生每于夕阳西下、黄昏到临的时候,那种"击楫中流"的气概。这些把人类野蛮的战斗性移易为赛球、竞艇、跑马的各种和平与有兴趣的竞争法,实在是人类进化的娱乐法吧。

人类的战斗性,若为防御性质与避免敌人的分割起见,本是一种极需要的本能。在科学武器以前,人类的战争是以刀矛弓箭与自己的体力为主要。那时的战争也具有一种艺术性的娱乐法。在春秋战国时,我国人的战争是一种"车马会"。可以说是两国或许多国的"武士比赛会"。到三国时代,我们仍然见到五虎将的威风可爱,张飞的叱咤于长坂桥,关羽的赤兔马与大长刀,使人觉得在野蛮残杀中,仍然有一种理性的也是艺术性(拳技)的娱乐法。到今日的原子武器与侵略者的战争,只有觉得是一种惨无人道的举动,使人们觉得丝毫无意义了。有意义的,只在自卫战与解放战中。在这些卫国战争中,我们曾在一幅苏联名画中见到那班战士在休息时的娱乐状态,表示一种欢乐无限的情怀。

又有一些不是野蛮的、侵略性的战争,而是一些"战争的边缘",

此中如成队的游泳,向汹涌的波涛冲锋陷阵;或成伴到高山奇峰去冒险探测。这些是向大自然的战斗,不是残杀人类与禽兽的战斗,自然得到其中许多有益与兴趣的娱乐法。我个人也曾领略到这些的兴趣。如我一个暑假期在法国海边度过数个月的游泳光阴。那时有一群青年男女,其中有姊妹二人对我特别关怀。每当浪头拍岸、风声与潮声一齐吼叫的时候,我们就在游泳。有时在离岸有数里的遥远海中,一同与水势做英勇的搏斗。有一次是游到两条潮身交流的边界,那些水势格外凶猛,我此时觉得力量不能支持,几乎为潮流所淹没了,幸而这两位姊妹各出力量在我身旁,各执我的一边肩膀,支撑到达岸边,这个假期在海边结伴游泳——尤其是那样冲锋陷阵的游泳,实在留给我终生回忆的快乐,回忆在娱乐时所得的海天一色的兴趣。这样的娱乐实在是美的娱乐法上上乘的一种。

我曾结伴去爬山,有一次,我爬上去又跌下来,把身带的干粮散落于深谷丛林中,几乎无一件存留。同行者见此大笑,笑声直冲破山间。又曾一次到法国意大利边界中去漫游雪山。当然是满山为雪所盖满,深层的可有雪几尺厚。这也是一种稍为冒险的娱乐法。

总之,人类固然有一种本能的战斗性的娱乐法。最好是勿去利用这个力量残杀人类及生物,而去"变质"为竞赛为各种的游戏,如赛球、竞艇或做各种冒险的旅行与测量。尤最美的是在把这些野蛮的战斗本能升华为学术的研究。

除了战斗性的娱乐法之外,在工作中尤其在工作后得到成果时,工作的人们自然集合起来共同庆贺。我们乡下人在过农历年春节的时候,那样欢乐的情绪,推其理由,即是在冬收后,五谷丰登牛羊长大,借此冬假暇逸,大家共同娱乐一番。法国风俗每年在葡萄收成后,群众于夜间集合跳舞。我在这国的一小岛上,那夜看到他们与她们在旷场中的狂舞,我也加入去了。这些跳舞——农人们的表情,当然比城市中那些为财为色的舞伴们,别个有一种天真烂漫的情趣。在法国,葡萄酒是极便宜的,通常在人家宴会,或在饭厅中食饭,葡萄酒是在任人取饮不算价钱的。在这样大饮葡萄酒后，醉醺醺然与那些收获这果实的女人抱起腰来跳舞。这个也可说是"葡萄舞"，象征这些收获果实的人们的娱乐。

在工作中，求娱乐，使工作娱乐化。在农业中，假使农人们文化有相当的水准，本是极易得到工作中的兴趣的。但在工厂中，似乎在单调的机器工作下，使工人们觉得讨厌。但将来在美的社会组织下，定可使工厂变成如戏场、电影院及音乐会一样，使人在车间，如置身于游艺场一样。

人类的娱乐法，除了战斗性及工作中之外，尚有性欲的一方面，这些在后一章中去讲及吧。

我现在所要说的是娱乐固然在社交、在与众人共同生活之下，然后才能得到真正的快乐法。但在个人上，如有修养，也可得到"独乐"的趣味。

先来说一件故事：先前有一位岳丈闻他的女婿每夜间饮许多酒，大不以为然。他使人暗中去看他怎样饮法。原来是他在看历史到张良狙击秦始皇不中时，他大叫起来："可惜不中！"随即大饮一顿。这位岳丈闻此大为赞赏。实则，有些娱乐法是需要个人单独地去领受，然后才能深入到个中滋味的。若与众人共同娱乐就失却许多真意义了。世界上最讲究食法的是施佛肋士。他只要个人独食，又每一口食上一点菜时，就要嘴嚼到六七十次，然后才行吞下。这样每餐虽食极少，但要经过一点多钟时间后才能了事。由他的缓缓食的经验，可以治愈许多胃肠病及头痛、神经痛、关节炎等等，这是一种饮食的个人娱乐法。

我近到华南师范学院，见到一位教授，他是我前时的学生，环绕他的住屋种上许多花木。他指那一株寥寥仅开数花的寒梅，戏请我为它作一篇欣赏的文章。这也是一种"孤高自赏"的娱乐法。

我个人也在窗台间种上几盆花，养了一笼小鸟，几条金鱼。在无聊时，看看它们也算开心乐事。这也是一种娱乐法。在阶前看到几株青草，就觉得此中的生趣无穷。在游行见到一树桃花，就懊悔到世事的纠缠人何以堪了。

凡能领略大自然的风光的人们，到处都可得到许多高尚的娱乐法。我喜欢独自上越秀山，鉴赏那些楼台花木，连那只肥嫩的母狗带上她几只肥白的小狗，也使我留连停步不肯离开。我远视那白云山的白云飘渺，尤其是我喜欢夜间在这山头，看那天上的明月星辰，看那牛郎织女被天河的距离隔开。这些都是我日常不可少的娱乐法呵！

写到此，旧历年关快要到了。我儿时在乡间这个时候，乡下人就大大赌博起来。这些赌法有许多种，如"宝""十二字""纸牌""万六"等等。这些在他们也是极大的娱乐法呵！但他们的目的是在赢钱，这是一种贪财，而且终夜全日去赌博，于健康上也大有妨碍。我们国内现在的赌风已经根绝了，但海外华侨仍然在狂赌。我有一位女亲戚在香港，她说日夜狂打麻将牌，连写信的兴趣也没有了！故最恶劣的娱乐法算是打麻将牌了。那样连日累夜的费神，那样赢钱的贪念，于身体及精神上都受了大大的损害。我先前有一位外甥，少年律师，只因为好打麻将牌，而终于成虚痨以致死去了。先前梁启超先生自有一套打麻将牌的消遣法。他喜在晚食后，与人打四圈，不赌钱而只在玩意儿。这个娱乐法虽则无大劣点，但总不是好方法。他何不晚食后出去散散步，岂不比在屋内打牌为好呢？

外国人通常也喜打"扑克"的，但他们的法律不许赌钱，因此，他们的打牌时间也极短暂。不是如我国人的打麻将牌，有的延长至二三日夜之久！我最乐意是在看西妇独自个人把扑克牌当作一种"卜签"，翻来覆去，于牌色中，卜它是否能如她所希望的事情实现。例如她希望今日和她的情人是否晤面？这也是我们乡下人到三元宫去抽"神签"，希望能够达到他们的愿望一样。所谓灯下看灯花的爆发，晨上听雀子的声音，定出它是否报喜讯或恶音。这些也算是无聊赖中的一种娱乐法吧。

总之，美的娱乐法是要身体与精神上同时能得到康健与痛快。这样娱乐在正经的社交跳舞时可以几成得到。因为在迷醉的良好音乐伴奏之下，既可得到音乐的领受，又在步伐中得到窈窕灵动的体育。在法国，跳舞风气甚浓厚与普遍，人人都能跳舞，时时都得到跳舞的机会。我以为法国女人那样娇矫温柔的行步法，当与跳舞的习惯有些互相关系吧。至于个人的娱乐法，最好的是向大自然去领略与向学术中去寻求。尤其是我们这班无伴侣的人，更加要自己去向大自然讨取娱乐的方法。例如在春花、秋月、夏雨、冬风，在各种良辰美景之中，只要你勿悲观，而抱乐观，自可得到种种的娱乐。娱乐便是生命，便是帮助生活的发展与工作的效率。美国人在食饭后，彼此各说出多少笑话、谐谈，这也是一种消遣娱乐法，可以帮助消化与提起精神。总之，最恶劣的娱乐法莫过于打麻将牌，还不如于无聊时，彼此去说些笑话吧。

五、美的行动

　　古人有说："流水不腐，户枢不蠹。"水不流动就变臭了；户枢因为每日在开动，所以不致为虫所蠹。人的身体是一副机器，机器放下太久不开动就要锈坏。所以人们除了衣食住之外，尚须要有行动，然后才能康健长命、活泼与有生的兴趣。

　　人类行动比禽兽的为复杂。它们单单为求食而活动的，但有些飞禽如乌鸦与一些走兽如猫狗之类，它们在饱食之后，也做出许多娱乐的活动。至于人类的行动是多种的，我们有举动、活动、运动、劳动及情动种种的行动。

　　今先来说一说"举动"吧。法国人在说话表情时喜欢耸起肩膀，在别的外国人看来，认为是一种丑怪，可是我极喜欢此项的"肩动"。俄国人先前是极力仿效法人的：耸肩的表示也极流行。我们读到屠格涅夫的《猎人笔记》中有许多这样的表情。有些人——尤其是先前我国女人强行束奶的，因为胸部不能好好呼吸，自然上给予她们肩部呼吸法为补救。我有一种习惯，当天冷坐立时，常常用肩部运动，以抵抗寒气，这不是轻轻地耸起肩头，而是用大力把上胸，连肩膀与颈部一同联合运动起来。我在"南大"学习时，在小组讨论中，常常做起这种状态，而使许多同学极为奇异。实则这是一种在静坐中最好的运动法呢。

　　在举动一项上，应说及有些人是喜欢在谈论时手舞足蹈的。在说话时，用手做种种姿势，帮助表达所要说的事情，这也是极具有艺术性的。最美的是于手足的姿势之外，尚能做到"眉飞色舞"，眼神活动得闪起光芒，这是何种动人兴趣的表情法。西施的"颦"（蹙眉），当然是出于天然吧，但也可学习。至于东施的效法所以失败，因为她是丑妇。但不能因其是丑妇，而抹煞她们的蹙眉的美趣。所以"东施效颦"，仍然是可取的。

我的意思是说人的美在活动，纵在静止时，尚要活动——有美趣的活动法，例如常时表现了笑容。笑是人类特有的表现法——猫与狗也有笑容，但极简单到分不出它是在笑或在哭，至于类人猿的笑容已经进步一些了，但到人类就笑得极复杂。有阴险的笑，有谄媚的笑，有美人笑得娇柔可爱，有哄堂大笑的豪放，有英雄笑与小人笑。我不久前曾在邮政局里偶尔见到一位中年的妇人，为她的笑容，留存我许久的回忆。她并不美丽，但那副笑容是我近来在任何地方所极少见到的。笑是可学的。我们当然要学慷慨豪爽的英雄笑和娇柔秀丽的美人笑。现在苏联及我国许多杂志上极多登载那些笑容——尤其是在劳动快乐与丰收时那些愉快的表情。从劳动生活而学习笑的，是根本的办法；但无事人，时不时也可对镜表现各种的笑法，当然不是演员的各种矫揉造作，而是一种天然的笑法吧。

人类自直立后，所以比别种动物为进化，理由是我们有一双灵动的手能够做出种种的生活机能；又有一双易于移动的脚，易于到各地方去寻求食物。由手的活动，生出各种手工，进步而制造各种机器。由脚的活动，生出寻求良好的生活地方，得到各种良好的生活环境，进而为游历的方法得到地理天文的学识。又，脚比手有一种艺术，就是于高兴或忧愁时能够用脚做出种种的舞蹈法——跳舞术。而手当然比脚更重要的，能够写字与绘画。总之由手与脚联合的活动，人类的脑力更加发展了而成为今日的文明社会。自来学者只知是"双手万能"，但我要使人注意的是双脚也有许多大作用。

说及脚的活动，对于身的作用比手的更为重要。脚是能走动的，而手只能在身中发挥其作用如做各种盘旋屈曲的姿势，可是脚能够把身体带到各地方去。这其中的大作用便是游历。在今日的游历当可利用舟车，但最具有美趣的尚是单用双脚的旅行。因为寻幽探胜，常须到高山丛林峻岳奇峰的地方，所有舟与车是无能为力的。至于"步行"的趣味真多呢：因为一身之外无所系累，随足所至，凭自己的兴趣去流连徘徊，遇到不如意时，你可掉头而去；得到满足的地方，你可全日驻足，甚至到全夜停留。我前在日本九州过暑假时，见到许多日本大学生背上包裹，在夏日炎炎中，做起整个九州山脉的旅行。这不但是锻炼身体的最好方法，而且由此可以认识各地的人情风俗与山川的飞禽走兽。一条整个的山脉，有长至数十里数百里的，我们有昆仑山、长白山，在南方的有大庾岭，假如你肯去旅行，背上预备了几日十几日的干粮，饮的有山泉，又要不怕恶兽的袭击，你如可能，应带一支手枪，最少也可备些纸炮吓吓它们。这样旅行，个人是极难的，最好是结队成伴。假如你能这样游历，包管可以得到书本上许多未有的学问。昔在卢梭时代，他在自己的教育小说《爱弥儿》那本书上，就极提倡于学校教育结束后，当再去各地各国旅行一二年后始能给予文凭。这个主张是极对的。卢梭的革命文学与思想，轰动欧洲，至今日尚有权威，也因他在少年时，经过许多时间流浪于瑞士、意大利、法国的各地方所得的人情风俗的结果。

　　双脚除旅行的大作用之外，又有每日的散步与跳舞乐趣。每日，凡讲究卫生的，除工农之人外，如教育界、自由职业与职员及商界，每日要散步一二点钟，尤要用"急步"的散步法，使肠肚能够活动，呼吸较多紧张，然后始无病痛。即在街上溜达溜达，也要振起精神，表现出活泼灵敏的行步法。我最感乐趣的是在看到巴黎少女的行步姿态。她们在短促的步伐中，表现出矫捷轻快的姿势，使人感到"行一步，可人怜，解舞腰肢娇又软，千般袅娜，万般旖旎，似垂柳晚风前"的情景。我常说这是一种"国步"，而非别国女子所能学步的（实则也可学习到的）。总之西欧人无论男女在散步时——纵然在行街时，总是表现出男子方面那样雄起起的姿势，而女子那样娇滴滴的状态，恍不如我国人那样迟迟萎靡不振、拦塞街道那样使人生起厌恶。不错，在我国行街散步时，我常时感得极厌恶，不是眼见到那样蹒跚如猪，那样的阻碍行途，便碰到那些直冲猛撞的莽夫，有时被他们碰到肩头与胸前作痛。所以我愿在少人行的街道上走动而尽可能地避免到那些热闹的地方去徜徉。

　　除了上说的举动与活动二种行动之外，人类又发明了各种运动的锻炼身体的方法。运动的最终目的是"健美"，但其作用是在提起个人的勇气与抵拒环境及各种疾病。在寒风凛冽的时候，我极喜欢在越秀山散步中做出我自己所发明的"簸箕舞"，即是两脚向左右方用力拨动而且逐步向前进行。这样做了十次廿余次，便觉满身热气喷腾，外间寒风不觉可怕而且可爱了。独居室内冷气袭人——尤其是构思挥毫、手冻头昏时，只要你能起来做些柔软体操，顿时便觉身暖脑爽。各种运动中，最好是游泳，它是"全能的运动"，即是从头到脚、由外及内的全身同时活动。香港前时出一"美人鱼"。她不但得到"健美"，而且得到窈窕的身材、轻盈的姿态。诸位看到蒙古的牧人吗？那些少年男女在马上驰骋于广大的草原上，那样矫捷的身材，当然不是我们做起那些普通的柔软体操所能得到的。可惜我们不能有这样驰骋的机会，但在做柔软体操时总要做出各种灵活的姿势，如我前说的簸箕舞态，或如我国的各种打拳法，使身体更加灵动起来。所以运动不但得到"健美"，而且可以得到"柔美"——温柔矫捷的美。

　　在各种瑞士式的柔软体操之外，我国人又发明了各种的"国技"。而此中最普及是太极拳，这是在用"内力"表现出外功。历来又有一种静坐法，是在运用身中血脉的流通与神经系的灵敏，这个静坐法发展为今日一些医院实用的一种"气功疗治法"，医治许多药品不能治好的疾病。总之，这些太极拳、静坐法与气功法的运动，当然比那些跳高、赛跑、赛马、游泳、举重、掷铁饼等等的外力运动，起了一种内力的作用，都是值得提倡与实行的。我个人的意见，应该从内力与外力的运动二方面集合同时举行起来，较可得到运动的效果。

可是这些内动与外动，都是为运动而运动，这是一种兴趣，一种有目的的运动，但总不如从"劳动"中的运动为较有生趣与有实用。所谓劳动就是从工、农的工作中同时自然得到劳动的实用与运动中的效果。一个有工作能力的人，应当从工农中寻求一种工作。不但为个人的生活，而且为社会的繁荣，同时为个人的兴趣与健康。我在故园时，常常执起锄头掘地下一株果树、一丛花卉、几撮青草，便觉有无穷的兴趣。当寒冷的冬季，更使我起劲来掘地，借此得到身暖与抵抗寒气。我极骄夸地有如罗马皇帝奥古斯丁于每晚检点日中有无做出一件好事，我也每晚检点我在地上每日间能种上一枝香草便算是满足。农人的快乐是不能以笔墨形容的——除了"农奴"，只要有一些文化水平，在农业中可以得到各种不会单调的工作与各种新奇的兴趣。春夏秋冬各季的农作物不一样，锄、掘、种植、剪枝、修理与采取的工作时时在变换。朝曦与夕阳依随，日出而作，日入而息的安慰鉴赏。我在故园时，临时所采取的菜蔬，与在枝头初摘下的果实，食得比市上所买的格外香甜。又有最出乎意外的，常在暮春时候，在一片大荒地上发现许多的野生香菇，采满筐篮。到今日，我蜷居小房为蠹鱼生活，而终想有一日再到乡间，从事农业，自食其力，以享受大自然的幸福——享受大自然的幸福呵！只有农人，只有从事农业的人，才能够亲近大自然，才能与大自然合成一体呵！

说及工业的劳动，那些车间的工作未免单调。但若你能学得机器的知识与爱好它们，机器也是极可爱的伴侣。你看它们那样无日无夜地不倦工作，那样火焰熊熊的洪炉，那样呻吟或喜悦的叫声，假如你当作一个有生机、可亲爱的伴侣去看待、去同情、去鉴赏它们，即时你就觉得它们是极可爱的。

我们若不能入车间去工作时，自己也可寻一些手工做。卢梭晚年不写文章了，就学习做带子。他说："但无事做也使人讨厌，我于是想了一个消遣的方法，即是学习做带子。好似妇人一样，或则靠在门外，或则往候邻右，手此不辍，以免说不应说的空话……为要增高我的带子价值起见，仅将它为女儿辈结婚时的赠礼，而且以其人肯自己亲奶其子女为条件……"甘地无事时就自己用手机纺织起来。这些都是工作的活动，是值得做与提倡的。我们潮州的抽纱[1]手工业，除挑绣一门外，其余的所谓抽、割、补，无论何人都可在业余兼做的。我曾见许多女孩仅七八岁在饲猪时，同时也兼做这些抽纱的工作。故工作上的劳动，是人生最根本最需要的活动。至于被强迫的劳动——现在对于囚徒的"劳动改造"别是一回事。但先前那些被判徒刑的人，终日禁在监狱无事可做，实则太不人道。论及今日的劳动改造，各囚徒就其所能与所长的各做一件工作，不但自己可以生活，并且可以借此消遣时光与免太损害健康，这也是一种极良好的养生方法。我曾遇到囚车在驶往工作区与驶回时，见到那些囚人的精神愉快，身体壮健，未免为他们感动。

现在应来说及人生行动中，最末项而且最为重要的"情动"，即精神活动了。现在的知识分子——尤其是高级知识分子，已被视与工农联盟了。这些分子是"灵魂的工程师"，他们如能"心手并用"，确是工农的贴心人。可惜自来他们只重心思一方面的活动，而鄙视手与脚的工作以致脱离了实践，而多成为空论的理想家。假使他们能心手并用，他们比他人有一种特别的贡献，即是心灵的劳动者，可以在科学与艺术上起大作用。我今就来说到艺术如歌唱之一类吧。歌唱有一部分是从劳动者而来，广州人在挑担时那些工人就发出一种和谐的声音来，这就是歌曲的起源。但有一部分是由情爱而发的，最显著的是客家的山歌。歌曲是口喉与耳朵的活动，舞蹈是脚手的活动，绘画、雕刻、建筑以及一切工程，都不离开手、眼的计划。总之，开发艺术与科学都是一种心灵与五官四肢的合作——当然是

---

[1] 潮州抽纱是传统的潮州刺绣与欧洲抽纱相结合的产物，有着百年的历史。

心灵做主动的。

　　总之，美的行动，约略就如上所说的各项。自来只重视外边的动作而忘却心灵的作用。我们所要提倡的是从心灵的运用使手与脚、耳、目、口、鼻，以及整个身体表现出一种健美、柔美、活泼、灵敏，成为有灵魂的运动家、旅行家、科学家与艺术家。总而言之，不是养成一个行尸走肉，或毫无心思的工作者；我们要的是一种眉飞色舞，明媚而聪慧的运动者。

六、美的性欲

我将在这问题上较详细地来写出三段：（一）肉感，（二）情感，（三）灵感。

这三件本是联合成为一气的。唯其联合一气，才能成为美的性欲。因为只有肉感而无情感与灵感，也不过与禽兽一样，使性欲沦落成为一种本能，虽则是极为重要的本能，到了人类——尤其是有文化高级的人们，就把性欲"升华"了，变质了。他们以肉感为起点，但须经过情感与灵感而后才完成。

在此篇上，我先来说"肉感"一问题。

就肉感说，人类比禽兽为"淫"。因为畜牲类的交媾期是有一定的时候。每一年中，不过占上了几分钟或几点钟的时间罢了。至于人类，从春情发生后一直到死，其间有数十年的光阴，可以说，无时无刻，无日无夜，都可交媾呵！

畜牲类的交媾，只是为繁殖后裔。它们的目的，雄的只在泄精，雌的仅在承受。此外，别无一种所谓情感——更不必说有灵感一回事了。虽则在交媾前，雄的也有些叫出美丽的声音与展开它们美丽的羽毛和强健的姿态，借以引起雌者的兴趣而被它们选择上。可是这些声音，这些姿态是一种自然发泄的简单表示，并非如人们由这样求情的声音，升华成为一种著名的音乐。

"优胜劣败，天演公例。"就达尔文学说，禽兽在交媾期，雄的唱出好听的声音，与表现出强健的姿态，是为战胜情敌，得到雌的交合。因此，唯有善鸣与壮健的雄类，始能上选，由是得到后裔优胜遗传的性质，得以繁育而生存。这个学说，也含有一些的道理，但未免太局部化了。因为雄的那样表示，并非有自己的意志的，这只不过是一种本能——是当精液发达时的一种宣泄于外的表示。这是一种机械式的表演，并没有新的创造。所以它们的后代，也只是保存这样简单的遗传本质。例如雄孔雀的羽毛，永久是同样的美丽；夜莺的善鸣，也终究是同样的声音。它们并无推新出奇的。故在交媾期的表情，说成是一种优胜的竞争，只是说出一部分的道理。此外，最重要的是要向环境与杂交去寻求此中的变种与优胜的一些理由。

说到人类，那就完全不同了。他们不是机械地去表情，而是具有自动性的要求。昔在初民的社会，男女们就知利用月亮。在月光晶莹之下，男女彼此表示求爱的情怀。因此，女子方面在这样月影与情人跳舞之下达到性欲的最高峰，而成为以后遗传性的月经期——即是每届廿八日即是明月最圆满的期限——在我国旧历为十五夜间的期间。故就现在女子的生理说，月经期便是表示性欲的最高期；她们本来就是最需要的交媾时候了。但因后来人类怕"血"的顾忌，反而成为禁止的习惯了。

到此有一重大的问题要解决：在月经期是否可以交媾？这是要从生理与心理二方面去决定的。

从生理上说，假如女子能够有好身体，尤其是能够从事体育的锻炼与自然的卫生法，那么，在月经期女子并不觉得怎样难过——血液也排泄得极少，有的且不见有血痕，当然不觉得是一种病态。有些女子极康健，而无月经。俗所谓行"暗经"，便是这个道理。可是，月经期便是性欲最高峰的表示，也即是最需要于性交。那么，当然男女方面都需要去履行这个自然所需求了。有些女子因为在这个极需要的自然要求之下，自己与对方的男子又因习惯的忌惮，不敢在这期间去下手，每每使女子不能得到自然的满足而变成为"色狂病"了！在性史上遇到这样的例子极多哩。

说及生理方面，也当顾到现实，在一些女人——尤其是那些在城市娇惯而无所事事的，她们不讲究卫生，在平时已经是多病身，到了月经期，当然变成为一种病态，在这样状态之下，行房一事当然是应极端禁绝的。

至于心理方面，自初民起不知月经期排血是什么事，许多民间传说，都认为一种奇怪的事情，有些民族竟以为是鬼怪降临在女子身上，才有这种现象，所以在这个时期禁止女子参加种种的社会工作。可是到今日来，人们已知道月经是什么事了，它乃是在性欲最高期，在卵珠排出期，阴道膜肿破而致出血。我们应当把这个初民"怕血"的心理打消，而从生理方面去对付就对了。

不错，我们应当从心理方面去纠正错误的观念，此中最重要的是女子自己应该认识月经是她最感觉性的兴趣的时期，应把普通所患的"月经愁闷"的心理打破，而改作为"精神活泼"的表现。这点是极端重要的。因为心理上"怕血"的作用，而使许多女子在月经期的心绪极端烦闷忧愁，成为病理上的一种"月经忧郁"的病态。这是人造的病态，不是自然所有的。若女子或对方男子把这个病态扭转过来，而使女子方面在连月经来时如欢迎"贵宾"的来临一样，即是以最兴趣的心情去迎接它们，自然改变先前普通愁闷的心理，而成为一种性欲中最兴趣的象征了。我对这问题上，特别提出这个月经期中，最具有"美的性欲"的一种观念，完全与普通的看法不相同。而我这个主张是有生物学与心理学为根据，完全不是乱行提倡的。

人类比禽兽在性欲方面是较为"淫"的。因为他们在成熟年龄后，无论何时都能性交，不像禽兽有一定春情期限制。但人类在这方面的"肉感的快乐"反不如禽兽的纵情逞欲那种凶猛痛快的享受。兽类中有些雄的生命仅仅为与雌交合后即行死去。雌蜘蛛尚且在交合后把雄的作为食粮呢！这可见它们雄的怎样在性交时，那样拼命射精的快乐方法了。但到了人类，他们是缓缓来的，是照例——有时也可说是"无精打采地去结合的"。我在巴黎住在一个人家，屋主妇对我们说，她的丈夫，除她月经期外，每晚都与她敦伦一次，这样廿余年的夜间都是不辍的，终于她的丈夫在四十八岁就死去了，这样的肉感快乐法是为我们所反对的。因为这样的"例行公事"，不会生出"最大的快乐"，而且妨碍健康。我们所要求的不是普通的"敦伦"，而是在求最大的快乐法，这才是美的性欲法。我在巴黎住在一间大公寓，住家有百数十人，那一日——是在日间的，有一位美国留学生的住客与一位流莺做起那事。女的表示快乐的声浪轰动了全间大洋楼，数层高大的洋楼。我们同居的与公寓主人不免为她所骚乱了，彼此只好相视一笑，一同表示同情于她的极端的快乐法。这可说，她虽与她的伴侣"独乐"，也可说她使我们同一样"共乐"了。这个不顾风俗的禁忌而尽量叫出她或他的快乐大声浪——也可说是"淫浪"吧，也是自然的表示法，原不能对她厚非的。但在我国的公安制度下，或被巡警拿去惩戒了。在我国自然又生出了一种相反的"肃静"举动。一年前我与一对房东的少年夫妇同住，彼此只隔开一薄板，他们的睡床与我的可说是连接一气。但在这二年久的夜间，永久未闻到他们在做那事时的一点声浪。这是死的、无生气的肉感快乐法，也是为我们所反对的。

我以为既然在性交中，所求的是肉感的快乐，那就应尽情地去表示、去享受，此中应由男女对方晓得"闺房术"。这问题在此不能详细说出（有些顾虑吧）。我只来简单地介绍女子方面达到能出"第三种水"，医学叫做巴都林腺，在我国旧书上叫做"淫水"或"阴精"的方法与它的效用。

通常的性交是以男子能够出精为结束，在男方当然是达到目的了，但这样性交法——尤其是在那些"鸡性"的男方时，为时不过数分钟或十几分钟，而在女方正在初始感觉性趣时，便被男方所停止不能继续了。在这样性交下，女子由性的刺激病一变而为普通的刺激病，这是在社会上极多看到的。故正当的性交，当应使女方同样能够排出阴精。这个程度上，女子要在性交半点钟以上的时间，而且须由女子做出"主动"，而不是普通的被动；尤要是在动作上，男方晓得种种助起性趣的方法，如热烈的亲吻，吮奶头与摩擦阴核及身体某一部分，使女方确实大大地激动，自然而然地会出第三种水。她在这时全身震动、活动、激动，而使男方也得到异常的快乐。这样性交，才是"共乐"，不似普通交媾法只是男子一方面的独乐！

就我的意见，女子如能出第三种水，不但免有性的刺激病，而且可有好健康。在这样兴趣热烈之下所受胎的胎儿可有好身体，好聪明。因为第三种水排出时，同时子宫的水液也激动排泄，子宫口张开，比较易于接受精虫，不用使精虫通常在口外徘徊终日，弄到筋疲力尽然后始能入宫与卵珠结合。总之，能出第三种水的女子比较易受孕，而使卵珠活泼生动与能得到充分精力的精虫。我假设自古来那些"私生子"比较聪明，如孔子、耶稣，或许与这个女子性交时的极端兴趣，能够出第三种水有些关系吧（我前有一本《第三种水》，专论此中的状态，在此只能说出一些大略罢了）。

总之，人类在性交时的肉感快乐，要求比禽兽较为进步性、兴趣性与美术性吧。禽兽是一种本能，为交媾而交媾，以达到繁殖种族为目的。至于人类——尤其是有文化的人类，除却本能外，他们在性交中，要求达到肉感最大的快乐，要求在肉感中，尽量发挥情感与灵感的副作用——即是看性交是一种艺术的表演。

就本能说，性交是一种痛苦事，许多禽兽由此而丢却生命。至于人类也由此弄到筋疲力尽、身体不好与短命。今后，我们要讲究是在性交中，不但不会使身体衰弱，而且使由此得到好健康与精神上的愉快。这个需要讲究闺房术——最简单是有节制，各人按住自己不能缺少的次数的要求，勿贪多，不要多而要尽量的享受。不只要一方面，而要男女两方同时的享受。最简单而且易于实行的，当使女方能够出第三种水的原则。

"肉感"的美，在性欲上不过是表示一种本能的要求，它是性欲上最下等的阶段，可是，如无它，又不能产生出情感上的情欲。

从美的肉感，升华为美的情感，这就是本问题所要讨论的。情感这个意义，就广义说，对于一切人——甚且对于一切物，都可使人起了情感的作用。但两个男女，两位情人，有性交的关系后，这个情感，完全与别种情感不相同。斯宾塞分析得极好。他说在两个爱人的情感中，可有如下的几种：先由对方的美貌或其他可爱的地方，引对方的追求，初始时，彼此感觉到有一种"特殊的亲爱"，这个亲爱在同性中也有的，但在异性的交情上，这个亲爱的热度达到最高峰。其次，彼此掀起了一种"叹赏"，互相尊敬或崇拜的情绪，即是对方人觉得彼此有一种特殊的可爱的地方，如服装修饰、举动、表情或心思上有一种与别人不同的所在。又其次，生出了一种"赞许的爱恋"，即是对方人无论做出什么事都是对的，都是可以赞许的。这个赞许的心情可以生出二种的作用：一是受到对方的表扬而得到愉快；一是自己得到对方的表扬生出自己自高的观念，以为自己比别人有些值得可以骄傲的地方，不是社会上其他的人可以企及的。由此，而又产生出与此相似的情怀，即是"自尊"，自己觉得有一种价值，不然的话，怎样能得到对方的欢心？自己觉得有一种权力，一种高等的能力，而能够制伏对方人，使他或她服从自己的希求。这是"自爱自"，也是自私自利的一种表示。此外，在两性交往中，又有一种"占有"的欲望，就是对方人抱有不许别人染指到他们的一切事情中。此外，又生出彼此对方人有一种"极端自由"的举动，通常是个人自由是要受社会上的制度与他人的自由所限制的，这是说，自由是有一定限制的。可是彼此爱人的相待，可以无法无天地做出许多对任何人不敢做出的事情来。最后，在爱人中间，有一种"同情心"，就是彼此认为是一体的、不可分割的同情心。这个同情心，是彼此二人只有一个心情，所谓相怜相爱，卿卿我我，我就是你，你就是我，永久是生同衾死同穴的那种同情心，而不是对待他人那种同情心可以相比。总之，两个爱人的情感是极复杂不是单纯的，从亲爱、叹赏、互相尊敬或崇拜、赞许、自尊、占有、极端自由与高度的同情心，都不是普通人彼此相对待所能生出的情感，而只是爱人——由相悦而性交后的一对爱人所特有的情感……

　　这位大哲学家与心理学家所说的极具有确切的证据。就我个人说，我便是这类人得到一些经验的。例如我在法国海边那一年度暑假时，认识了一位在咖啡店的女工，她仅有十七八岁，容貌极美丽，性情又极柔和的。可是，初始时我对她的追逐尚极慎重。当此时又有一位德国博士也来此地过假期的生活，他年少，风貌也好，对这位女士也在追求中。我因为有对方的竞争，使我对她一变先前的温和态度而为激烈的追求，终于她在这两人中，选择上我。我的高兴真是不可以言喻。我想以我那时是一个衰弱国的学生，而竟能战胜一位富强的德国博士，我的"自尊心"也可说是自高自傲的心情，充分表现出来，遂与这位女士同到别一处海边去同居，又回到巴黎同居有二年之久。可是她的文化极低下，连普通法文书信尚写得许多错误，其他一切的知识，当然茫无一知。这使我对她不但不能生起"叹赏"与"赞许"的心情，而且对她有遗传刺激病一项上起了一种厌恶。所以当第一次世界战争巴黎将被德军占领时，学校停课，我就独自往伦敦避难，而她回家乡，彼此以后不再见了！我所以引出斯宾塞的论据与我自己的证例，为的在提出两位情人——尤其是相当文化水准的，他们的结合，除了肉体的享受外，最重要是一些"情人的情感"，这个情感不是普通人的情感，而是一种极复杂的、从肉体升华的情感，这个情感的交孚，随了各人对他的情人的要求程度高下为标准。在文化最下级的人们，或如高等动物一样，它们在求爱时，也表示出一些最简单、有时又最激烈的情怀，有的尚且酿出竞争的血债与许多变杰行为。可是一度性交满足后，它们就彼此分开不相认识了，到了人类因为社会与经济的生活关系，人们在性交后尚保存了一些情感，男女仍然继续维系下去。他们彼此服从于社会的一种制度，一种风俗，例如初民——原始的公社时，人们有一种婚姻制度，到了氏族、奴隶、封建、资本主义的各种社会时，又有各种的婚姻制度。例如我们先前所经过是一种封建时代的婚姻制，即由父母主婚，一经成为夫妇后，便当彼此相守不能变易,在男人们可以娶妾,至于女子们则如奴隶一样,所谓"嫁鸡随鸡,嫁狗随狗",虽遇大死,尚当终生守节!在这样制度下,尚说有什么两性的情感呢?

固然,在这样封建制的婚姻下,夫妇们尚有些情感——有些"亲爱"上一项的情感。尤其是女人们明知不能"再事一夫",只有死心塌地跟随她的丈夫。她们是有一种被强迫的服从情感,变成为独一无二的热烈眷恋。可是男子一方面就不同了,他们对这样的强迫式的情爱,尚觉得不满足。他们虽已享受对方人的亲爱、尊敬一些情感了,但他们要求其他的如叹赏、赞许、崇拜、自尊、极端自由与最高度的同情心,所以他们就去寻求"外遇"或娶妾了。

可是在这样封建制的婚姻后,人们的物质又再进步了,文化也比前更加提高了。男女情人两方所要求的情感更高更复杂了。在资本主义社会的婚姻,虽则仍然是婚姻制度,可是他们的情感更加扩大了,他们实在不满足这样夫妻制的拘束了。故他们一方面结婚,一方面又寻求情人。我在巴黎时所听到的,可以说没有一对夫妻能够严格地相爱一气,而不另外去求得一位或多位的情人的。这不是单为肉感所要求的。若说肉感的享受,他们夫妻彼此间那样雄起起的身体,已够彼此满足了。他们所以在夫妻之外,仍然去寻求情人,为的是在寻求两性间充分极度的情感的满足吧。

在昔时,法国有一种风俗,尤其是在贵族们,他们的婚姻,也如我国先时的"门户相对的"。男女结婚只是为了家庭的关系而结合的。可是成为夫妻后,男女各方都可自由去寻求情人,而成为一种"秘密公开"的风俗。最著名是那些贵族妇人所办的"沙龙制",即是由女主人聚集社会上一班有才能的男子,有一定的集会期,彼此讨论各种学术与情感的问题。由这班女子所主持的"沙龙"风气,使社会上变成为一种新社会的进步。例如十八世纪在巴黎的"百科全书派",如狄德罗、卢梭、伏尔泰等,这些先进分子大都由"沙龙"培养出来,而为法国十八世纪大革命的先锋。在这样沙龙制之下,女主人们当然在选择她所理想的情人——只有情人,因为她在名义上已有了丈夫。可是她们唯一目的是在寻求情人情感的满足呵!

我也不否认有些婚姻制下的夫妻也能够终生满足他们两性上的情感。这个,因为男女对方都有平等的文化程度与情感的修养。可是这个是最难得到的。因为各人的生活不同,个性各异,而且夫妻在这数十年长期生活之下,社会是多方变迁的,人们不能死守一格,不能不随社会生活的变动而变动。况且两性间的情感是极复杂的。从亲爱到叹赏、互相尊敬与崇拜,到了自尊、极端自由与高度的同情心,这一切是极难由个人全行拥有与发表出的。况且社会生活在变迁,在进化,这些情感也随它变迁,随它进化。所以在固定的婚姻制下,断断不能适应对方全部上的要求,尤其是有高度文化的人们的要求,由此,遂不免发生一种秘密公开的情人制了。

情人制所以比婚姻的夫妻制优越,就是它能适应这个两性情感的复杂与进化的要求。一对情人或许彼此只有一种情感而缺乏其他种,但他们又可向别个情人去满足。因为情人制是不固定与限定那对情人终久去结合的。他们可以变迁,可以去再求更满足的对方,这是婚姻制所不允许的。因为情人制具有这样的适应性、进化性与能够随时满足最大范围的两性情感的要求,所以不管社会制度如何限制,自古以来——自初民社会到封建、资本主义的社会,情人制终久在秘密中,在有高度的文化人类中间去进行。

情人制又有情感升华的一种优越性。大家都阅到《西厢记》与《红楼梦》吧。张生与崔莺莺在未得到性交时,那种热烈的表情;既得到对方后,又那样情感交孚的满足,及为强迫而不能不离别时,又是那番悲愤忧闷的心情;试问一对平常的夫妇能够表现出这样情人心怀的万分之一么?宝玉与黛玉是一对情人,未能得到性的满足的情人,但彼此互相倾慕、赞赏与高度的同情心,比对宝玉与宝钗在婚姻制下的夫妇,彼此不过例行公事那样普通的情感,当然有万分高下的不同吧。

我以为由本能的性欲，升华为两性上复杂的情感与纯净的灵感，只有由情人制去寻求始能得到的。我将于下篇介绍两性交接上所升华的"灵感"，一个更加高深的情感与理性合一的题目。

可是在这两性的情感中，不能不追求肉感的本原。肉感的快乐，就初义说是排泄出"毒素"，精液（包括男女的）内有一种毒质，尤其是在春情期遇到对方的挑动，这个毒质更加刺激起来，势非把它排出不能安宁。故在动物与那些普通人类的男女，两性结合并不是为爱情，而是为泄出他们的毒素精液呵！在排出毒质时，当然得到一种安逸的感觉。但别一方面，精虫与卵珠各具有彼此不同的阴阳电，是要彼此互相吸引与结合的。由这样消极地在排除毒素，而积极地在互相吸引，遂而生出两性的追求。即在人类，就这化学与物理学说，无非是受了一种盲目的、底意识[1]的掀动，个人不过是精虫与卵珠所摆弄的"傀儡"吧！我曾经在上海张继先生住家中食饭；在席上，他笑指他的小孩对我说：这不过是一种"毒素的结果"罢了。但就电气上说，精虫与卵球所具的阴阳电已经不是物质，而是物质的一种"升华"了。到了稍具文化水准的人类，一方面虽受性细胞的"傀儡"，但别一方面，又是受了五官感触的作用，如眼见到对方的色彩，耳听到对方的娇音，鼻嗅到一些好气味，肉体尤其是脚手触到对方的温柔，这些或一件或多件联合起来的感官，而成为一种综合性以引起性欲的冲动与满足。要而论之，两性的结合，一方面是五官感觉到一切愉快的综合；而一方面，它是独立的器官，可说是人身上的"第六种"感觉，它自己有一种感觉——由是而生出"第六种的情感"。

普通人所得到性欲的满足，仅仅是触觉的一项。而在能讲究闺房术的人说来，在触觉之外，尚有眼、耳、口、鼻的色声、香味等等的享受。再进到文化更高阶段的男女，在性欲中又享受了第六种的情感。这个第六种的情感，固然以肉感为基础，但这个肉感，不是眼对

---

[1] 弗洛伊德心理分析学的重要术语，现普遍使用"潜意识"的说法。

于色，耳对于声与口鼻对于味的肉感，而是由性官所感触所表示的一种特殊的肉感。我们在社会上常常遇到或听到一对男女如能得到这种特殊的肉感满足时，纵然对方怎样丑态与无赖，他们都是极合得来的。假如这个特殊的肉感不满足时，对方彼此纵然女的有美貌，男的有才能，就难免于彼此不和睦而分手了。唐明皇的热恋杨贵妃，以致"后宫佳丽三千人，三千宠爱在一身"，为的是他们有一种第六种的肉感或情感在其中起了重要的作用吧。可是怎样能生出这种特殊的肉感呢？最重要是男女双方晓得"闺房术"，这是一件极重要的两性技术，对于产生与发展这个第六种的肉感与情感极占了重要与基础的地位，可惜我不能在此详细说出了。

七、美的服装和裸体

　　人类穿衣服的因由是第一为御寒，第二为体统，第三才是为美丽。御寒是第一要着。到今日在非洲的土人因为天热，还是不穿衣服而全身赤裸裸的。我曾见到在这地方的火车站中，那些土人的裸体与那些白人的西装大衣互相见面之下：谁是文明谁是野蛮呢？有一位法国旅行家说到他在太平洋的一些岛屿上，见到那些土人因为仿效他们白种人，即西装起来了，因为气候炎热，土人穿起西装的束缚，以致肺部透不出应有的呼吸，遂使全部土人几乎犯上肺病而将近于绝灭种族！

　　说及"体统"的问题，那些统治阶级都要穿上了一件特殊的服装表示他们的地位，以便制服各级的人民。现在外国尚有各种绅士的"礼服"。最复杂的是军队的各级服装，自兵士到所谓总司令，各种装束好不辉煌动人耳目。

　　人类有爱美的天性。到了社会稍稍文明，物质已有相当的充足，人们就开始讲究美的生活了，而此中，衣着便是最好表示出美丽的外貌。我国丝料的发明，确是人类对于美装的一种特别功劳。丝的温柔色彩，实在是美术与卫生上的上上乘。我们若到丝织品的店子里去参观一下，没有人不对它们生起极大的兴趣的。因为天然丝的工夫太贵了，社会上又制造一种假丝来。假丝虽然比天然丝为次货，但价钱便宜也是值得穿的。我记得廿年前曾与妻过香港，那时日本假丝真是充满市场。全做好的女子内衣，一元港币可以买到七八件，开创一种又便宜、又美装的世界市场的新纪录。在苏杭的地方，真丝尚不算怎样贵，普通人都穿得起的。而社会上也以多穿丝料为表示他们男女的身价。所以这些地方有句俗语："只怕路上跌一跤，不怕屋中火起烧。"这是说，他们出门时全把所有美丝料的衣服穿上了。若在路上跌倒，就是全家财产的大损失，至于屋内除却出门的身上穿着外所存的都毫无价值。除丝料之外英国人又发明了羊毛料。他们先前的富强全靠这一宗货品。在英国本地先前尚盛行一种"圈地制"，即把所有好土地，全变为牧草场，专门为养羊剪毛之用，不管贫民的农食物料缺乏呢。实则，比较起来，羊毛的耐用比丝为好，但丝比羊毛为温柔美丽。种桑养蚕，在江浙也费去了许多好土地。但今后如以华南说，若把桑树种在无穷大的山地上，不但不会妨碍农食品，而且可使丝价便宜到如纸张一样，使人人都能穿得上丝织品呢。

就动物说，雄的毛彩都比雌的为美丽。诸位已见到孔雀了。那些雄的孔雀翎的美丽真是极色彩的大观，一圈圈的金色辉煌的点缀即使人类也未易去织成的。根据达尔文说，这是性欲竞争的结果。因为许多雄的在春情时期，要想与一只雌的性交，彼此不得不竞争起来，彼此各各表示出它们健壮的身体与美丽的羽毛，以便得到雌的选择。因此一代一代传下来而成为雄的特别装潢了。至于雌的只是被动，只是静静地伏在一隅看那些雄的互相表示它们的雄姿，用不着去炫耀自己的美貌。只是选择对方，而不用自己去争取胜着，以致雌的大都比雄的为丑陋。假如雌的孔雀的外貌，与家中的母鸡一样的通俗，比了雄孔雀，真是万分不如了。这个学说或许是有些真理，但不免涉及多少的神秘。因为说由于性交的竞争，而使雄的孔雀就生出那样美翎毛，未免假说雄孔雀有一种主观的作用在内。事实上，因为雄的职务，是在防御外界的敌人与保护雌的及小雏的安全，并且在生殖期中，要为雌的及小雏寻觅食物，因为这种种的关系，即是为种种生活而活动，遂使雄的身体强健，精神警惕与敏捷，由于身体的多多活动与对付外界的种种作用，遂使它们的羽毛上由生机的壮健而生出美丽的羽毛来了。同时，即在叫号鸣唱上也生出种种特别的声调来。故雄的不但在羽毛上比雌的为美观，而且在鸣唱上也生出一种特别的声音为雌的所没有。我们在家鸡中就可见到此中的分别。不但雄鸡比雌的羽毛为好看，而且雄鸡的啼声为雌的所没有。因为雄的在夜间担任守卫之责，为雌鸡及小鸡的安全，所以遇到它们觉得有危险时就啼叫起来，由这样的练习，代代遗传下去，就养成为雄鸡特有的叫声了。故我们应推广达尔文的学说，主张这不仅是为竞争生存（狭义的），又不只为性交的竞争生存，而是为"整个生活"的生存，遂使在动物界，雄的羽毛、叫声与身体，比雌的别有一种特殊作用的表现。

说到人类，又有一番不同的情景了。人类的男女各具有一种天然的美丽。若说男的以刚强胜，女的则以温柔为特长；男界是壮美的，而女界则是优美的。在彼此未穿上衣服之前期，男的为生活，为渔猎，自然养成一种壮健的体格。女的则在收集食物与治家及养育子女，也养成一种富于抵抗的身躯。自然上女子比男子的皮肤多富脂肪质，所以她们比较不怕寒冷，而且比较为温暖与美丽。她们因为责任在生育子女，所以青春期，臀部大大地发展，胸前的奶部也同时发达，故她们比男子的身材较矮，但这样的臀部与奶部的发育与美丽，尤万万为男子所不及。

在人类的两性关系上又有一种特别与动物类不相同。若说在动物界是雌的选择雄的，那么在人类，则是雄的选择雌的了。在动物界的两性选择上，雄的是被动，而在人类，则是女的为被动。但在这样被动上，若移在美丽一点上说，则反而促成为主动了。故在动物界，雄的比雌的为壮健与美丽，而在人类上，则女的比男的为壮健与美丽了（人类通常是女子比较男子为长寿）。

若就自然构造上说，男女彼此裸体，但见男的胸部平直而性部突出，与女子的奶部突出及性部的整致，当然男的极不好看，则女的甚见美观。这是在自然的身体构造上，男不及女的证例。至于人为的装饰上，则自古至今，从野蛮到文明的社会，都是女的比男的善于修饰与讲究服装，第一是为男子选择的动机。自来的社会，都是男子选择女子的——到今日，当然有许多例外，所以女子要讲究美丽与女界争胜，以备为男子所挑上。所谓"朝为越溪女，暮作吴宫妃"。一经被男子——尤其是有权位的男子所选择，一位普通的女子便成为千古的美女——西施了。我前在巴黎时，也有听人说及巴黎普通的女子所以特别讲求服装与修容，为的是专在为男子所挑选。试想在这个花都充分自由选择的社会，无论谁对谁都有机会可以得到伴侣，即在街上见到一位女郎，若你能去跟随问候，有时也可成为临时的情友。再一个许多国家的王孙公子在此做寓公，又有许多大腹贾、大学生，一位普通女子若被哪个寓公看上眼，即时也就可成为贵妃与富妇了。因此无论哪一位怎样普通女子，都是装扮得娇滴滴如花卉一样，以备男人们选择。

这是一种的解释法，其实，也未必全尽然。女子比男子有爱美的天性。我曾结识了许多精神上的巴黎女人，也曾谈到这问题。她们有许多人说我们讲究穿着与打扮，大部分是为自己不为他人的。证明是：我们的内衣服与夜装，也极见美丽的。内衣服在他人是看不见的，当然是为自己了。即以夜装说，我们是独身的，当然也是为自己看得高兴与舒服罢了。并不是为男子穿着的。

这后头的解释法，也有实在的理由。我常说，在外面上看到一位巴黎女子的穿着打扮或许不会怎样引起大注意。但若你能看到她们的夜装，看到她们在睡床中的粉红色、玫瑰色或浅黄深绿的上衣，如丝锦软绵的上衣，短袖与宽胸仅仅垂到脐下的内衣，有时尚把"下体"露开，有时也穿上一件美色彩的裤子，但这样裤子是特殊制造的，只把两边短布集合起来，中间是空虚的，即是等于不穿裤子一样。总之在这样夜装之下，衬上电灯的光芒与她们洁白的皮肤与酥胸，美乳及下部隐约间可见的状态，无论谁看见她们，无论她是丑的或是美的，任你是什么人，是柳下惠坐怀不乱的书呆子，未有不即时生起一种极端感动的心情呵！

这样内衣与夜装使人动心的，固然一部分是有性的作用，但最主要的是美趣的问题为此中的主脑。因为美的服装的实在意义，在衬托出穿着者的美貌与神情。一种怎样美丽的外衣服，大部分仅是表现这件衣服本身的美丽，并非能够衬托个人的美丽。假如色彩不好或剪裁不称，往往穿起这件美丽的外衣服不但使穿着者不好看，而且使人一看就生厌恶的感觉。我曾见了许多太太们穿上臃肿而不称身的怎样丝绸绫缎及怎样昂贵的皮货，只有使人看了作呕，并不会引起了兴趣。若能剪裁得好，穿着得法，纵然极便宜的花布，也使人觉得娇滴滴而可爱的。本来，衣服不是为衣服而是与身体拍合一气，然后才是美丽的。内衣与夜装的动人处就在衣服能与身体合成为一气的表现。

因为这个道理，所以我国女子的旗袍比较为美服，为的它在下边能够表现出脚腿部与在上面能够表现出胸奶部，而使全身成为一条曲线美。外国女子在交际场上的晚装，有的把奶部几乎全部露出来，而在后面则把颈及上部脊背赤裸起来。美的服装，就在以衣服一部分把身体美丽处衬托出来，最美处是在把全身衬托出来，似乎全身未曾穿衣服一样。这样装束，尤其是在暑天穿上软绵的衣料如丝绸之类，使人从衣服上看透她们的全身一样，好似一个模特儿，又好似一个雕刻的女像。

衣服一方面是为抵御寒气的，但在暑热天，衣服已用不着，盛装可以脱卸，这不但是节省布料与人工的经济，而且可以养成好身体。据深入考究的结果，多穿衣服的人，身体不好而且多疾病，最主要的是使身体不美丽。人类是直立的动物，无论从头到胸腹以至于腿脚部，要保存它的天然直线形。那些穿太多衣服的，尤其是穿得臃肿不堪的，就把这条直线形歪曲了，胸部不舒畅，往往成为肺痨，各种皮肤病与五脏病也随而发生了。我们乡下的男子，在夏天时穿上一条短裤，所以他们的身体壮健与活泼。即如我个人说，在故园时，我穿上极少的衣服，即在冷天，我喜欢穿短衣裤，手执锄头去治理果园，所以在这个地方住十多年我极少有病痛，即如我素有的伤风病也极少患到。在外国时与在今日住居城市，因为少做工作，不免多穿起衣服，而伤风病则常常来袭击而且极厉害地来袭击了。故人们最好是多工作而少穿衣服。最好是半裸体或全裸体。我今就来特别介绍这个裸体美。

我曾加入法国的自然派，这是一个卫生的会社，主持人是自然派著名医生杜美尔兄弟二人。他们得到法国政府的帮助，在靠近法国南部海边的一个大岛屿——日出岛——为实行自然派的主义的根据地。我曾与巴黎情妇特到此岛享受数个月的自然生活。这个留给我终生极深刻的纪念，而至今日，我仍然是一个积极的自然主义信奉者。这个岛真美丽，它的名字不愧是"日出岛"，日光海景在使人陶醉。岛极大，可住居数万人。我们那时在岛生活的，只有数百人，都是信仰与实行自然派的生活法的。法国自然派与德国裸体派有些不同。为顾及社会的习惯，法国自然派只许未成年的男女至行裸体，其成年人，男女在性部上盖了一块三角布，女的并加奶罩，此外全身是赤裸裸的。实则这块三角布与奶罩，并不见有怎样妨碍全身裸体的利益。而且说起来也有些趣味。全身裸体，在男子方面的性部（阳具）那样突出与阴毛的蓬松，未免有些碍眼。今把它用三角布遮起来，更觉为悦观。在女子方面本来全裸是极美丽的，尤其是她们的酥胸与那二粒含苞的花蕊。但今把它们遮藏起来，也引起人常常向这部门去注意去引起兴趣。因为全身赤裸了，性部与奶部也不过是整个身体的一部分，并不见得有什么特殊。今把它们隐藏起来，更使有可望不可即的"匪夷所思"。所以，就道理上说，全裸体是极道德的，因为使人习惯了不见得有对性部的好奇心，而穿上衣服了，尤其是穿上那些隐约间表现出性部与奶部的衣服，更使人因此而联想及这些部分的希冀心，也可以说对于性的观念是不纯正的，不道德的。

我们就这样享受了大自然的生活。许多未成年的全赤体的男女及那些仅仅遮上性部的一片三角布的男妇们一同在海水游泳，在海沙上散步，在锻炼各种体育，在食堂饮咖啡、葡萄汁与食各种素餐。原来自然派不但不穿衣服，而且不食鱼与肉类，只食素菜与水果；不饮酒，只饮各种的水果所榨出的汁。遇有病时，不食任何药，只从饮食与锻炼去恢复健康，即使极深期的肺病，也可用自然的锻炼法、饮食法及精神上的修养和一切自然的卫生法去救治。你看这是一种极新颖的自然生活法与现在的文明生活立于相反的方法。这是由二位著名的医生所主持的，当然与法国十八世纪的自然主义那样空想不相同，这是立足于科学的、艺术的、充足有理由的自然主义。由这派的提倡，法国社会觉得现在的文明生活是有许多不合道理的；唯有自然派的生活法，始能使人得到康健，得到人生本有的乐趣，因此附从信仰者极多。法国政府也承认这是社会上一件最好的运动，遂而赞助它的发展，拨出在巴黎近郊一小岛与在地中海一大岛——日出岛，为这派的根据地。

我所以由美的服装说到美的裸体，因为这其间有互相关系的。无论衣服是为御寒与美观，都是为身体的。可惜是到了所谓文明的社会，衣服不是为身体而是为衣服的，有钱的人穿着太多了，以致身体透不出气，而致生出许多疾病来；西装便是一件极不好的证例。我曾在解放前到了台湾，那是抗战胜利不久的时候，台湾人士仍然保存了日本统治时代的风气。我曾搭上一公共汽车，数十男人中都是穿西装的，唯有我一个人穿中山装。在台湾那样长暑的天气，穿起西装是极不合卫生的。但因为"体统"，因为表示他们在社会上的地位，所以无论是工商界、绅士阶级与一些学界都穿上西装了。这是花费银钱，而且西装有什么好看？只求做得整齐合身与质料好，及领上与袖上能衬透上硬套，中山装是极美丽的，而且是国粹的。不比那西装是袭取外来物，又不合卫生的。至于女子，无论什么都好，只求省约与美丽就好，尤其是要能衬托出女子天然的美丽身材，把奶部与臀部一连的曲线美表示出来，我在上已说及，女子穿衣不是为衣服的繁华，而是在使衣服与她的身体合成一气表现出来。这就是美的服装的标准。

美的服装不妨碍身体，而是在帮助身体的发展。我们从小孩就被太不合理的衣服所束缚以致使身体不能从自然去发展，这是文明社会的一种毛病，为救此病，我们男女应当来解放这种束缚。我们纵然不能加入裸体会或如法国的自然派会社，但我们在自己家中，也可常时裸体操练。山东人极盛行夜间裸睡，这是极好的方法。夜间穿衣服真是花费又太束缚身体了。我在上已说及法国女子的夜装，也几乎近似于裸体而睡。他们男子通常用一种睡衣，似我国的长衣一样，但短袖与长衣仅及膝头，穿起这种睡衣比穿上衣服而睡，真觉得格外舒服。

美的服装，不是在质料的昂贵，而是在剪裁的合体。美的服装不是表示在衣服上，而是在衬托出穿着美丽的身材。美的服装不是为服装，而是为身体。故归根到底要穿着的美丽，须先有美的身体，这个是要从裸体锻炼去养成，是要从自然派的方法，从饮食锻炼，精神的修养与各种自然的卫生方法去求得。

八、鉴赏的态度

人生数十年的光阴大都饱尝了极无聊赖的生活：为每日的衣食住奔走忙碌；为日夜一样的机械的工作苦干；为男女无情感地拥抱泄精；为社交毫无兴趣的接触；为子女做牛马，是社会的寄生虫与败类！

人啊！你是动物的精灵，生物的杰出，社会的组织者，你怎样堕落到这样地步连猪狗之不如？我搔首问天，天也不管；我顿足呼地，地也不应；我只好镇日长思，思出一种人类理想的生活；这个生活才是人类应有的享受，与禽兽不同，和昆虫差异，与草木有别。

这是哲学的人生观，这是鉴赏的态度，情趣的作用与各种美的生活法。我今就先来提出这个鉴赏的态度的第一问题吧。

什么是鉴赏态度呢？我今先来介绍希腊大哲学家毕达格拉斯所说的话。他说："在奥林匹克大赛会中，那些竞赛名手来此博取声名；那些商贾来此取利；但哲学家到此，既不为名，也不为利，只是参观参观，聊聊天，谈谈地。"我个人记起那一晚参观了全国邮电职工游泳的竞赛，同时在场参观的有千数百人。可见鉴赏一件有趣味的事情，不只是所谓的哲学家，而是群众的本性，是人类共同的嗜好呢。可是，哲学家所取的态度与群众有些不相同。他们不只要知道那些竞赛者谁是第一名，谁是打破全国或全世界的纪录，而且在鉴赏男女运动员强健的体魄与奋斗的精神。他们且进而推广鉴赏的范围到整个人类的体育与社会组织上的规律。

现就我在这晚所参观得到的一说吧。我于鉴赏那些运动员竞争之外，举眼远远地看到西南方的天涯，太阳从地下的光芒反射成为一幅美丽无比的图画：一带是粉红色的，一带又是晶莹的金光，一带又是淡黑与灰色相间杂如丛林与草原。在贯穿这些光彩带的中心，又好似有一条长桥如西湖苏堤一样。"销魂当此际"，凡具有灵感的人，谁不去鉴赏这种种式式的美景而合成为一幅人间最大的画家所不能绘成的作品呢？这就是"良辰美景奈何天"，这个良辰美景只应天上有，人间哪得几回看到呢？我此时心中觉得有说不尽的快乐，我几乎心花缭乱口难言！但回首看那些群众中，又叹惜似乎未曾有一人看到这样的美景。

赏心乐事，随时随地都可有，只愁无善于鉴赏的人。赏心乐事，大至于宇宙世界，小至于草木昆虫，都可成为鉴赏的资料。就如天上的云霞来说吧，在朝曦与夕阳，天上的云霞格外变幻与鲜妍。通常我人所感觉的只是七种颜色，即是紫、蓝、青、绿、黄、淡黄与红。可是天上的云彩，在这七个根本颜色中，可以随时变幻数千种的不同。巴黎国立织毯厂，就照这样天上变幻的颜色，织成为几千种不同的毡毯色彩。现在女子的衣服颜色，未免简单与枯燥，大都不出于红白与青、黑、蓝，花布的色彩比较复杂好看了，但终不能全行模仿云霞的奇观。这使我们想起李太白的好诗句"云想衣裳花想容"。衣服的色彩，要达到云霞的色彩境地，然后才是极尽人间的美丽。

云霞不但是五光十彩在时时变幻中，而且它们的造型也极是出神入奇的大观。它们有时表示出苍郁的山岳，有时又是渺茫的海洋，那是一位老人，这边又是一位少女在弄新装；有的如龙似虎，有些是禽兽昆虫。最美是有时似"八仙过海"，有些又似是牵牛织女的相逢。当然是这些人物在时时变幻，一位位少女忽然又变成老妇，不久也就烟消雾灭了。廿余年前，我在上海看报见到在庚子八国联军进占北京时，得了名妓赛金花向德帅的劝告，保存了北京人民许多的生命财产。可是到晚年极穷几乎三餐不得饱，我一时动了义愤，为她招募一点救济金。因为她又名傅彩云,所以我给她写一信说道:"彩云易散,芳踪难寻。"人生当作如天上云彩那样易于变幻去安慰。这也是我从云霞的鉴赏中,得到一点的收获。

我爱云,也爱月。爱好月亮是我从小儿时已养成的习惯。我们乡下人,到夜时当然无电灯。普通连火水灯也点不来,只好在月下谈天。我儿时最喜欢是在月光之下,和一班小儿在捉迷藏,在"跳屐"[1]。我们当然不会如苗族在月下的跳舞谈情,但我们也自有一种天真浪漫的玩耍。我爱月,我尤爱阴历初三四的"蛾眉月"。这也是极易理解的,因为乡间自下弦后,上半夜就不见月而成为阴惨的环境了。幸而在晶莹天空中有许多星辰在照耀,也似乎聊胜于无,但终不如明月当头的痛快。所以当蛾眉月一出现时,我们的心情恍似隔开一个月久才与情人重逢一样。况且初三四的月貌有如蚕眉,不!似美妇人的浓眉一样的娇滴滴,怎样教人不向她留恋呢!

因为我有这样深厚对月的爱好,使我后来在乡居十余年久,于夜间不觉得缺乏大灯光的寂寞,反而得到大自然的鉴赏。我在巴黎时,许多夜间,常常避开那街灯触眼的辉煌,而偷偷地到了赛纳河边凭吊那个月亮在天空中孤独地徜徉于空际之中,徘徊于斗牛之间,射影于河内,反光于高楼层阁,尤其是特别照顾于贫穷人家的竹篱茅舍,连牛寮鸡棚也得到温暖的光辉。

夜景固然可爱,但无月无星,只有黑云密布,好似阴间的地狱,它是与日间对立的,别有一种悲惨孤独的世界!到了夜景而有蛾眉月的点缀时,大地格外光辉,地狱也就变成天堂了。可是十五六的满月又有一种撩人的观感。现在离八月中秋不远了。月饼处处有,但愁无钱买。月圆每个月都有,可是在秋天的月圆是格外好些。况且中秋节已成我国古典的节日了,所以在食饼分柚与鉴赏月光时,格外觉得有趣味,可是我数年来每逢中秋备觉对景伤情。回想在故

---

[1] 屐即木拖鞋,潮汕人过去不分男女都穿屐。"跳屐"是潮汕小孩玩耍的一种方式。

园时,每逢此节与爱人一同赏月的滋味,而今她已逝去。追怀旧情,大有如苏东坡吟咏的"明月几时有?把酒问青天,不知天上宫阙,今夕是何年"的悲感。又再念他的"人有悲欢离合,月有阴晴圆缺,此事古难全。但愿人长久,千里共婵娟"使我更加悲哀,人今何在?千里婵娟与谁共?

"月上柳梢头,人约黄昏后",我少年时曾经领略此中的情味。可是我那时的情景,不是在柳梢头,而是在"大山头",这更使我留恋。我生长于万山围住的乡间,所谓"开窗便见山,出门便上岭",所以我对山岳别有一种大兴趣。我爱它高高耸起到天空,蔓延于大地上,此中有高低的山峦与起伏的瀑布和泉流。它是肃穆地如巨人样的庄严。它有各种的形态,或似马形,或如虎势,或如凤凰的飞翔,或似双髻的娇娜。这些山岳虽则在静穆的环境中,但朝曦、午候与夕阳,各种时间所反映的山容各各不同,而春夏秋冬四时的替换,也各各显现出不同的情状。而当风雨雷电来时,它又表现出咆哮的声音,与平日的缄口不言时,又有一番的风韵。我深深地爱上了山的变幻、静态与动容。我在乡居时,常常到深山大谷去遨游,好似一个野人与世界事完全隔绝了。我爱在这些山谷中,静坐、躺卧与睡眠,有时饮些山泉与沐浴。在无限的静穆中,只听到一些虫鸣、鸟声与泉音。我又喜欢在暴风雨中,在山谷中踯躅,鉴赏它在这狂风暴雨中波涛状的怒号。

说及海,它当然有它的伟大处。当风平浪静,万里碧波与天一色。调风浪掀翻时,它的粗恶的表情,却使人惧怕。海是大自然动型的伟大代表者,而山是一种伟大的静型。海是"壮美的",而山是"优美的"。我也爱海,但我终是对山更亲密。因为海万里一色,觉得简单枯燥,浑不如山岳的高低起伏的多姿。即使在波涛汹涌时,海的声调总是单调的凶恶,总不如在山中听到的风雨声那样娇柔。

以上说的是在大自然中,如天上的云彩、月光与那些山海间的姿态,无论何时何地,都有无穷的兴趣环境与美趣的资料。人们如能去好好鉴赏，在心灵上当然得到无限的安慰与许多智慧的启发。在这样大自然的鉴赏中，我们的"小我"，不知不觉地就变成为大自然的"大我"了。我们"小我"，如太空中的一粒小尘埃，真正是极微小的。可是当我们能向大自然去鉴赏，我们就觉得如大自然一样地伟大了。今就以中秋月为证吧。在一室中与家人围住食饼分柚鉴赏月光，这时如"坐井观天"，月光是极小极少地达到我们的心坎。但假如人们出了屋宇，如在广州时能到越秀山中或到珠江上看这个中秋月色，就觉得别有一种天地了，当这个皓月当空，万里一色，天上人间好似打成一片。旧时诗人骚客，幻想月中有广寒宫阙，其中有嫦娥仙子，他们就想往其间与仙女同居共乐。这虽是一种梦想，但也可见他们幻想的时候，便已把他们的"小我"扩大为大自然的对象去了。我们人类都是为衣食住生活所苦，为家庭所负累与为情爱所缠扰。但当我们向大自然鉴赏，无论是对云霞天空，或对月光星辰，或对山海与花鸟，便是似"出世间"与所鉴赏的对象合成一体了。

当然，城居的人不能常向大自然去凭眺登临。但在一室之内，只要有心人，也可组织布置得到鉴赏快乐。例如我现在的房子狭窄得极了。但在窗门横栏上有一铁架，我于其中种上花草与枝叶。我又鉴赏那些金鱼的游泳优容的愉快与听那笼禽的叫声。在这样鉴赏中，我把大自然缩小在这铁架上的几种物象中。这个当然使我不满足，但慰情聊胜于无吧。且幸所住那条路上有三列的大树木，此中的凤凰木与银桦，这时的枝叶密满。青色如盖，遮满地上的阴影。我正待在深秋鉴赏它们射出的金光与初夏的娇红。由这个小窗棂向外看，它们引带我到大自然去，把"小我"又扩充为"大我"了。城居的人也有比乡居的多得些"人为的鉴赏机会"。例如到跳舞厅、戏院、电影场等。此中最普通是电影院的演出，有俗人所喜的美国式的女子大腿与迷人的爵士音乐。但我所喜欢是故事片与风景画。小孩们最喜欢是打斗与惊险片。这些可见各人鉴赏的程度不相同，依随年龄与文化的修养而显出差别。例如在一个夕阳的美丽景致之下，许多乡下人对它并无怎样的感动，还是一片猪肉较能引诱他们的兴趣呵！

总之，无论在城市，或在乡间，在大自然中，或在一室之内，只要肯去鉴赏，不论年龄与程度，总可得到一些心灵上的利益。只要肯去鉴赏，不论大事与小事，美的与丑的对象，都可得到一些的趣味。当然，我们所鉴赏的通常是美丽的事物，但丑恶的也能引人动情。在观戏剧中，我们固然观赏那英雄淑女，但对于奸雄及荡妇，也引起一些兴味。当然，这其间鉴赏的心情不同。对于英雄淑女，我们想去模仿，至于对奸雄荡妇，我们则保存了警惕的心情。

末了，鉴赏这件事具有一种特殊的美德，它是与"占有欲"对立的。在观落日余晖的愉快环境中，这时愈与群众共观，愈觉得快感。独乐不如与众共乐。这是鉴赏的特征。至于"占有欲"则适成相反。它总不愿与人共有的。说及此，一对男女，当他们为情人时，总比为夫妻时较美满。因为在情人时，对方都持了鉴赏的态度，而对他人称赞对方的好处，愈觉得快乐。但到了为夫妻时，那是"占有"的境地了，失却彼此互相鉴赏的态度，而对他人称赞对方时，常常不免引起一种嫉妒的错觉了。这是情趣的作用，让我们在下文详细去讨论吧。

附注：所谓鉴赏，当可分为消极与积极二方面。"为鉴赏而鉴赏"是消极的。但从积极方面说，鉴赏便是含有研究与实践的意义。当牛顿看到苹果落地而悟及万有吸力时，他对于苹果不只是鉴赏而且研究此中堕落的规律了。及他通晓万有引力的规律时，他的鉴赏的范围推广到宇宙大自然一切的现象去了。他一面仍然在研究与实验，但别一方面，他又在醉赏，醉赏这个宇宙普遍的规律；在复杂中而有一致的和谐了。说及达尔文在数年海游中，遍观动、植、矿物的变化，奇形怪状，尽入他的心坎中，于是他在鉴赏之余，发现了"生物进化论"。总之，对一事物，先有鉴赏的势情，然后才肯去深入研究。故鉴赏与研究是同时并进的。这样鉴赏，才是积极，才是尽了鉴赏的意义。

九、情趣作用

情趣与情感不同。凡属人类及高等动物都有一种情感,尤其当他们求偶时与养育幼稚的子女时。在我们现在所施行的婚姻制,夫妻彼此叫做"爱人"。这就是说,无情爱的,不能结为夫妇。那么,在实行这个婚姻制前结合的夫妇,大都不是爱人了?然而在这个婚姻制下所结合的夫妇,也未必全是"爱人",或者在初期结合时尚有些情爱的滋味吧,但结合愈久的,愈见情爱淡薄了。这个毛病就在情感中缺少"情趣的作用"。

情感中须要加入情趣,然后才有浓厚的趣味与彻底的情感。情感一行渗入于生活困苦中便见冲淡与损失了。什么是情趣呢?它是纯粹的情感加入了玩耍、游戏与有兴趣的工作的混合物。我们常在街上见到儿童在玩耍,他们是"为玩耍而玩耍""为游戏而游戏"的,但他们在这时情感的交孚,纯粹是"为情感而情感"的。这是纯粹的情感,丝毫未加入一些势利与物质的杂料了。

又如我们看到母亲在抚养她们的婴儿那些情绪,也是纯粹的情感作用,因为她们在调笑婴儿时,在情感中加入情趣的消遣。据达尔文说,婴儿生下三日后,就会作笑容。这个笑容是救他们的生命,因为在初民的生活艰难之下,母亲——尤其是多生子女的母亲,对于儿女是无怎样浓厚的情爱的。幸而婴儿能够表示笑容,使母亲对他发生情趣,所以不致把他丢弃了。这个证例,极见深刻,可以见出父母对子女的情爱,大部分是为自己的兴趣,并非出于天然的关系。尤其是为父者对子女在原始时毫无情感。当他们生出后，为父者就行离开了，所以人们有"只知有母，不知有父"的风俗。儿女虽然是"家庭的太阳"，但要在少数时，才见得有趣味。当子女太多时，那是一种大负累、大麻烦的事，并未得这些太阳的温暖，只觉得一种家庭热气的迫害了。所以法国人尚算是聪明，大都不愿有多小孩。他们最好的是无子女，最多也不愿超出二三个。其余的就用避孕法逃去了。

情趣也由鉴赏一种事物所得来。我们在前面已经说到怎样由鉴赏而得到乐趣了。可是要由鉴赏中得到情趣，须在被鉴赏的事物成为"动型的美"，不是"静型的美"的时候。例如我们看到跳舞，固然起了兴趣，但当我们加入去跳舞时，就生起了一种对于跳舞的情趣了。我有一次在北京饭店看到一位西妇在跳舞，她头伏在男舞伴的肩上那种醉迷的情态，好似在交媾一样。假如她未加入跳舞，而只在旁边鉴赏，那就不能得到这样的情趣了。

"动型的美"与"静型的美"所给予的情趣大有不同，例如，近日有一位图画名家所画的《琵琶行》的情景共有十六幅。这样每幅孤立分裂起来，就极难得"琵琶女"从少到老、从盛到衰的整个身世了。但假如电影的演出一样把这十六幅联系活动起来，那就更有情趣了。我们到博物馆去看了一幅名家图画，所得到的总是静型的，不够生动。但在电影上见到的人物与风景，虽则是极通俗，却饶有趣味了。

因此，静型的美总比不上动型的美丽与生动。我写此文时，在窗外所见的街树如丛林一样地繁茂。在秋风秋雨这样时候，觉得"愁煞人"中别有一种滋味。可是对这些静止不动的一行列一行列的街中大树木，总觉得给我们的兴趣是极单调枯燥的。所以我每日一次必要到越秀山去散步。在双脚行动与两眼移动时，那是就觉得山中树木也如在走动一样，比在街上所见的静景更是格外活生生地表现出各种不同的观感。

说到从散步所得到的好效果，我不免在此来介绍二位大哲学家的行为。一位是在近世思想界极有影响的康德。他每日在一定的时间（在教书及阅读、会客之后，下午四点钟起）必要到城外散步。无论风雨与什么事情，他的散步时刻是一定的，所以邻近居民就以他散步时为标准钟表了。他不但出行的时候有一定，而且连散步的地方界限也有一定。他一生中只有二次越过界限，就是一次听到法国大革命时与一次在路上贪看卢梭所著的教育小说《爱弥儿》。

康德的散步法是理性的，这是不错。因为他在这样漫步深思之中，发明他的那三本著名的批判哲理，即所谓《纯粹理性批判》《实践理性批判》《判断力批判》。其中以第一书为著名。他自己说他至少经过深思苦虑十余年然后才成此书。他说这是在游行散步时所得到的结果。（希腊著名大哲学家亚里士多德曾创立"散步学派"呢。）

若说康德是理性的散步家，那么，卢梭则是浪漫者。他的浪漫是革命性热烈性的，所以这样的浪漫是极可宝贵的。他的学说是法国大革命的先声。他说："我的思想是在行动时始能表现的，当我身静止时，我的思想也就停止了。"（见他的《忏悔录》，我有译本）他晚年消遣时光，也只在散步。但他是听足所之，不管时间与地点。他自己说如小孩一样地散步。遇到一粒石子或一株花草就留恋徘徊不肯舍去。

这样在散步行动时所得到的美趣是含有情趣的。平常在美学上，照康德所说是分为优美与壮美二项。优美便是静型的，而壮美则为动型。就以海景来说吧，当其波静浪平，万里一色，这是优美的。但当狂风怒潮来时，海的波涛汹涌奔腾，使人骇怕，这个情景是壮美的了。诸位曾到钱塘江看八月八的海潮吗？这是一种极感动人的壮美。当潮来时如万马奔腾，煞是有大趣味。平时波平浪静的海景，固然是极可鉴赏的，但在万里一色中，未免觉得单调枯燥。若它有狂浪暴风时，另外生出一种壮美的景象，使人觉得别有一种情趣了。

我们在这个秋天，万物发出金光色，这是优美而可鉴赏的。可是能激起我们的情绪，乃是"秋声"。我们读到欧阳修所作的《秋声赋》，自然而然地表现一种肃杀悲惨的情感。

在旅行时所得到的大自然景象，更比短促的散步为较深刻。因为远方的旅行，自己更加生动起来了，所看见的物象更多、更复杂，自然比在散步时所见的较有兴趣与较能激起情趣。

在旅行时，最具有兴趣与锻炼身体是在徒步旅行。因为乘船，或坐车或骑马，就不免为这些船、车、马所限制，遇到一件事物要鉴赏时，就不能如愿以偿。若徒步独行呢，那么，遇到对一件事物高兴时，就可以随意凭吊。例如在山岩有美花佳卉，你就可攀援去观采。在这时，只有个人的力量，不需什么车马了，而且车马也不能上山岩与越过险恶的溪流及环境。

可是有时骑马奔驰于山岭，乘船遨游于大海中，也自然有无穷的乐趣。我先前曾买到一只老战马，性极和顺，我常由潮州学校骑归家乡，经过数十里远的高山峻岭，争流深壑。在这遥远的山谷奔驰中，我得到了一个发现，就是我们广东省每人平均可有山地很多，若把这些荒山变成为有出息的山禾、树薯与各种经济作物及成群成阵的牛羊畜牧地，尚且有许多矿产可发掘，那么，我们就一变为极富裕的地方了。

实在是，在旅行中可以得到许多学问。尤其是在陆续经过不同的地方，而把这些地方的事物组成一连贯的现象——由此可以得到此间事物的规律。例如我们由台湾旅行起，看到香蕉有一尺多长的那样大，路经香港到了西贡[1]，又看到种种色色各不相同的香蕉，再到了孟买或科伦坡，那些印度地方，竟见了一种香蕉小到如大指头大，但其味极香，名副其实的香蕉。由这样长途旅行所得到的各种各式的香蕉，而可归纳出一个"香蕉变种的规律"。

历史上著名的旅行，使达尔文由各地所观察的禽兽昆虫与地质而使他发现了"生物进化论"，便是从旅行得到大学问的最好例证。

---

[1] 越南胡志明市的旧称。

在卢梭的教育小说《爱弥儿》那书中，他主张在大学毕业后的学生应该去旅行一年始准给他文凭。这是极好的主张。若干年前，我在日本九州的夏天看到许多学生背上包袱，满身汗汁正在做全条山脉的旅行。这样旅行比在书本上所得到的为切实的学问，因为这是实践的学问。并且在各地不同风土去观光，常常可以得到一种新奇的事实，与许多极具特别的情趣。

因为旅行中可以得到许多利益，所以西方人极注重此事，各国都有系统的组织。美国人每当暑假时就成群结队到欧洲游历。有些国家如瑞士等就靠这班旅客费的收入为地方财政上的一个大帮助。

此中旅行最能激起情趣的是冒险与蜜月的行动。爬上高山巨岩，游过海峡与激流是多么兴奋！我曾在法国意大利交界的雪山中与众人遨游，穿上雪鞋，由引导人满山观赏雪景，但若不识道途，偶一失足，便有陷落雪窟的危险。至于蜜月旅行，那是一对新结婚的夫妇借此得到更加美满的性生活。

可惜冒险与蜜月的旅行，在我国尚未成为风气，又我国的交通尚未发达，人民经济尚未优裕，以致长途的旅行尚未见有多人。我们有的仅是一班学生在假日近地游玩兼野餐，这些也是极有益的。

说及我个人对长途旅行极有兴趣。我先前由欧洲归国时，就计划每暑假期必要一次到外国去游历。头一年我到日本去。第二年我想到澳洲，因为护照签发太缓，我就改到哈尔滨。哈尔滨固然不是外国，但此地那时完全有外国人的气氛！因此，我也得到一些异国情调了。以后因为家庭与经济的关系，使我只好困守家园，一住就十余年之久，使我思想不发展，而且退步起来了！

至于蜜月旅行呢？我当然无这个幸福。但我有的是情人式的蜜月，不是夫妇式的。彼等西方人的蜜月旅行，当然是在初婚时，尚有些情人的情感。可惜是以后未免情绪合不来，就闹起分离了。我们的情人式的蜜月旅行，是值得提倡的。实则他们并无蜜月与平常月份的分别，都是长时期的蜜月情趣。这是情人式比婚姻式的优越处。

总而言之，美趣有二方面的不同：一是静型的，而一是动型的，动型的美在社会最易得到的是看电影片。而由个人活动所得到的是徒步的旅行——最小型的是短期的散步式。

我们在广州，每晚在越秀山散步，于星光月影之下，面对五层楼与中山纪念塔的红星，也可得到一个小自然的世界观念。每当客人唱出山歌时——唱出那些哥哥妹妹的情人相思相恋的情曲时，我们听者好似在丛山溪谷间领略一点大自然的风味。这些歌曲当然是动型美，是能激发情趣与美感，总比困居在城市的茶楼与自己的"蜗居"有万分不同了。

两度旅欧回想录(导言)[1]

---

[1] 本文原载 1932 年 6 月《读书杂志》第 2 卷第 6 期,神州国光社出版,文中的"编者注"为此版所有。1912 年 10 月,张竞生公派赴法国留学,先后在巴黎大学和里昂大学学习,1919 年获得里昂大学哲学博士学位,翌年回国。1929 年秋,张竞生再度赴巴黎游历,直至 1933 年回国。第二次旅欧期间,张竞生曾在巴黎组织"旅欧译述社"。

（一）读死书与活书

未来欧前，我曾挂名在"京师大学"读书。满清的命运已到尽头，而这个腐败大学尚在竭力制造种种色色的腐败学生。此中最著名的应算经科弟子：什么《易经》呵，《礼记》呵，咕噜咿唔，大作起了八股化的古文；摇头摆脑，自以为这样"中学"乃代古圣贤立言，足以打倒洋鬼子的西学而有余。

在法文系中，我们有几个少年学生，已经受到革命洗礼的，已把"豚尾"剪去好久了。乃被监督刘某悬牌申斥，限令蓄辫自赎以免被开除。处此压力之下，我们势急计生，买了一条假辫钉在中国帽上，遇到查堂或外出时，把帽戴起，居然"豚尾"垂垂。在监督大人们以为孺子可教，而在我辈，则以为这班腐朽可杀。

现在看来，剪发一事已成极为正当及通常的问题。但在满清末年，此事极形重要：因为剪发便是革命党，便有杀头之罪。此外，社会上，习惯了"豚尾"之拖垂，每视剪发者为大逆不道；一班流氓尚且加以种种的恶骂，如指为"阳具头"之类，尤其甚者则且掷石扬沙。谁知世事变迁极易，不过十年，前时骂人为"阳具头"者，一变自己也成为"阳具头"了。由此可见，新政举行甚难："豚尾"乃满清用强力加于汉人之苛政，其不卫生与美观已达极点，竟须出了九牛之力始能挽此颓风。去"豚尾"而且剪发，本有百利而无一害，顾当改革之初，尚遇种种阻力，其他新政比此更重大者，则其阻力之大尤不堪说了。

当时的北平比现在还丑陋，腐败学校的功课又是极易敷衍的，因此一班学生们烦闷得要死。有些人则从事于嫖赌过日，有些则讲交酬以为将来做官垫步，我个人无聊时则到藏书楼[1]参参观（那时的藏书

---

[1] 京师大学堂藏书楼，位于马神庙西侧四公主府，这是北大最早的图书馆。

楼，闻说便是旧时公主的修妆楼，参参观，也得沾一点脂粉味了）。有一时，竟把所有佛书大阅特阅。其实，一点也不懂。因其译文别具一体，不得其读法，终久莫名其妙。同时在这个礼教森严的藏书楼，竟然被我发现一本奇书，一本德文的奇书呢，它乃将世界各民族的女子阴户影为图相，赘以说明书，以为比较的研究。这本书乃一德国学者游历世界实地考察的。虽则其中的阴户种种色色，千形万状，有的那样阔，那样大，又如南非洲荷东托族的小阴唇特别长，臀部格外高的介绍，因为都是照事实说出的，所以不能说它是淫书，最多只可说是奇书。

有人要这样问："既是学者，又有钱游历全世界，别项学问又那样多，偏去考究那个秽亵的阴户问题，实在太无谓吧！"现先当知的是对这个问题的观察点，常人与学问家，根本上不大相同。常人不肯说，不肯研究，只要暗中去偷偷摸摸。学问家则一视同仁，他们之考究阴户与别项性问题，也如研究天文之星辰运行，日月出没一样。这个并无所谓秽亵，与别种学问并无所谓高尚。同是一种智识，便具了同样的价值。且人生哲学，孰有重大过于性学？而民族学，风俗学等，又在在与性学有关。学问家，一面要有一学的精深特长；一面对于各种学问，又要广博通晓。无论那种学问，都可研究。而最切要的，又在研究常人所不敢，或不能研究的问题。

于此应并说及是德国人治学之精神：第一，大胆与好奇；第二，勤苦与深思，所以它能产出康德的哲学，歌德的文学，与近时各种的科学。德人对于一切事情，如屎、尿、如交媾，如疯狂，如好杀人之性等等至离奇的现象，都有详细与系统的研究家。至于中人对于一些问题，不但自己不肯去考究，尚且对他人去研究者，加以种种的罪名呢。

在此困闷的二年北平生活中，忽有一件惊心动魄的事情来点缀，也觉实在奇妙。一日有名片书张俞人者来会晤，在客厅相见之下，知为谋救汪精卫先生而来。到此已是二十年间久，但在客厅之一隅，静静地，他咽住喉息和我密谈的情景，尚在我眼前，有如当时的同样亲切，可见我对此事感动之深了。他说："我与陈璧君女士（当时尚未成为汪精卫夫人）及方女士[1]同来，意在设计救出汪君于监狱，知您是同志，所以前来讨论。"我一听之下，惊喜参半。惊的是这样大事，我今加入，若不机密，自己便陷杀头之罪，而被禁者恐受更大的苦楚。可我又喜得能参加救助我国伟大的革命党人。于是我问他怎样救法。他答："璧君女士拟出巨资，给党人捐一主事，然后又代此人谋为司法部监狱官，这样，就可设法放汪君走了。"我当然极赞成此计划。唯恨我此时太少年，又无官僚相，不能捐纳为主事与监狱官而已。

在与张君会见之晚上，他带我往见璧君女士。在极惨淡之状态下，我竟极傻蠢，用了些书呆子口气向她这样说："可惜汪先生这样牺牲。以他的才能，何必做此危险事；只要几个普通党人，即可暗杀满酋（指当时的摄政王）。自己一面，应利用笔锋去鼓吹；一面，应在国外号召呢。"由后想起，这些话实在无意义。汪先生先前的价值，就在能慷慨激烈，光明磊落，应做就做，不怕生死，这便好的了。可惜他现在入世已深，又不免多少被中国恶环境所熏陶，以致过于"持重"，先时金刚怒目的气概，现在渐渐变为菩萨低眉了。将来的晚节如何，尚是一问题。我辈固然希望他再做一番大事业来。

在他们出北平后，所谋无形中已归消灭，但我个人心头上尚久久保存这个惊痕。不知多少日子，在讲堂上于教习所说的毫未听及，一心只想旦夕不知头颅落在何处，此时读书有何利益。读者须知当时的北平，所谓"党人"寥如晨星。苟有风声，搜求甚易。彼辈远飏，固然无患，独我个人留此，不免受累。因此愈思愈无聊赖；要离校，父母又不许；由是学舍于我无异等于监牢了。

---

[1] 即方君瑛（1884—1923），福建侯官人，中国同盟会早期会员，后因对革命前途悲观失望而自杀。

幸而武昌发难，各省响应独立，清廷惧而放汪先生出狱，我们遂组京津保同盟会。不久，又到上海，借了汪先生介绍，我得挂名为南方议和代表处秘书[1]。事成后，我遂由稽勋局[2]送来法国留学。实在说来，我在国内读了十余年书，都是死书，以下便是几个证例：

坐法国邮船到欧洲，从上海到香港时，为我头一次与外国女人相接触。那时同食的有一位老妇偕一年约十岁的少女。她们母女于相敬爱中，另有一团和气，好似小朋友一样。少女天真浪漫，而又极守规矩。在食桌中，规矩之外又加上以风韵。例如她食葡萄，用掌遮嘴，食后放在盘上，其葡萄状如未食时，一粒一粒好好的尚极美观。我见此真骇异了。在少女去后，我偷取一粒观察，则见她食葡萄的方法，乃是将葡萄的下梢，用牙轻轻咬破一孔，缓缓吸其内质，既完之后，徐徐用口吹风入于孔内，这样葡萄内虽空洞，外貌则极美丽。凡此经过，因用掌遮嘴，又食得甚缓，故旁人毫未觉出。

唉！你这个有教养的少女呵！我这个中国大学生实在比你不如了。回视我盘中，葡萄皮与子，粉骨碎尸，狼藉不堪寓目。我真读死书呢，连食一粒葡萄也不会，连比一个少女的食法尚够不上！[3]

实则，中国人简直就不知食法（虽则做得极好的厨房）。西餐用刀叉，虽与中人用箸稍有不同，但食法的大纲，彼此都应一样，即食不可太快，当闭紧嘴缓缓咀嚼，口有食物时不可说话。在西食说，当先食菜肉，待落肚后，始用手送以细块的面包，待面包落肚后，如需要时，始用饮料，这是一种合于自然及仪礼的次序。在中食说，虽不能严格守定菜肉，饭及汤料（或饮料）轮流的次序，但切不可滥食一件以遗其余：故最可恶的是同桌食，菜肉无多，其中一人一味抢食菜

---

[1] 1912年，张竞生获孙中山委任为南方议和团首席秘书，协助伍廷芳、汪精卫与袁世凯、唐绍仪谈判，促成清帝退位。
[2] 南京临时政府成立时，孙中山、黄兴等人极力主张成立临时稽勋局，专门负责抚恤、褒奖革命有功人员，1914年5月裁撤。
[3] 张竞生在1948年发表的《食礼初步》一文中重提此事，可参考。

肉，不肯用饭，而使他人不得菜肉以送饭的恶气习。中人每为"食如虎"的格言所误，以致食得太快，不但丑态，而且有碍卫生。因囫囵吞下，未经牙磨碎，既少味道，又在肚内成块不易消化。又食时嘴最不可作声。中人因食太快，尤其食粥时，每当数人合食，则如鸭的吸水，其音闻得甚远。食时不可喷嚏，打嗝子，最切要的不可放屁，屁要放时，当到便所去，无论在何地方，切切不可对人放屁（有声与无声），这是中人的大毛病，应宜大大注意改革。

中食之最当改良处，应将公食改为分食。这事本来甚便，只要各人多双箸，多一匙，多一碗，多一盘，就可向公共盘碗取物到自己的盘碗内，然后用本份的箸与匙食物。公食最不好处是口水沾濡，而有病者借此得以传染他人。其在学校与军队，我想最好的就如西食一样，各人各得本份物，既免传染，又免争端，借此又可养成其缓食的风气。但在家庭及朋友聚食时，则菜肉可盛放在公共盘碗内，只要各人有自己的双份食具就好了。

食法确是重要，卫生与礼貌，美味与悦意，都与此有大关系。故西人的食厅极讲究，用人极修饰，而会食的男女，服装与容止都刻意入时取胜。我人虽不必如西人穿公服赴宴，但也不可过于随便，以致衣服肮脏，臭味腾扬，遂使食物也变成恶味了。

以上所说，本极浅显易行，但试问我国之受高等教育者有几多人知道这样食饭与放屁呢？我先前也如别个中国学生一样，只知读死书，对于日用问题茫无所知，其他高深学问的研究与应用更不必说了。

例如在船中与一从上海归国的法人谈论。他说："我们法国一切都比中国进化，即如农事一项，待您到法国后，就知中国的毫未讲究。"我一听之下，以为法人惯于吹牛罢了。我总想——也如别个中国书呆子一样想——我国数千年以农立国，而且地少人多，例如我乡每人不过耕一二亩田，自朝至暮，在田中工作，有一枝草也被拔去，这样治农，尚安得说"毫未讲究"吗？及我到法国后，始知此君所说不谬。第一最使我触目惊心的是头一次从马赛到巴黎,在车上望见一路所有山阜都是种麦或葡萄,其山顶稍高的则养林木,总之并无一隙地空过。回视我们的山坡,则都成为废地,相形未免见绌。即如平阳,不知多少美地竟为坟墓所占。其在法国,因行公墓制,不但墓美,而且地尽可耕。他如农器的精良,种子及肥料的讲究,除虫及水利的研究,以及副产如果子、家畜等的调护,凡此都为我国农人所梦想不到者。一行比较,我们的农业真是幼稚到不堪说了。

又如我初到巴黎客栈,向用人要"开水"。他们只明白水字,遂拿来许多种矿水。我到此始知在中国数年的法文读本不够用,始知数年所读的死书不能应用得一开水,因为我确实不知"开水"在法文怎样叫。及后到学校去,校长尚且说我的口音不正呢。实在,我的开蒙师,乃一位粤人用英文音而教我们法文者,故我的法语终保存一些英国腔调。

其他种种西法,我在本国书本上所知道的,一到欧洲亲自质证后,都觉得大相径庭。于是我想曾(曾国藩——编者注)、左(左宗棠——编者注)、李鸿章、张之洞等辈之变西法,所以闹得牛马不像者,大概就在于未曾亲自经历过西法好坏之缘故。由此,我愈知读死书无益,想进一步而读活书了。

(二)我要读活书了

可是怎样读法?现先以读法文为例。在我国读外国文,只于课本上念读,故放下课本,一字并无所得。在法国读法文(推之,无论在何国读那一国的文字),课本实在不重要。依我意,各店写有名字,各处有广告,如这是牛奶店、面包店等等,都属日用重要的名目,如能逐一记取,得益自然无穷。其次,在巴黎(或各省会),就买该处详细游历指导的书与图，按书一面游历，一面认识各项名目：如这为博物院，这为动物园、植物园、跳舞场、戏院、议院、大学、中等学校等，这样若能留心记取，则不数月，所有日用生活及通常应用的文字应有尽有，可以与人应酬了。再进而多到"白话戏院"听剧（外国白话与歌舞各分院而演奏。以巴黎言，国立有白话戏院 Odéon 及 Comédie française，私立者更多）。此项白话剧多为名人剧本（国立的更为常演），于演前先买此项剧本，好好读熟，到时听剧，自能得到其文词高妙，神情逼真。如能每星期看二三次戏，即是在此时间读悉二三本名剧，则不用一年半载，可以得到其国文学稍高的程度了。这项戏院票价甚便宜，用学生证书，可得半价。故每次在剧场最好的票位，不过十几佛郎[1]（就现时市价说），可得二三点钟的领略，若与每点钟请教授读法文须十佛郎者比较，则尤为便宜。至于教授可以请，但钟点免过多。最好，在请他指导读音，或时同外出引导，而最要的在研究文法，解释文学（最要就在解释剧本），与改正作文。

这样读法文，就是活读的方法。用功时间少，而得益甚大，且亲切有味。因从社会及剧场上自己体认而来，不但读得有味，而且易记得。在我国读法文，因无此环境，而且教者不得法，以致我虽读了几年法文，究其所得甚少。我知尚有许多中学生，读了四年外国文功课，结果连廿余个字母尚读不正，认不清呢。

我想在我国教外国文，也可应用上所说的活读法。不过应有特别的组织，即教外国文的课室当有专所，而于其中在某日教某课时，就组织成为那一课的"实境"。如教到食物课，则应绘图或陈列关于食的实物以为教料。最要是在将所教者编为剧文，于假期时（如星期晚之类）使学生排演。

凡人要读哪一科，当以自己的才力所近为限。多少学生，自己毫无主见，只看社会趋势。例如做官好，则读法政；如军阀好，则读陆

---

[1] Franc，今译法郎。

军；至于自己才能及性情是否相近，则毫不以此为意。我初到法国也犯此弊。当友人问及读何科时，我答拟读"外交"，这当然想入非非。我个人性情浪漫，不能谄媚，用手段，毫无官僚相，喜欢说实话，不讲调协，凡此都与外交官最不相宜，但我那时不知怎样想要学外交。或者在报上曾看到张绍曾为"间岛"事曾与日本领事交涉，将手枪放在桌上向他这样说："论国势，当然你比我强，但今日个人对个人，我当比你不弱呢。"我不免受这种影响，以为弱国也可有外交。只要外交得人，自可向人争气。

及后，经过几度自己考虑及与友人商量，始行决定研究哲学，这个实与我好深思远虑及大胆假设的性情相合。

可是，一切死书，无比哲学更死的。我今竟要把它作活书读，这真天下最难的事了。

顾名思义，哲学即"研究智识"之谓。它的态度，应如希腊毕大哥[1]所说："当奥林匹亚赛会时，有些人赴会的目标乃在比赛得名，有些为商的乃在乘机取利，至于哲学家不过在随意逛逛。"但哲学家并不是敷衍偷闲，因人成事。在名利争场之外，哲学家冷眼默察宇宙及人生一切大问题。故他的智识务求宏博；无论哪种学问，他都应知道的。他的治学方法，有时用"科学方法"，有时用"艺术方法"，但最长用的是"天才方法"。这个方法是凭个人的心腔，无意间与事物相通。所以科学方法（即归纳与演绎法，可看《穆勒名学》[2]），是极浅易，谁人可学而能的。艺术方法（即模仿与创造）尚可勉用人力做到。至于天才方法（即发明与启悟），乃凭个人的心思与其遭遇的特别而运用，唯哲学家如毕大哥辈之好学深思，妙想天开，始能奏效。由此说来，学活哲学乃至难的事。我自知才力有限，但时时刻刻照此方向进行，不敢放松。例如我为博学起见，从天文、理化及生物与社

---

[1] 即毕达哥拉斯，古希腊数学家、哲学家。
[2] 原名《逻辑学体系》（*A System of Logic*），作者英国穆勒·约翰，1902年严复将其翻译为《穆勒名学》。

会学，都曾到实验室去考究。这些学问的典籍繁富，当然无法去全行研究。但哲学家与科学家不同处，哲学家在"会其通"（所谓万殊一贯），科学家在"究其全"。故如以研究动物学说——动物学家，举凡关于动物律例及种类应当全知。至于哲学家对于动物的研究，只要知其大纲与别种科学互相关系之所在而已。又如生物学及解剖学对于骨节的研究，则将所有的生物骨节全行引出，互相比较。至于哲学家的任务，仅在大纲上考究骨节的进化与退化的道理而已。这个从大纲上的观察，有时哲学家比科学家更能发明。例如哥德于审察绵羊骨节后，竟发明了那一个"脑袋由一个脊骨所进化而成"的事实[1]。即如区区的我，不用全知生理的构造与性学的渊源，但在研究"巴多淋"液发泄之效果后，使我得到"女子于交媾时，如能多射'第三种水'（即巴多淋液），则其性情与身体必较好，卵珠必较壮大，生子必较美善"的假定。哲学家比科学家高明处，就在能"会其通"，就在能善用"天才方法"去活用科学及艺术方法。

但是，无论学哲学、科学、政治、社会各学及各种艺术，我意凡要读活书的，于书本研究外，当实行下面三个纲要：

第一，旅行方略；

第二，情感教育；

第三，社会学问。

先说旅行的方略吧。

游历为极大的学问，然非有预定的方略，则甚难得好效果。就大纲说，凡于中学或大学毕业后，当即就其所学从事游历以为增长知识及实地质证之用。

所以游历是极多种，有科学、政法、教育、艺术、实业、外交、军政等种种的游历法。

---

[1] 哥德今译歌德。1784年，歌德撰写了《动物变形论》，认为脊椎动物最重要的部分是脊椎骨，动物各种器官都是由脊椎骨发展而来。

至于我个人的游历，当然是哲学的。这个游历与别项不同处，就在从整个观察。我在第一度旅欧约有十年之久，每逢暑假时，则出外游历，法国、英国、比国、德国都曾观其大略。自猪圈、牛寮，以及制奶饼，矿山与及民情风俗均有考察。他如山川形势、风景、气候，我也有所领略。我的方略是：无论何事，应有尽有当去亲身考察一番。至于我判断，不是在一事一物上如彼专家一样，乃从一切事物的互相关系上。

例如凡一地方当有其人种、风景、气候与种种制度，文物之特采。但我于观察各地方之后，竟得了一个共同的大纲，即一地方人民的行为，可以由法律、经济、教育、风俗四项综合后之结果去决定。故我们能知某地的法律、经济、教育及风俗是什么状况，同时即可知道此地的人民是什么行为。例如欧美有些国，人民如得到失物，当即拿到邻近的警局，以还失主。这个"道不拾遗"的行为，可以用下列的理由去解释。

（1）法律：因为这些国有条律例的大意是：凡拾得遗物不报告者，发觉时处以窃盗之罪。如报告者，可得失主的奖赏。

由这法律的效力，谁也不愿保存极少价值的物件（如雨伞、手包之类），而受了盗贼的刑罚。故极少例外，失物的主人都可在警局得到失物。

（2）经济：这些地方，人民都有职业，故看几角或几元所得的失物为不足重。

（3）教育：这些人民都有教育，知道互助及尊重他人的所有权。

（4）风俗：这些地方的风俗，甚不以得人遗失物为合理。

由上四项的结果，而产生了"道不拾遗"的行为。苟有一项变动，则其行为也随而变迁。例如大战后，德国人民受了经济压迫的影响，故失落的如为不甚有价值的物，尚可寻得；苟稍有价值如美表、内有多钱的银袋等，则得者已不如先前的守法拿去报警了。至于安南有一恶风俗，则凡能盗窃他人物而得手者号称才能，后虽发觉，也不为罪。这样养成安南人好偷的行为。其在我国，因无法律规定，故得遗物者以为"天赐"，还主与否，全靠其良心。但在乡下，苟得相识的失物不还，则社会极为鄙贱。

又如在欧洲许多地方的风景甚美丽，这不是由于天然，乃由人力所组织为多。他们的花园、树林、大道、海水浴场、山上玩耍场、矿水场等均极排场。此中组织的动机，也可由下几项原理去说明。

（1）他们法制上，对于名胜尽力保护及推广。现各地政府且于国务院内设立名胜专局。

（2）经济一途关系尤大。近来美国人有钱又好游，每年来欧游费，为中币数千万万之多。以是各国竞争创设玩乐场所，以为招引之地。每有地方虽甚贫乏，只因有一名胜，遂成为富裕之乡（我国如无内乱，能将各地名胜建设整理，最要是四川至云南以及喜马拉雅山旁，如能善予招待，定有游客甚多）。

（3）教育上，人民对于美术观念甚足。不但公共地方美丽，即个人的屋宅、花园也极可观。

（4）风俗上也极以游玩为然。每当暑假，或春假，则人民多到山间、海边，或到名胜之地。故欧洲的游玩场所，实在不全为外来游客而设。因为本地人民也极习惯此项的消遣。而事实上，多到名胜或休息场所，不但得到康健玩乐，而最要的在得美德的感化。

我今仅于上举出二点。其实，一切人民的行为，都可用上所说的大纲去判定。故要人民对于某事有好行为，当将此事的法制、经济、教育、风俗卜头，从好处去创设。

其次，即来说"情感教育"。

教育有三种：智识、志愿、情感。我国现在教育破产，什么也谈不上。至于一班到欧学生，当然在求知识。但我尚以为不足，应于知识之外，再求志愿，尤其是情感的教育。

凡叫作人类，当有人类的情感。我国历来受了礼教的摧残，已经丢失人类的情感。我曾说我国只有"半伦"，即母亲对于子女的情感尚为保存。他如上下、朋友、兄弟、父子、夫妇的相互情感均已遗失，只存一点矫作的礼貌罢了。

情感的教育千端万殊，但有一大纲，即：

怎样能爱人与被人爱？

这是一个极难解释的问题。但到欧洲后，如能随时体认，自可得到此中的关键。

怎样能使人爱？

第一，男人要有风度，女子要有风韵。

风度与风韵，由先天生成的不过十分之二三，而由自己养成者应得十分之七八。欧洲社会盛行跳舞、社交与男女自由结合的风俗，这些都是养成风度与风韵的要素。因为跳舞（不是上海的野鸡跳舞，目的只在淫）时，男女的仪容风流，举止妩媚，既可练习步骤与乐韵相和谐，又可养成谈吐与礼貌相协洽。其在社交，因多与人交接，一切必须检点。而最要的在男女能自由表情一层上，大抵男女要求对方的欢爱，则必于人格上提高，仪容上整饬，性儿温存，情儿浃洽，语言来得流丽，举动力求漂亮。

第二，戏剧，音乐会，尤其普遍是电影戏——人人都濡染于演员的表情，自然不知不觉地养成了风度与风韵的性格。精而言之，则眉眼表情，色授魂与。粗而言之，即亲吻的表情，也有十几种，凡此都使观者得以仿效。即如我国说，自影戏传入以来，一班男女，必定增加多少分的表情，尤其是亲吻的进步（亲吻，我国人太多口津，且不响亮。至于西人行得极干净与有音韵）。

第三，要有好教养：和气，有礼貌，富于救助人的精神。其在我国，社会上相与，历来古典所形容恰好：有如"路人"一样，即是痛痒不相关，休戚不相问。至在欧洲，虽是"路人"，彼此和和气气。遇到有事，则互相救助。如有一人疾病，则路上的人趋而救援，识得医理的则行临时医治的方法，有车的则载其人到医院去。每当二人因事纠缠，则路人均愿到裁判厅为之质证。偶有凶杀，则无论何人,都是奋身不顾危险去追捕凶手。故在此种义气上,最可看出欧人的精神。

第四,要有美德的涵养。这种美德,一方面为文学、美术的研究,使个人的心灵超逸;一面为体操、锻炼与各项野外的玩艺(如乘马、打球、游泳之类),使人身材矫捷壮健;一面为服装与修饰的讲求,使外观洁净与动目。欧洲人,不论男的都是齐齐整整,女的都是娇娇滴滴。服装讲求,不是在穿丝绸绫缎;她们贫家女,只要一片花布,因其做得入时,穿得巧妙,遂而成为一片美料了。只要一牙刷,即可使牙洁净。只要一衣刷,即可使衣服不生尘埃与痕迹。我们在国内,见到多少富人家,丝绸绫缎穿得满身臃肿,牙齿黑黄,衣服污迹遍处,手甲积土甚厚,凡此一见使人要呕。他如鼻涕,口水,若备了半打手巾,即可挥吐在内,不致随地献丑。故我人应知是,美观不必繁费,只要自己有一点美的见识与肯去一点努力,即可得到。彼欧人不过识得此大纲,故随处令人可爱。而在我国,因为不晓此理,遂随时令人厌恶。

其次,怎样能爱人?

此中条件繁多,而最要的应具有同情心。

我国人最缺乏同情心。故最爱我国的罗素大哲[1],尚疾首痛心说我国人最大毛病就在于:爱钱,怕死,缺乏同情心。实则这三毛病仅是一桩病源,即无同情心。因无同情心,遂生贪念,所谓除了"钱银、妻子、猪",世事无一足以动他心了。因无同情心,所以怕死。我今又要赘一语,因无同情心,所以中国人最残暴,他们对他人,只要一句话或一意见不相同,就要处以死刑。至于那班军阀政客的互相残杀与连累杀及人民,尤为显明的证据了。

欧洲人,因被一班恶人所蒙蔽,对于别国(尤其是敌国),尚不

---

[1] 伯特兰·罗素(Bertrand Russell,1872—1970),英国哲学家,1920年曾来中国讲学,并在各地游览,1922年著有《中国问题》一书。

免存了一些幸灾乐祸之心。但对于本国人，则极视为一体。例如去年法国南方稍有水灾，则全国奔走呼号，尽力救助。终于受灾人民不致损失。即巴黎一间小报，也到灾区代灾民建筑新屋三二间以为施恩招徕之地。至于我国前北五省旱灾，人民死了几千万，而上海及大城富户，一文不出，尚且照故玩乐呢。欧洲人人因有生业，孤苦老弱政府又有救济，故极少见到难民，乞食几等于无。其视我国，则贫人满地，而有力者漠不动心，真是猪狗之不若了。欧洲善人，推其同情心至于禽兽。故有保鸟会、保兽会等。不合理的杀一鸟，与乱打一马、一牛、一鸡、一狗，即有会员出来干涉。其视我国那班有力者之凶杀同胞，而国人坐视不救，一言不敢发者，相去又几何？

除上所说的游历方略，及情感教育，二项为读活书之外，尚有第三项读活书之方法更较重要，即是"社会学问"。

社会学问，我在此乃就狭义言之，即：社会组织。

欧洲社会组织（美国也在此例）大端上可用下式概括为：希腊美艺观念（及哲学观念）、罗马法制精神、近代科学与工业，三项所组织而成就的。

例如以他们的街道说，大都平直干净，宽大利于交通，两旁种树，合于美术而且益于卫生。此种路制，乃源于罗马时的"官路"，加上了近时的交通需要。至于种树路旁，虽为拿破仑法制所规定，而实受了希腊美艺的观念。又如以他们的市政说：屋宅类为数层高（美国且有数十层者），这乃受工业发达，商业随而兴盛之所致。至于各项公共处所，如官署、博物院、医院、学校、俱乐部、试验场、公园等，则均具有建筑学及美术的精神。关于法制等事，如市议会法、卫生法、巡警法、民法、商法、工法、刑法等等都是整肃不紊而且能实行。

故观察欧洲社会，当从其教育、法制、科学及工业与其风俗各项的整个上着眼，始能得到其真相。推而言之，今后我们社会的组织，也当从这几项的"整个精神"上着手，始能得到美备。

以上所论，当然就其大纲。我以为自来留学生及游历家，大都不明此大纲，以致学无所得，而归国后，对于社会的组织，遂至茫然无知。至于我个人在欧洲两度十几年研求及游历所得，则除于考究这些大纲之外，并极力在将其详细事实揭示出来以与其大纲相质证。现时，我已将第二度旅欧所得的社会学问陆续出版为《基本建设》（即民智、民力、民生的建设）、《制度建设》、《思想建设》三书[1]。在后拟将我所得的"游历方略"及"情感教育"两项上，也出为专书[2]。

说及我在这第二度来欧的计划甚多，此中有一端极重要，应在此叙及者，即想在欧设立"编译部"，将世界各种名著（如哲学、文学、各项科学、社会学、艺术、工商业及杂述等）作有系统地译成中文。我想：世界第一流名著，以译成中文说，大概有三百本（每本约五六万字），则可包括无遗。只要有十位各有专长的学问家共同译述，则在三四年内即可竣事。计其费用，不过数万元。陆续筹给，每年只要万余元即足。简单说，则只要有数千元作为头费，以后，陆续出书销售，得款即可继续维持译述者生活。可惜国人现方酣战，或为官僚事业，以致我这项计划不能实现。但我对于此项事业，当竭全力使其有成。希望不久有一班友人投资，一面在上海组织大书店；一面在此建立编译部。这样不但可得大利，而最要的在使我国得到世界最著名与最有系统的学问。

以此，我敢夸口说，以我前在上海为编译部主任的经验，则我的编译方法，不是他人所能及。因为我的有三特长：（1）在能选择名著成为极美善的系统；（2）在有译述的好方法；（3）在有编辑的好制度（这些详细不能在此说及，凡要合作的，我当将所有的陈告）。

就我个人努力说，当然不如与众人合作为易成功。但我决定如合

---

[1] 实际上出版了五册单行本，即《民力建设》《民智建设》《民生建设》《制度建设》《思想建设》，均为上海神州国光社1933年出版，后两种图书已佚。

[2] 目前未见两书出版信息。

作事业不成，则我个人也决从这方向进行。约计每年我自己能译述十几本书，则以二三十年之力，准可完成我这个译述世界名著二三百本的宏愿了。希望我再活二三十年尚未过老呵。我极愿为愚公，世人幸勿笑我为夸父吧。

（此导言写于民国廿年春，时在巴黎近郭的枉费[1]）

---

[1] 该地名应为 Vanves，今译为"旺夫"。

丁未潮州黄冈革命[1]

---

[1] 原载《中国近代史资料丛刊:辛亥革命二》,中国史学会主编,上海人民出版社,1957年。黄冈镇,位于中国饶平南部黄冈河平原,别称凤冈、瓮城,现饶平县县城所在地。1907年5月22日中国同盟会在该地发动反清起义,史称黄冈起义,又称丁未黄冈之役。

丁未潮州黄冈革命

潮州革命，以饶平县黄冈镇一役为党史最轰烈最痛心者。黄冈举义揭竿于纪元前五年丁未四月十一晚，克五日失败，殉难就义者多至数百人。先是甲辰闽志士黄乃裳（黻臣）奔走海内，鼓吹种族革命，闻南洋各处革命思潮澎湃，乃南渡星洲[1]，竭力联络同志。旋得其友张永福、陈楚楠、林义顺（发初）、林受之（喜尊）并其女黄端琼多人资助，复广印《革命先锋》[2]（邹容著）以激动种族思潮，冀人咸谕满酋之应仆。乙巳春，星洲同志派林义顺、张欣然（来喜）带《革命先锋》五百本回潮州，秘密分发各地，借以宣传革命，联络同志。斯时岭东一带风气闭塞，民智未开，民族思想幼稚，漠视改革维新之事，端赖是书传播□□醒觉覆满之心，遂稍普。值黄乃裳回国，竭力讲解光复大义，复运动惠潮诏安等处之人，于是从者渐众，趋义日增，光复种子，于焉萌芽。

时潮人有许雪秋者，侨叻富商子也，任侠好客，挥金如土，尤醉心革命。乃裳至潮，与之谋，大喜，即设机关于雪秋住宅（海阳宏安乡）。遂与乡人许柏轩谋面，乃先集陈芸生、吴金铭等在寄云深处开会，讨论各节事宜。乃裳等以革命进行，非广集人才成中坚分子训导民众共同奋斗不可，于是拟筹设布局，扩充工人，暗收同志，极力宣传。会务遂与日弥进，而各界志士闻风来归者，有余既成、陈涌波等数百人。先后加入中国同盟会，誓灭胡虏。其时适潮州盗风大炽，粤大吏谕各府县办团练以自卫。吴金铭等以时机可乘，密商许雪秋等，提议具禀海阳县令胡某批准，以旧七都书院为团练总局，先办团丁数十名，以吴金彪为教练，开始培植革命基本军队。次之候着各乡举办分局以扩充实力。趁潮汕建筑铁路，派陈涌波往黄冈组织同志数百人，充建筑工人，拟暗合团练，在该处约期举事。嗣为汉奸吴觐光破坏，递匿名信投清当道，称吴金铭借团练以谋不轨。金铭为胡县

---

[1] 新加坡旧称，下文星嘉坡、叻、叻波、星岛等均为其旧称。
[2] 邹容著的《革命军》，1903年出版，是当时宣扬"反清排满"最重要的册子。又改名为《图存篇》（新加坡）、《革命先锋》（香港）、《救世真言》（上海）等，纷纷翻印。

令传押，幸无佐证，经刘凌沧等保领释放。纪元前七年，星洲中国同盟会因张永福介绍，面谒孙中山先生于星嘉坡晚晴园[1]。旋奉孙先生命，往潮州起义。是冬，雪秋偕侄锦泉至澳门，承孙先生委任东军都督，主持岭东一带军务。许既受命，顺途之香港，即镌鹰球图章为军中钤记。分设中华公司革命机关于叻波，由林受之操持，互相策划。并与留东同志林士仰遥通声气。雪秋自是回潮，广集同志，惨淡经营，进行不辍。派余既成等分设通讯处于黄冈余通之泰兴糖房、汕头至安街铁路公司惠安药房、庵埠行脚两合号及浮山墟、澄海、惠来、潮阳、丰顺、揭阳、普宁、兴宁、惠州，海陆丰诸处，潜谋暗结，积极筹备，待时而动。未几，萍乡醴陵事起，革命风潮，磅礴全国。许雪秋在潮预谋响应，以人才缺乏，特电日本，请总理派乔宜斋、方汉城、王斧军、方瑞麟、方南岗及日人池亨吉[2]、萱野长知[3]等陆续归国。至香，先与陈少白、冯自由、胡汉民、汪精卫等共同策划，回潮帮助。雪秋以同志毕集，逆料时机已至，即召集党众会议于其宅，表决丁未年正月初五日乘新岁清吏防疏，由饶平浮山墟进攻潮城为根据地，促黄冈、惠来、丰顺等处克日发动。后因丘松、薛金福等机谋不密，泄露风声，卒不果动。而谢明星、黄亚三、黄亚四等被清续备军所拿，不屈死之。时曾杏村主汕某画报笔政[4]，以言论激烈，卒被黄金福查封拿禁，旋行释放，复版。许雪秋乃赴香港中国日报会冯自由向汪精卫报告一切，另行磋商今后进行方略，须与诏安、惠州、钦廉之黄乃裳、邓子瑜、王和顺各属义师同一态度。当此之时，星洲同志

---

[1] 位于新加坡大人路，1905年由张永福出资购买，一度成为中国同盟会南洋支部的活动据点。
[2] 池亨吉，日本作家，别号断水楼主人。曾被孙中山聘为大总统秘书，1907年1月应孙中山邀请来中国参加起义活动。
[3] 萱野长知（1873—1947），号凤梨，日本高知县人，1905年加入中国同盟会，长期追随孙中山从事革命活动。
[4] 1907年，曾杏村在汕头创办《双日画报》，这是第一种以潮汕方言编写的图画报，因耿直敢言，触怒当局，该报次年被当局查封，曾杏村被捕入狱。

张永福等既怀维新之头脑，复抱建国之精神，痛满清之腐败，盼革命之成功。闻潮州各属义师部署已定，待时举事，恐军费不足，难收成效，既捐巨资以助军用，而赵钧溪等尤具热诚，奔走呼号，向各地募捐，帮同接济。旋雪秋自香港与汪冯重行磋商回潮，再图黄冈举义，向林受之商款，感动热忱，竭力输将。在纪元前五年春间，交许雪秋手一万四千元，转给陈子湘等存某银庄，后印一元军用票，加铃记以备举事用。旋复得曾杏村等资助，军事进行，益形活动。遣吴金彪、吴东升往黄冈向陈涌波等约定四月十四日起事，合潮梅各属，连同一气。党人得报，互相照会，稍久，致露风声，为黄贼金福发觉，派蔡河中带兵抵黄冈堵抄查办。十一日晚，余通被捕，党众迫不及待，攘臂一呼，应者千计。时方南岗、辜景云等因制弹失手伤面部，即举陈涌波、余既成为司令，林希侠、吴炳文等任参谋，乘势直捣协署，用火攻克之。蔡河中降，城守许登科、柘林司王绳武皆被擒，枭首示众，黄冈城遂入党军手。

先是孙中山先生与雪秋约定四月十四举事，令日人萱野运械至洰洲港等处，起水接济。奈期未至，而事先动，致军械欠缺。适李贼准援师又至，败绩垂成，而下令解散矣。失机后，奔厦门十数人，往鹭江报寿卿处先后奔香港者数百人，以生活困难，分派吴东升、余笔等多人往暹，由萧佛成、陈景华、陈载之、马亨顺等妥为安置，复遣百余人南渡星洲，均由张永福、林义顺、林受之、沈联芳等极力招待，分派各处营业，以维生活。而余通、余御言等初寓张永福、张华丹之新长美号，继由林义顺导往洴水港义顺庄树胶园包工。许雪秋、陈芸生、萧竹漪等众则奔叻，寓林受之锦淞号中，与受之暗谋收容国内革命失败同志，广集重要分子，静待时机，再图发动。嗣后许雪秋、许佛童等复承孙中山命令，潜向惠潮各处联络，以图起于汕尾。同时复得叻坡三十余同志合力捐巨款助饷，卒以运械事涉重遭挫折星散，时余通长子世钦被清吏擒拿，捕禁两载，始释，其母暨次子世良寄食戚家。后由叻坡同志寄资接济，始获南来。当方瑞麟奔叻之初，寓许雪秋、林受之处。未几,由刘鸿石介绍往巨港任教席,后回星与林希侠等襄理《中兴日报》事。林国英等奔越南,余既成于五月间在香港被捕,清廷诬以盗匪罪,照会谋引渡。乃由李杞堂、陈少白、冯自由等延律师白奇理向法庭辩护,叻地同志皆协力捐资营救。适实得力《泰晤士报》主笔政者浏氏与孙中山先生及林义顺交厚,林乃向其陈述真确事端。并言既成乃柔佛地种植家,非下流社会人物,证彼为政治,不能引渡。该报遂据斯发为评论,刊之报端,以弹击清廷之非,港官被动,竟抗清廷之请。由是斯案遂成瓦解。然已纠纷数月,始以国事犯释放。戊申二月间,搭丽生船来叻。抵岸后,寓晚晴园。此举林义顺亦煞费苦心也。自是以后,孙中山每次莅叻,辄驻扎晚晴园,陈涌波、余天中等皆为护卫。

丁未秋间潮镇黄贼金福大索黄冈余党,而粤当道行文来潮,严令通缉吴金铭、李其祥二人。吴、李经闻风潜去,夜至海阳县浮洋市[1]地界,突被清续备军发觉,前往追踪,吴乘势奔入田禾阡陌间,得以脱险来叻。李则被获,后与薛金福同时就义。刘凌沧则于十月十一日为黄金福以嫌疑传讯,着交出吴金铭。嗣讯无佐证,监押数月,被黄等勒索二千余元,始行开释。而刘之家产已荡然矣。乃乘轮来星,寓刘七辉之荣盛炭行。后于箩街设馆授徒借以传播革命种子。其后日人萱野长知因黄冈事失败,来星,无资回国,向诸同志募集,刘七辉、叶敦仁二人各助资以成其行云。(稿本)

---

[1] 今属潮州市潮安区浮洋镇。

南北议和广东代表团之实权[1]

---

[1] 本文写于1957年,收入李俊权等主编《粤海挥麈录》,上海书店出版社,1992年。

南北议和广东代表团之实权

中华民国临时政府成立后，继续酝酿南北议和。当时余任南方代表团秘书[1]，奉命上缴经费数千元于南京总统府。由汪精卫之介，获独谒孙中山先生于总统府密室。先生对南方代表团实权问题，作重要指示说："此次南方议和代表团之代表，虽由伍廷芳任之，但实权则密令汪精卫负责。伍为外交部长，南方各省推为代表，原属至当。但伍乃大官僚出身，性贪财货，喜物质享受，昔年任驻美公使时，其随员均纳贿出卖，回国后，置华厦于沪滨，骄奢淫逸，非革命党人也。当其当选代表后问余：'此次议和，如能达到如美国之内阁制度，满廷则保存虚君位，可乎？'余坚决反对曰：'吾人革命之目的，为推翻满廷，建立民国，断不能再由满廷保留虚君位。'总之，不论从何方考虑，伍决不能代表南方革命利益。良以各省所推，不得不予以任命，然终怀疑其是否真能称职也。故于代表一席外，另命汪精卫、王宠惠、王正廷、钮永建等为代表团参赞，暗授汪精卫以全权，凡事须由参赞团同意方能由代表签订。至于重要事项，又须吾等同意，方可执行。"至于为何重视汪精卫？则曰："精卫前以暗杀摄政王，名驰世界，出狱后，在天津组织京津保同盟会，仍为革命与袁世凯作斗争，故付以重任，使尽量发挥其革命意志，然其有时不免感情用事，望参赞团、秘书团协力助之。"

将告退，先生犹切嘱保密，并命向汪汇报，惜乎汪氏晚节不保，有负先生多矣。

---

[1] 1912年，张竞生时年24岁，获孙中山委任为南方议和团首席秘书，协助伍廷芳、汪精卫与清廷的袁世凯、唐绍仪议和。

南北议和见闻录[1]

(张竞生早年曾追随孙中山先生参加辛亥革命,于北京上学期间参加"京津保同盟会"。他作为南北议和代表团秘书,是汪精卫专函介绍给孙中山先生的。)

---

[1] 本文写于1959年4月,原件藏广东省文史研究馆,有不同版本的手稿原件,现已佚。饶平县张竞生文化园和潮州韩山书院收藏有该手稿复印件。现能见到公开出版的有三个版本:1.《民元南北议和见闻录》(台北《艺文志》第146期,1977年,简称台北版);2.《南北议和见闻录》(《汕头文史》第四辑,1987年,简称汕头版);3.《南北议和见闻录》(《张竞生文集》,江忠孝编,广州出版社,1998年,简称广州版)。其中,台北版是能够见到的最早公开发表的版本;汕头版的内容与台北版基本一致,对原文做了分节处理,全文共分17小节,每节增加一个小标题;同时改用现行的标点符号,并对原文个别字、词、句做了纠正润色,对个别段落顺序略有调整,文末注明"略有删改";广州版与前两个版本的部分内容存在不一致。本书以汕头版为底本,采用广州版做校注参考本,凡只见于广州版的内容,在文中一律用【】标示;同时,台北版作为附录收入本集,以备专门研究者参考之用。

一、南北首次对话

辛亥年（宣统三年）八月十九日（公历一九一一年十月十日），武昌义旗一举，全国各地次第响应。九月初六日，清廷派袁世凯为钦差大臣，督师到汉口。

【袁世凯一面奏请停止进攻，一面遣员与湖北都督黎元洪议和。袁以刘承恩与黎元洪有同乡之谊，嘱刘承恩函黎达意旨。书两往不获一复。刘复于九月十五日续寄一书详述种切，黎亦不答。袁世凯乃于九月十六日特派刘承恩、蔡廷干二人为代表委员，自汉口渡江与黎元洪晤商。】

袁世凯奉清廷命督师南下，初驻扎于信阳州，迁延不进，一面奏请停止进攻民军，一面遣员与民军湖北军政府都督黎元洪议和。袁以刘承恩与黎元洪有同乡之谊，在抵达信阳之前，已嘱刘承恩函黎达意旨。书两往不获一复。刘复于九月十五日续寄一书详述种切，黎亦不答。袁世凯乃于九月十六日特派刘承恩、蔡廷干二人为代表委员，自汉口渡江与黎元洪晤商。九月廿一日，刘承恩、蔡廷干请见民国鄂军都督黎元洪，先由传达官通知，黎都督即行许可。特派两员招待，并遣卫队十二名沿途保护。刘、蔡两委员乃于是日午后四时由汉阳门入，直达军政府。招待员导入议事厅，黎都督及各部长均在。各行宾主礼毕，分别就座。首由黎都督询问两委员的来意。刘承恩即宣布此来的宗旨。

兹将彼此两方的问答略述如下（这些档案都由当局汇送到南方议和团秘书处备查）：

刘承恩说："都督首先倡义东南，十余省相继而起，实可钦佩。项城之意不过三世受恩，不忍亲见清政府倾覆，故特派代表等【前】来协议。都督所以革命的原因无非为清廷虚言立宪，实行专制。现在清廷已下诏罪己，宣誓太庙，将一切恶税苛捐全行改除，实行立宪与民更始，目的可谓达到。倘再延长战争，生民益将涂炭。都督本为救民起见，是救之而反以害之，于心安乎？况某某两国均派水师提督带兵入境，不知是何居心？国内交争，恐彼等乘势袭取，致酿瓜分之祸。伏望都督统筹善策，顾全大局，传知各省，暂息兵端。一面公举代表入京组织新内阁，共图进行之策。朝廷仍拥帝位之虚名，人民已达参政之目的，所谓一举而两善存也。满人虽居心狡诈，然经此一番改革，大权均操诸汉人。清帝号虽存，已如众僧人供奉一佛祖。佛祖有灵，则皈依崇拜之；不然，焚香顶礼，权在僧人，佛祖也无能为了。"

黎都督答："项城真愚蠢！瓜分之言，可以吓天下人，能吓湖北人吗？现在各国领事均奉各该国政府命严守中立。各国皆文明之邦，以遵守公法为第一要义。微论必不干涉，即令各国中有不守公法的举动，我国十八省热血同胞当尽牺牲生命以救国家。以我国四百兆人民与外人办正当的交涉，外人虽强，当也望而却步。向来外人对待中国的手段，百端强硬，其所以不实行瓜分者，畏满清政府吗？恐为畏我民气吧！满清政府存留，能担保各国不瓜分吗？项城命二位来，其意不唯本都督所深知，即天下人民亦无不洞见其肺腑。彼要借此解散我省军心，令各省自相冲突。迨四方平定，彼握大权，然后驱逐满人，自践帝位。其用意虽毒，其奈人已不上他的当了。若余为项城计，莫若返旗北伐，克复冀汴。冀汴都督即由项城担任。以项城的重望，将来大功告成，选举总统当得首选。项城不此之为，乃行反间的下策，注定他必然失败。我不知项城何以愚蠢至此！如谓三世受恩，不忍坐视满室倾覆，此言又无人格。以公仇论：满人贼也，我主也。我们被贼抢掠妻孥财产已二百多年。今贼反招彼为管事，彼当视贼为仇人或为恩人呢？以私仇论：溥仪即位后，逐项城于国门之外，虽幸未被刑戮，然已万分危险。置仇不报，而反视为恩人，项城虽愚，岂永久做梦未醒吗？满人素来待汉功臣，用之则倚如泰山，大功一成，即视如土芥。年羹尧的战功如许大，其结果何如？项城岂忘却么？总之，项城如同情革命，则当返旗北向；否则，约期大战而已！我这一番言语，俱是忠告项城，项城不悟，真是满奴。二位均是汉人，平心思之，我言果不谬否？"刘承恩到此，满面红赤，不能置答一语。

蔡廷干继起说："都督之言，实同金石，我等均为惊醒。复命时，定将都督之言劝告项城。不日当有回复。"各部长均言项城如甘为满奴，实在无人格！二位当剀切劝他为是。刘、蔡二委员到此均唯唯。

当晚，黎都督盛筵款待刘、蔡，各部长均陪席。席间，畅谈革命原理及各国革命历史。十二时席散。两委员即宿于军政府。

二十二日，黎都督派卫队数人护送两委员渡江。议和消息中断。

二、武汉停战

到了十月初七日，袁命清军夺回汉阳，狂加劫杀。【我们】"京津保同盟会"同人，与全国人民一样极为愤激，恨袁的凶恶及对议和无诚意，遂激起同盟会会员张先培、黄之萌、杨禹昌三烈士炸杀袁世凯的义举。事虽不成，但也是使袁不敢全恃武力解决的一个原因。后经外人再行斡旋两军议和，清军乃与民军订立停战的规约。

武汉停战第一次为期三日：白【自】十月十三日早八点钟起，至十六日早八点钟止。第二次也三日，从十六日早起。其后则号全国停战者四次：从十月十九日早八点起，到十二月十一日止。

今将武汉停战规约五条录下：

一、停战时各守现据界线，彼此不得稍有侵犯、窥探。

二、停战期限订于十月十六日早八点钟起至十月十六日早八点钟止，计共三日。两军不得在期内开战。

三、军舰不得借停战之期，泊近武汉南北岸，以占优胜地位。须至青山以下停泊，至停战期满为止。

四、停战期内，两军不得添兵修垒及一切补助战力等。

五、停战之约，须有驻汉英领事画押为中证人，庶免彼此违背条件，以重公法。

三、清廷派袁世凯为议和大臣，袁委唐绍仪为全权代表南下议和

按清廷遣派代表与民军议和的原因之一，乃由"君主立宪党"与"京津保同盟会"主持人汪精卫所发起的"国事共济会"于北京后，得到清资政院极意赞助，于是李家驹以此意面达袁世凯。袁谓调和两方固属善举，然谁能当此第三人的责任？须知第三人者必须于两方均无关系，且与两方均无恶感然后可。寻有汉口英领事斡旋议和之举。盖先是已有人运动英使朱尔典[1]。英使因有关国际问题，乃授意驻汉英总领事为调停人。而日、美、法、俄诸国亦先后赞成。且其时汉口虽被清军攻下，海军仍继续起义；汉阳虽被清军所占，金陵复为民军所有。清廷库币【帑】告匮，贷款无从，购械增兵，均束手无策。袁世凯迫不得已，乃奏明清廷，清廷即派袁世凯为议和大臣。袁旋请以唐绍仪为代表与民军代表会同讨论大局，议和局面于是开始。

兹将清廷特派袁世凯为议和大臣的谕旨录下：

十月十七日清旨："现南北停战，应派员讨论大局。着袁世凯为全权大臣。由该大臣委托代表人驰赴南方，切实讨论，以定大局。钦此。"

袁既奉旨，即备文咨行唐绍仪克日南下。其咨文如下：

钦命全权大使内阁总理大臣袁为咨行事。本日奉旨："现南北停

---

[1] 朱尔典（John Newell Jordan，1852—1925），英国外交家，1876年来华，1906年成为驻华特命全权公使。

战，应派员讨论大局。着袁世凯为全权大臣。由该大臣委托代表人驰赴南方，切实讨论，以定大局。钦此。"遵旨委托贵大臣为本大臣之全权代表。即希克日遵旨前往。除分咨外，相应咨行查照可也。须至咨者，古咨前邮传大臣唐。宣统三年十月十七日。

【南北议和之理由有三：

一为保全外人在长江流域的商务；

一为保全东亚的和平；

一为酌定此后中国的政体宜为君主或为共和。

又袁世凯同时通电各省，宣布议和的政见：则谓此次派唐绍仪赴上海议和，实为商议改革政治问题。本大臣向来坚持君主立宪政体，即英、德、法、俄、日本亦均赞成君主而反对共和。故此次上海会议之结果，可预料决无改为民主之理。乞台端竭力抚绥，幸勿动摇云云。】

袁世凯既委托唐绍仪为总理大臣之全权代表，其参赞有前署邮传大臣杨士琦、学部侍郎严修等。复就各省人士之服官北京者委托参预议和事宜。直隶于邦华、奉天绍彝、吉林齐忠甲、黑龙江江庆山、河南陈善同、山东侯延爽（原派周自齐）、山西渠本翘、【陕西雷多泰、】甘肃刘庆驾、四川傅增湘、江苏许鼎霖、江西蔡金台、安徽孙多森、浙江章宗祥、广东冯耿光、广西关冕钧、【福建严复（原派陈宝琛）、湖南郑沅、湖北张国淦】云南张锴、贵州骞念益、蒙古熙钰等二十二人，均于十月十七日同集内阁会议。十八日都乘京汉铁路专车南下。

四、南方十二省公推伍廷芳为民国议和总代表

是时南方各省代表方集于武昌，会议组织临时政府事宜。议和之说既定，代表乃议决推一民国总代表，与唐绍仪谈判。于是江苏、安徽、江西、浙江、湖北、湖南、广东、【广西、】山西、陕西、云南、贵州十二省代表公推中华民国外交部总长伍廷芳为议和总代表。

现将民国议和代表暨参赞及办事员名单录下：

伍廷芳　民国议和全权代表

汪兆铭（汪精卫）　参赞

温宗尧　参赞

王宠惠　参赞

胡瑛　湖北特派代表

王正廷　湖北待派代表

议和代表办事处职员：

张公室（张竞生）、李范之、曾广益。以上专任议和事。

陈经、虞熙正、关文谌、余沅。以上兼任外交部秘书。

沈宝善、何智辉、曾广勷、蔡序东。以上兼任外交部翻译。

谭熙鸿、史丹钦、潘茂昭。以上电政局特派译电员。

十月十七日，黎元洪给伍廷芳照会原文如下：

中华民国中央军政府大都督黎为照会事。照得鄂省起义，各省先

后响应，即宜筹划进行之方与对待之法。昨由英领事转袁世凯电，即日派唐绍仪来鄂开议。此时对待，非望实交孚之员不足当斯重任。兹由代表团公举临时政府外交总长伍廷芳，学问纯深，阅历素优，洞悉外交机宜，堪充兹任。合亟照会，贵总长迅速首途来鄂，以便对待一切。须至照会者

右照会

临时政府外交总长伍

黄帝纪元四千六百零九年十月十七日[1]

十月十九日，黎元洪又电邀伍廷芳来鄂。电文照录如下：

沪都督转伍先生廷芳鉴：清袁内阁派唐绍仪为代表来鄂讨论大局。十二省公推先生为民军代表与之谈判。此举关系至重。元洪已委托苏代表雷君前往迎迓，务望辱临，至为盼祷。黎元洪叩印。辛亥十月十九日。

---

[1] 即1911年12月9日。

五、议和地点由鄂转沪

十月十八日,唐绍仪出都。初议以汉口为议和之所。盖鄂军都督黎元洪因唐绍仪由英总领事转电谓议和一事,但认武昌为主体,遂电告沪军都督陈其美,请伍廷芳赴鄂。各省在沪代表乃会议对于赴鄂议和之说,全数否决。即电请黎元洪派巡洋舰护送唐绍仪至沪,以便开议。因伍廷芳如赴鄂议和,近于迁就,有损临时政府的威望。且汉阳新失,我方初遭挫折,若总代表赴鄂,似是自认败挫。所以主张和议地点应在上海。二十一日午前十一点,唐绍仪至汉口,有英领事及英公政局局长与民国代表接至英公政局的客房休息。至午后二点钟,民国代表王正廷与唐开秘密会议。王问:"闻清军有乘停战期内,由汉口调兵至山、陕以攻民军,若有此举,殊非正道。"唐谓:"断无此事,可以自家性命相保。"王又说:"鄂军欢迎阁下来汉议和,本已电阁请伍廷芳来此。但伍因民军之外交部在沪,势不能来。余意请阁下至沪如何?"唐谓此事,容为思索,再定行止。王乃告别。

至午后七点,民国代表胡瑛、孙发绪、王正廷等始与唐开正式会议。孙说:"阁下历游欧西,当知清廷不堪为中国的政府。阁下肄业美国,想也慕美之政治。阁下为汉人,岂不愿中国得到自由吗?"唐说:"此次我国起义,我也极表同情。清廷以汉人击汉人的手段,我亦深知。唯此来总以保无战争为目的。"胡说:"阁下诚不愧为外交的干员,但某等初意本要伍君来汉开会。伍君既未至,仍如王君所陈请,请阁下到沪何如?"唐表示允纳。孙君谓既经承允,某等当请都督派兵轮护送至沪。唐说："极感盛意,特余甚愿与都督一晤。不知能否请都督至英领事署面谈?"胡君表示当为代述。于是散会。此时已是午夜十一点了。

唐绍仪既允由汉口转往上海议和。乃于十月廿四日由汉起程,廿七日到上海,由于英人李德立曾发起调停,且由驻沪英总领事介绍,唐即寓于李德立之戈登路寓庐。而定以英租界南京路的市政厅为议和会所。

【各省在北京之士】偕唐绍仪来者有:【直隶】吴毓麟,【江苏】赵椿年,【安徽】杨毓莹、汪彬,【浙江】俞文鼎、章福荣,【广东】欧赓祥、唐宝锷、唐汝沅、冯懿同、容尚谦、沈诵清,【福建】王孝绳,【四川】邓孝然,【河南】王敬芳,【湖北】胡大勋,【湖南】范源廉【濂】、陈嘉会、薛大可,【贵州】陈国祥诸人。

唐绍仪在廿七日到沪。是日午后,即用正式礼谒见伍廷芳。廿八日晨,伍廷芳回谒唐绍仪,畅谈半小时。【临行】面订廿八日在南京路英租界市政厅会谈。

六、南北议和第一次会议

十月廿八日午后二时，清总理全权代表唐绍仪与中华民国议和总代表伍廷芳会议于南京路英租界的市政厅。

厅前警备的有西捕十余人，印度巡捕十余人，不着警服的暗探多人。一点半钟时，厅前不许人行走，而观者拥挤不堪。虽经印捕屡次逐散，来观者仍如故。

二点钟时，唐之汽车即止于议事厅门前。车中，唐之外凡三人：一为英人李德立，余二人则为唐的随员。未几又来汽车两辆，每辆中有清政府的代表两人。

伍廷芳乘马车，于两点零五分抵议事厅。同来者凡八人：内有汪兆铭、温宗尧、王宠惠、胡瑛、王正廷等。【皆鄂督府派来的代表。】

是日之会，专为交换议案而设。

会议厅中设两长桌，两代表各据上座位，伍左唐右。左列各座均伍的参赞，右列各座皆唐的参赞，各有四人。而黎元洪所派为伍廷芳随员的王正廷则坐于伍、唐两人的对面。所有随员会议时皆没有发言权。【若伍的参赞欲发表意见，亦不能直与伍言，】须由随员手书意见，或低声向本方总代表陈述，再由总代表向对方总代表提出。

唐绍仪的参赞为许鼎霖、赵椿年、冯懿同、欧赓祥，而杨士琦则未与议。因上海电报局不允用密码通电，而关于议和事宜唐又必须与袁世凯秘密商谈。所以唐遣杨士琦回京面晤袁世凯报告一切。严修则因事未来。

伍廷芳的参赞为汪兆铭（精卫）、温宗尧、王宠惠、钮永建、王正廷。

此外，参预议和的除发起调停的西商李德立外，尚有英、日两总领事，均奉本国驻京公使命令到场。而俄、德、美、法四国要求加入，也经双方认可。以故各国领事也得参列其间。但他们宣布宗旨，注重调和，以免战事延长危害商业。关于两造的君主与民主大问题，仍听各自主持，绝不加以干涉。

唐绍仪、伍廷芳既按验文凭毕。伍廷芳提议请唐绍仪致电袁世凯，谓十九日停战以后，凡湖北、山西、陕西、山东、安徽、江苏、奉天各省，均应一律停战，不得进攻。候得确实回电承诺后，始行正式讨论。且开议以后，如再有此等情事，须彼此两方各将擅自行动的军队处以严罚。唐总代表允即电袁世凯内阁。伍总代表亦电告武昌与山、陕等省。会议延长至四时许之久。伍总代表提出要求四事：

一、清帝退位；

二、实行民主政体；

三、以优厚的年金供给清帝；

四、八旗在清朝任职者，仍予以新政府的位置，年老贫苦者则赐以恩给金。

【当开会时，唐绍仪先发简单之报告。大致述此次奉命南来，极望和议有成之意。报告毕，即以委任书递交伍廷芳。伍将委任书审阅一过，也起而陈述希望此会有好结果，能使中华得到莫大利益。随即以民军的委任书递交唐氏。会议就此开始。

是日的会议，乃是两方议和的预备会。当日决定电袁要求北军在北方实行停战。候得袁复电允纳后，再定期开正式议和会。】

是日，伍廷芳接袁世凯来电，答准致电各处清军，在此休战期内不得开仗。盖伍曾于数日前向袁氏抗议，谓清军不应乘休战之时肆行侵击。袁即答以电信能达之处，均已饬令停战。其电信所不能及的，伍或有法可以通信的，可即用袁某名义遍谕清军将领，借以表示袁的诚信等语。

【事因北方停战问题，经豫、晋、秦、陇四省协会代表以正式要求伍、唐，令山陕清军即刻停战，然后开议。伍唐均允代达。由唐两电清总理请其发令停战。清总理复电允办。四省代表始行对伍表示清总理既负责任承认停战，当即允其开始和议。若清军不守约，则本会自有强硬手段对付。希即转达唐使。伍当即允诺办理。这是廿八日午后二时开第一次谈判时，由四省协会代表所要求的结果。】

七、第二次会议

十一月十日下午两点半钟，两方议和代表续开会议于上海英租界【大马路】市政厅。【唐绍仪以清廷谕旨一份递交伍廷芳。所议各问题中，乃以召集国会应在何处为重点。】

民军各代表在是日两点钟时齐集伍的寓所先行会商，然后再往市政厅。此次市政厅内外防卫之严，仍与前次无异。英总巡勃罗斯[1]也亲自到场。清代表先到，民军代表也接踵而至。

是日议决各条件如左：

一、国民会议由各处代表组织。每一省为一处，内、外蒙古为一处。前、后藏为一处。

二、每处各派代表三人。每人一票。若有某处到会不及三人者，仍有投三票之权。

三、开会之日，如各处到会之数有四分之三时，即可开会。

四、各处代表：江苏、安徽、江西、湖北、湖南、山西、陕西、浙江、福建、广东、四川、云南、贵州，由中华民国临时政府发电召集，并由民国政府电知各省咨议局。【直隶、山东、河南、东三省、甘肃、新疆，由清政府发电召集。并由民国政府电知各省咨议局。】内、外蒙古与西藏由两政府分电召集。

是日，袁世凯电饬鄂督段祺瑞，将驻扎汉口、汉阳等处官兵，统限日内一律撤退。

---

〔1〕勃罗斯（C. D. Bruce），1907年7月起任上海英租界（公共租界）工部局警务处总巡。

八、议和中的关键问题是政体问题

在议和中双方相持不下的是政体问题。民军代表伍廷芳等坚持清帝逊位，实行共和，不稍退让。清廷方面主张君主立宪的严复、许鼎霖、刘若曾、蔡金台等相继回京。

袁世凯接唐绍仪电，说伍廷芳等均恳请清廷退位，使共和政体早日成立，中国可跻富强，非特国民之福，亦清室之幸。将来国民对于皇室的待遇，必极优隆等语。袁得电后，【甚为踌躇。】连日与庆邸及诸亲贵会商。【尚无结果，】内阁连发数电嘱唐绍仪，谓此事关系重大，决不可草率从事。应召开临时国会讨论，大约须每县各举一人。至五个月后，方能开临时国会。袁世凯即委托李总裁家驹、吴参议廷燮、施参议愚等，将选举法妥速拟订。

【如承认共和，须先将优待皇室条件提出议妥。

退兵问题——袁世凯已允民军之请，于初十日电饬鄂督段祺瑞，将驻扎汉口、汉阳等处官兵，统限于日内一律撤退。

召集国会问题——临时国会办法，袁世凯意以为此事关系重大，决不可草率从事。大约须每县各举一人。至五个月后，方能开临时国会。袁世凯即委托李总裁家驹、吴参议廷燮、施参议愚等，将选举法妥速拟订。】

与此同时，袁世凯又通电各省，宣布议和的政见。略谓此次派唐绍仪赴上海议和，实为商议改革政治问题。本大臣向来坚持君主立宪政体，即英、德、法、俄、日亦均赞成君主而反对共和。故此次上海会议之结果，可预料无改为民主之理。乞台端竭力抚绥，幸勿摇动云云。

九、第三次会议

十一月十二【十】日,双方代表【伍、唐两代表】于午后两点半钟续开正式会议。议决各事如左:

一、山西、陕西,由两政府派员会同往申明和约。

二、张勋屡次违约,且纵兵烧杀奸掳,大背人道。唐代表允电袁内阁查办。

三、皖、鄂、苏、山、陕等处清军,五日之内,退出原驻地百里之外,只由巡警保卫地方。民军也不得追袭。须由两方军队签字遵守。

四、伍代表提议国民会议在上海开会。日期定十一月廿日,唐代表允电达袁内阁,请其从速电复。

五、上海通商银行先前收存南京解来银约一百万元,现在两代表拟定将此项拨出二十万元交与"华洋义赈会",为各处灾区义赈之用。

十、唐绍仪辞职

唐绍仪来沪议和,为袁世凯的全权代表。开正式会议之前也经彼此互验文凭。既而唐代表在沪所订条约虽经签字,但袁世凯拒绝接受南北双方商定的国民会议召集办法,特授意唐辞职。【往往电不承认。唐绍仪等左右为难,】于是,遂有【唐绍仪】联合随员电请辞职之事。

唐绍仪等致袁世凯辞职电:

各电谨悉。此次奉派来沪讨论大局,原为希冀和平解决,免致地方糜烂起见。到沪后,民军坚持共和,竟致无从讨论。初经提出国会议决一策,当亦全体反对,多方设法,方能有此结果。今北方议论既成反对,而连日会议所定条款,宫保又不承认。仪等才识庸懦,奉职无状。自明日始,不敢再莅会场。除知照伍廷芳外,请速【另】派代表来沪,不胜迫切待命之至。——唐绍仪、杨士琦、章宗祥、渠本翘【梁本尧、】傅增湘、孙多森、张国淦、冯耿光、张锴、蹇念益、侯延爽、关冕钧、章福荣等同叩文。十一月十二日。

袁世凯允唐绍仪辞职电:

迭接来电,请辞代表之任。现经请旨,准其辞任。除电伍廷芳外,谨此电达。内阁监。十一月十四日。

【按自唐代表与伍代表会议以来,雍容衽席间,大事垂定。唐代表等的顾全民生,维护皇室,两面俱到。假使袁内阁早从唐代表之议,则国内早一日安全,万民早一日乐利。今袁有意挑衅,致唐代表不能终任,过失当然全在袁世凯与清廷。溯自袁世凯入京以后,深知全国民心倾向共和，而于清廷一方面，又不愿教以武力相角逐，使无数生灵涂炭。故于外则奏派代表赴南议和，于内则施以其沉毅狡猾的手段，务使清廷听其摆布，而使国家可免瓦解之患，无如清室一般顽固之流，不明袁世凯的用意，既不知赞同其宗旨，又不知协助其进行，以致诽谤横兴，而使唐绍仪不得不辞职。】

十一、袁世凯与伍廷芳直接交涉

自唐绍仪辞职后,袁世凯与伍廷芳直接商谈。以电报为传达双方意见。【机关,争执虽多,进行尚称顺利。】可是以有限的文字传达无限的讨【议】论,而种种不可明言的事实,又不可以电报泄露于外,致【使清廷方面】另生枝节。是以袁电请伍北行。伍则【也】电请袁南来。【以事实上观之,伍不妨暂离上海,而袁万不能暂离北京。故所谓南行北行,皆表面之辞。】又唐绍仪与伍廷芳所签订的条约,【断无推翻之理。】而袁世凯一再以未与本大臣商明为言,不予承认【故作不能承认的理论】。电书往还,两不相让。【但这些尚是表面的官样文章,】而此中争执最烈的则为国民会议一节。【照袁所开条件,谓非历数月不能办到;在袁何曾不可通融办理?而所以斤斤电争者亦未始非表面之词。一言蔽之:袁之讲和,不是为共和不共和,而是全为自己的利益计算。所以一方面他不能不以狡猾手段对待南方;一方面又不能不用尽方法对付清廷。所以使唐绍仪辞职,而由自己交涉,迁延时日,以待时机。】

【在清廷亲贵召集国会公决之意说:实要将满、蒙、回、藏各属仍属其管辖。】清廷亲贵对于召集国会公决的态度是:如汉族多数倾向共和,即应以【将借口】蒙、藏、回等处皆系主张君主为由,【故要】与民军协议时,坚持仍将满、蒙、回、藏划归【属】清帝自行组织君主国。故自清太后降谕后,载沣(即宣统之父,当时为摄政王)、奕劻(即庆亲王,为当时的军机大臣领班,最有势力的)等,立即召见在京蒙古王公，秘密会议分电蒙、满、回各部落迅速举员来京会议。如赶办不及，即以在京王公、喇嘛等代之。于是分投【头】运动蒙古王公及满洲官员于国民会议投票时，赞助保存帝位。并许候政治解决后，蒙、藏、回等处即可实行联邦制度，任其独立。只存清廷君位名义上的尊称。载沣等运动蒙古王公成熟后，面请清太后传旨嘉奖，以坚其心。内有皇室存亡，端赖额附王公诸爵等之忠义以资维持等语。

奉、吉、黑、直、汴五省的选举，袁拟与各省同一办法。而亲贵要将满洲（奉、吉、黑三省）选举名额扩充，更要将奉、吉、黑三省都选满人为代表。奕劻并要以在京满族王公充之。

袁世凯自接唐绍仪电谓国民会议地点在北京，伍廷芳等决不承认后，即谒各国公使请促领事团代劝廷芳，允从北京之请，谓会议地址应择汉、满、蒙、回、藏各处的中心点，故以北京为宜。

袁世凯以狡猾奸诈的手段，借议和之名要民军暂停军事行动，以迁延时日，等候时机；对清廷则自榜为忠诚奴才，愿为君主赴汤蹈火，骗取清廷隆裕太后的信任。一方面又借民军力量向清廷暗施压力，同时又笼络亲贵中最有势力的庆亲王奕劻向清太后多方诱导，使其知全国民心倾向共和，大势已去。因之将议和大权交袁一手办理，诸事听他摆布。

【袁世凯与伍廷芳直接议和以来，条件纷陈，实以清帝退位为主要。袁世凯对清廷以此说进，而奕劻等后来亦以此说进，伍廷芳等以此说进，内外臣僚亦多以此说进。清太后为保存皇室安全起见，已有允许之意。奈不明大局者尚一再抗阻，以致和议的进行极形迟滞。】

十二、清廷内部共和与君主之争

袁世凯提出接受民军共和之说,亲贵中附和者有之,反对者尤多。十一月二十九日起,清内阁多次召开御前会议议论此事,其中波折迭起,一日数变。现择要将十二月初一、初四、初六、初七等日会议情况,简述如下:

十二月初一日上午,清内阁开御前会议。亲贵【如奕劻、载沣、载洵、载涛诸人】及蒙古王公均到。退位诏书,本已拟就,拟由近【地】支王公议决署名,而溥伟、载涛、载泽、铁良及蒙王某等,反对极烈。【乃由】亲贵领袖奕劻乃发言说:"我非要主张共和,惟大局如此,当筹划保全皇室之法,似可采用共和,以和平了结,免至皇室别有危险。"溥伟【又】出而反对说:"我国不能共和。万不得已,则当南北分立。"载涛意见也同。奕劻谓:"我年七十余,无论君主与共和,我皆不及享受,有何成见?但今日君主之说既不能行,南北分立亦徒托空言,故不如径行共和以救危局。"铁良、载泽倡议分南北为二国的提议极形激烈,以致这次的御前会议毫无结果而散。

是日【十二月初一日】午后三时,清内阁又开御前会议。国务大臣中唯袁世凯、康景崇未至。梁士诒先发言谓:"袁内阁有病不能出席,今以本大臣及赵、胡二大臣代表袁内阁商议组织临时内阁之事。"赵秉钧接着说:"此办法,系将南京内阁先行解散,而在北方另行组织临时统一政府,暂理全国事务。一面由国民临时大会决定君主、民主的问题。因北方兵力不敷分布,且兵饷只敷二月,后即难继。现时尚能保存者除东三省外，只有直隶、山东、山西、河南四省。这四省人民亦主张共和，密谋起事，所在皆是，徒以兵队镇慑，但只能镇伏一时。万一民军北来，两宫的安全与宗庙社稷皆有危险。今日之事非空言所能解决，除组织临时统一政府外，尚未有别种方法，请为谨慎斟酌。"语毕，国务大臣退去，王公等自行会议。

清太后召见亲贵时【，对他们】说："时至今日，大势已去。民军死事【争】共和，非达目的不止。我苦心焦思，终不得一良策以挽回大局。我朝二百余年的基业，竟丧于我手，真令人死不瞑目！"旋又谕令及早各自图谋生活，现无他法，唯有逊位而已。她语时啼泣不止。

十二月初四日，清廷又开御前会议。满蒙王公均到。宗室王公到者不限近支，唯奕劻、载洵、载伦未至。七点钟后入内召对。清皇太后之意以从速决定为要。盖不欲久延不决以废时日。善耆、载泽、载涛、载沣坚持君主立宪主张。而溥伟持之尤力。他痛陈利害，说话激烈，云今日时局糜烂，为国家存亡危急之秋，唯有一条生路，就是君主立宪。臣等宁决然殉国，岂愿一日偷安。他并言着袁世凯辞职，我辈当另组织政府。即开临时国会，而在北京开会，主持君主立宪，此外不能承认。否则，即与民军决战。各王公皆表赞成。又群起参劾奕劻，并数其历年误国之罪，皆谓此次奕劻主张共和，实系个人私图，希望保存个人身家性命。旋有某亲贵奏言奕劻诸人已与民军协议承认皇室经费年四百万，皇帝迁居颐和园等条约。隆裕太后闻之大怒，询问溥伟是否有此事？又说："此等事关系甚大。即使承认共和，亦应将条件商议明白，乃能成议。怎么奕劻个人胆敢这样自专！"云云。诸王公唯唯而已。【但以奕劻既在假期，又系亲贵领袖，必须就商以决定办法。遂公议俟办。】

【反对共和者，诸王之外，又以载泽为最力。他】载泽又对清后说："袁世凯言库款支绌，军饷不足，不能开战，实则筹饷种种名目，【如爱国公债，如短期公债，】发行公债及向亲贵大臣勒捐等项，现已筹有一千余万。钱已到手，因何不战？"云云。载沣闻之，乃谆嘱世续、徐世昌，谓有宣布共和谕旨，不得大家同意时，万不能钤盖御宝。

溥伦却提不同意见，言词极为痛切。略谓："我族再主中夏，固已无望，即国民会议于我亦决无利益。袁世凯虽力欲保持君主，而势孤力弱，譬之片石，要去抗拒怒流澎湃，何能有济？目下和议虽未决裂，而南京已组织政府，北伐之声，日见加厉。京畿各处已有民军踪迹。袁世凯虽防御甚坚，没有疏虞，噬脐已晚。与其待兵临城下，服从武力，何如先自谦让，尚可稍留地位。优待皇室之说系由民军提出，决不中变，即民军欺我满人，亦决不能欺袁世凯。我满人恃有袁世凯，可以不必深虑。"又说："民国【新中国】总统，现虽举定孙文，但孙文未必能支此危局。主张推袁世凯者已不乏人，即孙文、黄兴闻也有电与袁，愿推荐他为总统，而外人也属意于袁。余观袁世凯理学气太重，日来辞职之意甚坚，吾人当劝他不可拘泥小节，只求能保全中国，则不独吾满人之幸。"对溥伦之言，亲贵中除上所说那些人反对之外，大多数都无异议，但以奕劻未至，他系亲贵领袖，必须就商以决定办法，遂公议俟协商后议决。【而奕劻个人始终赞成共和。】

亲贵既退，国务大臣入对。首由胡惟德叩询各王公意见，隆裕【清】太后说彼亦无成见，但望善为办理。各大臣合词说："【此次组织临时政府，实为不得已之举，但临时政府的组成，仍须召集临时国会，乃能决定政体的问题。】今日之事究应如何解决，实非臣下所敢妄议。唯若战端再起，兵不敷用，饷亦无着，甚难措手。"隆裕【清】太后沉思极久，才说："现在仍以速召国民会议为正当办法，仍望汝等善为办理。"即散会。

溥伟、荫昌同访袁世凯质问近日计划。荫昌谓南军全恃虚骄之气，其实力究不如北军，与之决战，可期必胜。君何以专以礼让为事？以致老师糜饷，徒延岁月。今北军【队】已跃跃欲试，望君主持。溥伟谓君前此不欲主战，借词饷项无着。今已颁发内币【帑】及王公捐款、【爱国】公债，数额已近千万，可以支持数月。并说：和议决无可望，逊位之举，万不可行。民军处处违约进兵，若不速筹战备，必为和议所误。世凯谓诸位卓见甚为钦佩，但余才力薄弱，不能负此重任，请自为之等语。

十二月初六日，清廷又开御前会议，王公大臣中之反对共和者，以载泽、溥伟【伦】为最。铁良又暗中运动，拟俟袁世凯内阁解散，将以赵尔巽为总理，铁良主持军务，荫昌督兵赴战，要全以兵力解决。更有主张借用外兵以平民军者！

十二月初七日，清廷又开御前会议，满蒙王公咸集。奕劻以南京所开五条件，已得北京的参议院同意，决不更动，故亦【销假】赴会。唯争议未有结果。

这段时间，袁世凯以蒙古王公极力反对共和，曾商请奕劻转劝，谓近与民军接触【接续】议和，政体尚未决定，今彼等倡言反对，窃恐有碍和局，请为婉言谕解，免启争端而维大局，奕劻答应办理。

十三、南方讨论孙文辞职和推举袁世凯问题

辛亥年十一月十三日（公元一九一二年一月一日），孙中山在南京宣誓就任中华民国临时大总统。为了消弭战端实现和平，建设民国，孙中山以大局为重，于十二月初三日（阳历一月二十二日）提出只要袁世凯赞同共和，清帝逊位，他愿意辞去临时大总统，并推举袁世凯为中华民国大总统。

十二月初七日，南京开特别大会，【磋商政策，】对于和议及孙文自愿辞职，以总统推荐袁世凯一节，提出讨论。决定：

一、和议所辩论的为民主抑为君主？须付国会议决。

二、孙文任总统，乃系临时性质，其去留自然不受【有】任何法律的约束。

三、今孙先生愿解【辞】职，并请人民举袁世凯为民国总统，系出自己意，民党先前未有提及，及后经孙先生再三教【劝】导，始得公认，庶几国事问题可以和平解决。

四、孙先生请袁世凯为总统时，声明袁须依附民军，并须由袁世凯自行声明符合民军及中国人民的愿望，始能举他为总统。

五、前致满洲亲王条件，仍旧遵行。倘袁如允诺这些条件，则他被举为总统时，亦当照前条件一样切实履行。

六、孙先生政策，前后一辙，他极欲早日谋致和平及全国人民幸福，并无丝毫为自己地位起见。

七、近来外间谣言繁兴，造谣者不是民军公敌，即是民军汉奸，我辈当防备申斥。

十四、段祺瑞联合北方诸将电奏要求清帝退位

正当清廷内部对君主与共和问题争论激烈未获解决之时，袁世凯凭借他所掌握的北洋军队，一面与民军对峙，迫民军退让，一面又对清廷施加压力，以达坐收渔利的目的。十二月初八日，袁世凯策划不久前（十一月间）还通电反对共和的段祺瑞联合北方诸将领姜桂题等四十六人，电请袁世凯代表要求清帝退位，宣布共和。袁交【由】外务部印送满蒙王公，并即进呈清太后。此举【北方军队有此义举】，使北方反对共和政体者势力大减【更加减少势力】。此次请愿共和的军队，列名者已达百分之九十余。其余少数，亦由请愿的军队派员秘密运动。兹将北方军队首领电请主张共和者的姓名列表如下：

军队名称　统兵官之姓名　人数
第一军全军　段祺瑞　二万
武卫全军　姜桂题　一万二千
江防全军　张勋　二万二千
右军全翼　段芝贵　一万
豫皖新编各军　倪嗣冲　一万
河北镇练军　谢宝胜　六千
河南镇练军　马金钗　六千
第一镇　何宗莲　一万二千
第二镇　王占元　一万二千

第三镇　曹锟　一万二千

第四镇　陈光远　一万二千

第五镇　吴鼎元　一万二千

第六镇　李纯　一万二千

第二十镇　潘矩楹　一万二千

第二十一镇　孟恩远　一万二千

以上各军官兵共十四万余人，均已全体要求共和。此外所余者唯禁卫军一镇，及张怀芝所统数营未与其列。旋知张怀芝、冯国璋亦均赞成，不复反对。（按：张怀芝曾为"京津保同盟会"会员所炸，遂不敢坚持反对共和了）

军队请愿共和的电奏既达，旋由内阁复电各军队极予表扬，其大意录下："朝廷对于此次事变，始终一意，不欲以武力解决。但改变国体，事关重大，非付之国民公决，不足以昭慎重，若非关于国计民生重要问题者，朝廷亦决不忍坚持固执，以小害大。该军队等所请，发于忠臣爱国至诚，殊堪嘉纳，着各明白晓谕各该军队，静俟朝廷办理。"

当是时，议和之局大致将定，而武汉一方面尚为南、北两军所相持。段祺瑞既联合北方诸将电请清帝逊位，即派黄开元过江与黎副总统接洽，黎也派代表至段祺瑞营会商一切，段亦派员接待，声明彼此不愿再战。十二月十三日，段祺瑞又请英领事斡旋，过江与黎副总统面议，彼此约定，若清廷贵族反对逊位，则决计合兵北伐。段祺瑞并派代表吴光新、徐树铮等来鄂订立南北两军联合条约。黎副总统恐民军方面或有误会情事，特派周士栋等驰赴孝感等处宣布事由，期使南北意见融洽。民军到此亦仰承意旨，奉行唯谨。【黎副总统因派代表与段祺瑞接洽，段亦派员接待，声明彼此不愿再战。】

【初十月午后一点钟，有君主党多人，在西安门外西安茶园特开密议，有禁卫军持枪驻守。到议者为蒙古王公及恭、肃、礼、豫、洵、朗、泽诸亲王，暨荫昌等多人。其会议地点，均系临时指定，以

期不漏消息。】

与此同时，由满人组织等以反对共和为宗旨的"君主立宪维持会"暨"君主同志会"活动也很猖獗，其中尤以铁良、良弼组织的"宗社党"为最。该党经费二十万，出自内帑，其用途系收买无赖侦探在南京与北京进行秘密活动和招买奉天红胡子及运动北京巡警之用。铁良等在京谋借外兵，赵尔巽则在奉天招募勤王队。满蒙王公多为煽惑。初十日午后曾在西安门外茶园密会，参加者有蒙古王公及恭、肃、礼、豫、洵、朗、泽诸亲王暨荫昌等多人，由禁卫军持枪驻守。后因良弼被"京津保同盟会"会员彭家珍炸死，铁良恐惧逃走，该党活动虽仍继续进行，但势力已大衰。

【又有满人设立的"君主立宪维持会"暨"君主同志会"皆以反对共和为宗旨，其活动尚属于表面上的鼓吹。此中最重要机关，则以良弼所组织的"宗社党"为最。该党经费二十万元，出自内帑，其用途则专收买无赖之侦探在南京与北京做多种秘密活动。尚有一部分经费为招买奉天红胡子及运动北京巡警之用。幸而良弼被京津保同盟会会员彭烈士家珍所炸死。但该党的活动仍继续不懈，并皆为亲贵所主持。

宗社党首领实为铁良，而良弼、舒清阿等副之，满蒙王公多为煽惑。而赵尔巽在奉天也附和之。铁良等在京谋借外兵，赵尔巽则在奉天招募勤王队。奉天勤王队屡有自请入卫之举，宗社党大力帮助，秘密召令来京，行至丰台，要求铁路运载，京奉铁路总办以未奉邮部命令，不许载运。并由梁士诒密向袁世凯商筹对付之策。该党人以密谋泄露，又因良弼被炸死，铁良又恐惧逃走，势力因之大衰，遂将机关移至奉天。】

十五、袁世凯奉旨起草临时政府草案

形势急转直下,清太后自感大势已去,乃【当决定改行共和时,清太后即】有密旨交袁世凯,命其预备组织临时政府,迅即撰拟草案,召集国务大臣议定。这个草案计有十条,大旨如下:

一、皇帝辞政。为国利民福起见,所有保持安宁,恢复秩序。联合汉、满、蒙、回、藏等,断不可无统一机关,故特委袁世凯暂时组织临时政府,代掌一切政权,以期维持大局,主持外交。俟国会正式举行,选定大总统后,临时政府始行取消。

二、皇帝辞政后,仍驻跸原有宫禁,毋庸迁移地址,以维持京畿及北方秩序,俾免糜烂。

三、将来大总统府第,即在北京择地另行建筑,或以原有所【新】建筑的监国府邸为总统府。

四、自武汉事起,至今三月有余,南北各省经济匮乏,不独国库为然,即南京临时政府亦事同一律。皇帝既经辞政,所有通国一切行政,即应统筹全局以图富强。但一切行政费用,所需甚巨,其东南已经独立省份,能否继续支持,临时再行磋商。至北方各省,国库如洗,目前已属难支,将来临时政府成立后,更须力促一切新政的进行,所需政费必较今日为巨,应如何对付之处,须预筹妥善办法,以免临时棘手。

五、皇帝既经俯顺舆情,自行退位。但政权必须统一,南北各省仍当化除成见,扶助中央,酌为筹解经费,顾全大局。倘有贫瘠省份因此次糜烂，实难兼顾者，中央亦可允其暂缓解款，以纾民力。

六、皇帝辞政后，京中各行政衙门及国务大臣以下之官员，悉仍其旧。但组织临时政府，需款浩繁，所有各部署官员之津贴，自临时政府成立之日起，统计六个月内，暂不发给，以纾财力。

七、政费一项，以军饷为最关重要。所有北方军队之饷项，于此数月期内，无论如何，均须按月照给，以维秩序，而免哗溃。其南方各军队之饷糈，亦须通盘筹划，不得少有欠缺。至南、北方军官将校，均仍供职，不稍更动。

八、照所组织的临时统一政府，一经各国承认后，一切外交事宜，悉由临时政府直接交涉。

九、所有外债以及新旧赔款之担任，政体既定，即应继续依期偿还。各省无论如何，亦须依旧筹措，按期照解，以昭大信。

十、皇帝辞政时之谕旨，除刊刻誊黄颁行天下外，更须另颁谕旨于各军队，俾得晓然于朝廷辞政之深意，以免暴动，而维治安。

十六、几经争议，清廷终于接受共和政制

十二月十一日【晨】，清廷又开御前会议，隆裕【清】太后召见亲贵及国务大臣并统兵各大员等，垂询和战办法。闻第一起系近支王公及蒙古王公；第二起系姜桂题、冯国璋、乌珍等；第三起系各国务大臣。唯袁世凯、奕劻均未到。【清太后亦无成见。只有】国务大臣奏云："【现在大事，不外和战二者，】和战问题，所关太大，非臣下所敢擅决，还请太后宸断。【且太后并未垂帘听政，从前国政办坏之处，断不能归咎于我太后，】各国改建共和，皆由人民流血强迫，若太后不待人民流血【的】强迫而【，即能】俯从民意，则将来国民必感激太后，【而】太后的名誉【亦】万世不朽"【等语】。旋奉清太后谕，谓明日当召奕劻、载沣商议，决定办法。

十二月十二日，清太后召集各国务大臣，商议退位事一旦宣布，对于皇族与各路军队，应如何处置，以及各部种种的善后办法。嗣因各大臣议论不一，未能解决，故仍须改日再议。

【段祺瑞既联合北方诸将，电请清帝逊位，即派黄开元过江至毡呢厂与黎副总统接洽，黎亦派代表至段祺瑞营会商一切。十三日，段祺瑞遂商请英领事介绍，保护过江，与黎副总统面议，彼此约定，若清廷贵族反对逊位，则决计合兵北伐。】

十二月十三日，清廷又开御前会议，隆裕【清】太后先召国务大臣入内谕云："余于君主、民主两端，本无成见，故已屡次召集卿等详究利害。唯默观大势，固已趋向共和，殊难挽回，卿等有何意见，

不妨详陈。时势已迫，今日应即将政体解决。"旋由胡惟德奏云："人心已去，固无庸讳，北军全体趋向共和，最是铁证。且民军曾允特别优待皇室，若乘此机会，俯顺舆情，且可得禅让的美名。现在风云日紧，故敢冒犯直陈，唯乞宸断。"【云云】隆裕【清】太后点首，似以为善。各国务大臣退出后，复召见袁世凯，谕从速与民军商酌退位后的各项条件，俾得【将】共和诏旨早日宣布。

是日，各亲贵中，奕劻仍赞成共和，载沣亦赞同。唯载泽、溥伟等初犹持异议，继由奕劻详陈北军解体的关系，及满族主战的无把握。隆裕【清】太后至是大哭，载沣亦泣，溥伟等乃不敢坚持主战之说。然又闻某亲贵与蒙古王公密议后，请清太后与清帝暂住热河，决议宣战。当奉清太后面谕，此事须有把握，不可徒逞意气。现在前敌诸将趋向共和，必不能战，不幸溃败，更难收拾。但求退位后，永保宗社，于愿已足。

是日【十三日】，王公大臣至内阁与袁世凯会议国体问题，提出要求五事：一、用中国年号；二、皇帝仍住紫禁城；三、满人有被选及选举大总统的资格；四、由共和政府岁给大皇帝俸一千万两；五、八旗俸饷不裁，直待筹出正当的生活为度。

【段祺瑞联合诸将赞成共和电请清帝逊位后，并派代表吴光新、徐树铮等来鄂订立南北两军联合特约，黎副总统深恐民军方面或有误会情事，特派周士栋等驰赴孝感等处宣布事由，使民军对北军意见融洽，民军到此亦仰承意旨，奉行唯谨。】

十二月十四日，清廷又开御前会议。隆裕【清】太后对于国体问题【绝不固执。经】已拟定采用虚君共和政体，并拟宣布召集国会，公举大总统，及颁布君主不干预国政等谕旨。此后一切政事决定由大总统主持。唯王公、世爵、旗民人等，及各路军队，各部衙门的善后办法，必须俟双方认可，方能发表。

清廷亲贵反对逊位之说，一挫【折】于良弼被炸，再败于北军赞成共和，然仍未尽服。迨连日张勋败耗至京，民军北伐之势愈急，乃知清廷大局不可维持。至是奕劻、溥伦辈之主张共和者，遂占优胜。

十二月十五日，清廷又开御前会议，讨论国体。隆裕【清】太后颇主张和平，谓凡事由余一人担承，尔王公等反复推求，迁延不决，以致疑议繁生，将来必演出同室操戈，涂炭生灵的惨剧。语时辞意甚厉。并说："此后我自主持，无须集议。"奕劻诸人，乃各唯唯而退。

自屡次御前会议以来，政体问题，确已解决。隆裕【清】太后颇有见解，【不为群说所动，唯宣布明谕，】但仍谓非得亲贵同意不可。【连日召见王公及亲贵于御前会议时，主战之说，全由铁良、载泽主动。铁良向持排汉主义，此次江宁兵败宵遁，欲洗其失守之罪，乃向亲贵宣言："江宁失守，实由袁世凯拥兵不救之故。"并谓清兵既克汉阳，英人遂出而调停，亦因袁世凯与民军暗相约定，要以和议阻碍清军进攻，使南京得以从容组织临时政府，其居心实不可问云云。于是亲贵对袁颇表疑心。铁良又骗冯国璋说："蒙古诸王公，各愿回蒙练兵，以备勤王，可用为恢复的后劲，大功不难成就。"国璋亦为所动，故亦力持主战之说。铁良见其计行，遂于御前会议时力主开战。】其实王公主战者，不过溥伟、载泽二人，余皆无一定宗旨。【蒙古王公亦不认有练兵之说。】又铁良、冯国璋二人私谋借兵日本，并谋调赵尔巽带关外马贼入京，先杀汉人，后攻民军，以破釜沉舟之力，保存满洲君主，非达到目的不止。可见他们两人的野蛮，实为全国人民的公敌。

十二月十五日下午两点钟，袁世凯会晤驻京各使，系为隆裕【清】太后已允民军请求，建设共和政体，诏旨即行宣布，故先向有条约关系的各国声明大纲，一俟双方议定【完】统一行政机关颁布诏旨后再行正式通告。

十二月十六日，清旨："奉旨：朕钦奉隆裕皇太后懿旨：前据岑春煊、袁树勋【、陆徵祥】等，【及】统兵大员段祺瑞等电，请速定共和国体，以免生灵涂炭等语。现在时局阽危，四民失业，朝廷亦何忍因一姓之尊荣，贻万民以灾祸。唯是宗庙陵寝关系重要，以及皇室之优礼，皇族之安全，八旗之生计，蒙古、回、藏之待遇，均应预为筹划。着授袁世凯以全权，研究一切办法，先行迅速与民军商酌条件，奏明请旨【核准】，钦此。"【袁世凯署名。】

十二月十八日，南京参议院于九时开会。议员出席者二十二人，主席（议长林森）宣布提前开议政府交来停战展期案。并讨论政府交来优待室清皇室各条件。续后，报告议和总代表、议和参赞、政府委员均来院陈述意见。嗣由议和总代表伍廷芳、参赞汪兆铭、政府委员胡汉民，相继陈述意见，并答复议员的质问。主席宣布，应先行举定审议长一人。随用无记名投票法，以李肇甫（蜀议员）当选（全票）。刘彦（湘仪员）提议，关于满、蒙、回、藏各族待遇之条件，不得与关于清帝优待的条件，及关于诸王族优待的条件，一并正式电复，应仅以默许之意通知。【并】一面将关于满、蒙、回、藏待遇的条件附一宣言书，以正告满、蒙、回、藏，而释其疑惧。主席用起立表决法，多数可决。又将逐款讨究公决后，再付审议会。审议会审议毕，审议长退席。议长始出席报告会议的结果。秘书长宣读议决各条款，由主席用起立表决法，全体可决，遂行散会。

十九日，清廷又开御前会议，清太后召见近支王公，国务大臣，咨询优待条件事宜。并决定发表清帝退位日期。唯应召者人数寥寥，多无成见。清太后对于此等优待条件，颇为满意，载沣亦无异言。仅有某王对于皇室经费一层，【持之甚坚，】谓分文不能短少，又谓其余条件亦应酌为增益。清太后谓此项条件，乃自我提出，此时已无可更动之理，况亦无更动之处。某王乃无言。遂议定再召奕劻诸人妥商一切。

是日，袁世凯在内阁公署邀集近支王公、统兵大员、各部大臣，传阅段祺瑞等将领联名致各王公大臣电文，对王公大臣施加压力。段等电文态度十分强硬，谓如王公阻挠共和，破坏大局，要统率全军将士入京与王公大开谈判。【段祺瑞等前致各王公大臣联电，其意以为王公阻挠共和，破坏大局，要统率全军将士入京，与王公大开谈判。袁世凯既接此电，即于十九日在内阁公署邀集近支王公、蒙古王公、统兵大员、各部大臣，传阅该电毕。】溥伟愤然说，段祺瑞此电近于胁迫，本爵等前因朝廷既欲让出政权，不敢再事反对，故已先后署名认可，何竟指王公为败类？言时声色俱厉。【幸】袁世凯极力劝解。蒙古王公亦谓某等对君主、民主并无成见，但愿双方和平解决，则为我五大族之幸福。况朝廷已欲颁诏退位，某等敬谨遵旨，决不反对。而姜桂题、冯国璋说："军士同是中国人，若再开战，是同胞互相残杀，为兵者虽多粗汉，然亦何忍出此。某等所希望的，即在和局早成，拯救百姓，于愿已足。"最后由袁世凯发言说："诸公政见甚是，如此则和局不难有成，诸王公既已俯顺舆论，允认共和，想退政谕旨不日可下。唯现时最紧要的系段军统有意率兵来京一事，如任其来，则互相猜疑，局面不免扰乱，拟即阻止，但须将各王公赞成共和意见向他表明，诸公以为如何？"众人称是。即拟成长电一道，由袁世凯领衔，王公大臣依次署名后，当时发出，遂行散会。

【十九日，袁世凯既得南京参议院议决优待皇室条款电文，即入宫见清太后，商议良久。】段祺瑞亦于十九日进京，即往见袁世凯，密商布置退位事宜。

同日，袁世凯得南京参议院议决优待皇室条款电文，即入宫见清太后，商议良久。

【二十日，清廷又开御前会议，其结果则颇一致，虽间有反对者亦无效。】

二十日，清内阁会议，磋商优待皇室条件。民军对此已大部分认可，对于每年四百万两皇室经费则拟减少，盖南方以四百万外，民军尚有担认特别典礼费，及谒陵寝沿途费，一概共计不止四百万两，于国民负担太重，宜减为常年二百万等情。当时与议者为外交部、民部、邮传部、农商部、海军部、度支部等部长，袁内阁以清室既将政权让出，若再减优待费，何以对太后，即由阁丞华世奎起草电驳。

二十三日，袁世凯得伍廷芳电复，对于条件上有"世世相承不替"字样，坚不承认，且声明以后绝无商量的余地。二十四日，袁入内面奏清太后，请定办法。清太后谓此事仍须由汝作主，事已至此，除承认外，尚有何法。唯有速电上海，即日宣布谕旨。世凯谓此事仍当由近支王公协同议决。清太后谓伊等现皆逃避，其心中已不知有我母子。此事始终责成汝等办理，日后决无怨言。况近来若非妆等维持之力，我母子已不知生死存亡。世凯既退，即电复承认一切条件【，遂于二十五日宣布】。

十七、清帝宣布逊位

十二月二十五日，清帝宣布逊位。午前九时，袁世凯等以遵旨拟定退政各诏，候隆裕【清】太后升养心殿进呈。清太后览未终篇，泪如雨下，即交世续、徐世昌盖用御宝。隆裕【清】太后痛哭，袁世凯等亦大哭不止。袁并奏陈奉职无状，天命如此，请太后节哀等语。世续、徐世昌既用御宝后，将各旨陈于黄案，亦跪近清太后座右哭，并劝解说："皇太后以爱民之心，俯顺民情，退出政权，改建共和，即系公天下之心，以保国基，非前代亡国可比。"清帝于清太后痛哭时，亦立近清太后怀中哭泣。并闻世续哭陈，有"臣所以不即身殉者，即报先皇厚恩，并我皇太后懿旨，饬臣等卫护圣躬"云云。时已十一时余，即行退班。清太后哭仍未止，即由太监扶掖还宫。

退位各诏，系学部副大臣张元奇拟稿进呈，清太后交世续、徐世昌斟酌，经徐世昌删订润色，然后盖用御宝。

退位诏旨既下，袁世凯即传知国务大臣、冯国璋、曹锟、姜桂题、乌珍等，午后两时会议于内阁，所议事项，为关于辞政后一切维持大局办法，尤着重于京师治安秩序，【帝逊位之事，迭经南北电商，亲贵会议，以袁世凯一人周旋其间，北军、八旗，皆能受其化导，不至一矢相加，这样革命得到和平的胜利，实为古今革命史所稀见。】兹录逊位谕旨如下：

清廷逊位诏旨

其一：【十二月廿五日，】"奉旨　朕钦奉隆裕皇太后懿旨：前因民军起事，各省响应，九夏沸腾，生灵涂炭。特命袁世凯遣员与民军代表讨论大局，议开国会，公决政体。两月以来，尚无确当办法。南北暌隔，彼此相峙，商辍于途，士露于野，徒以国体一日不决，故民生一日不安。今全国人民心理多倾向共和，南中各省既倡议于前，北方诸将亦主张于后，人心所向，天命可知。予亦何忍因一姓之尊荣，拂兆民之好恶。是用外观大势，内审舆情，特率皇帝将统治权公诸全国，定为共和立宪国体。近慰海内厌乱望治之心，远协古圣天下为公之义。袁世凯前经资政院选举为总理大臣，当兹新旧代谢之际，宜有南北统一之方，即由袁世凯以全权组织临时共和政府，与民军协商统一办法。总期人民安堵，海宇又安，仍合满、汉、蒙、回、藏五族完全领土为一大中华民国，予与皇帝得以退处宽闲，优游岁月，长受国民之优礼，亲见郅治之告成，岂不懿欤。钦此。"

其二："奉旨　朕钦奉隆裕皇太后懿旨：前以大局阽危，兆民困苦，特饬内阁与民军商酌优待皇室各条件，以期和平解决。兹据复奏，民军所开优礼条件，于宗庙、陵寝永远奉祀，先皇陵制，如旧妥修各节，均已一律担承，皇帝但卸政权，不废尊号。并议定优待皇室八条，待遇皇族四条，待遇满、蒙、回、藏七条；览奏尚为【属】周致。特行宣示皇族暨满、蒙、回、藏人等，以后务当化除畛域，共保治安，重睹世界之升平，胥享共和之幸福，予实有厚望焉。钦此。"

（甲）关于大清皇帝辞位之后，优待之条件。

今因大清皇帝宣布赞成共和国体，中华民国于大清皇帝辞退【位】之后，优待条件如左：

第一款：大清皇帝辞位之后，尊号仍存不废，中华民国以待各外国君主之礼相待。

第二款：在清皇帝辞位之后，岁用四百万两，俟改铸新币后，改为四百万元，此款由中华民国拨用。

第三款：大清皇帝辞位之后，暂居宫禁，日后移居颐和园，侍卫人等照常留用。

第四款：大清皇帝辞位之后，其宗庙、陵寝，永远奉祀，由中华民国酌设卫兵妥慎保护。

第五款：德宗崇陵未完工程，如制妥修。其奉安典礼仍如旧制，所有实用经费，均由中华民国支出。

第六款：以前宫内所用各项执事人员可照常留用，唯以后不得再招阉人。

第七款：大清皇帝辞位之后，其原有之私产，由中华民国特别保护。

第八款：原有之禁卫军，归中华民国陆军部编制，额数奉饷仍如其旧。

（乙）关于清皇族待遇之条件。

【第】一、清王公世爵概仍其旧。

【第】二、清皇族对于中华民国国家之公权及私权与国民同等。

【第】三、清皇族私产一体保护。

【第】四、清皇族免当兵之义务。

（丙）关于满、蒙、回、藏各民族待遇之条件。

今因满、蒙、回、藏各民族赞同共和，中华民国所以【有】待遇者【条件】如左：

【第】一、与汉人平等。

【第】二、保护其原有之私产。

【第】三、王公世爵概仍其旧。

【第】四、王公中有生计过艰者，设法代筹生计。

【第】五、先筹八旗生计，于未筹定之前，八旗兵弁俸饷，仍旧支放。

【第】六、从前营业、居住等限制，一律蠲除。各州县听其自由入籍。

【第】七、满、蒙、回、藏原有之宗教，听其自由信仰【信教自由】。

以上条件列于正式公文，由两方代表照会各国驻北京公使，转达各该政府。

【二十五日午前九时,袁世凯等以遵旨拟定退政各诏,候清太后升养心殿进呈。清太后览未终篇,泪如雨下,即交世续、徐世昌盖用御宝。清太后痛哭,袁世凯等亦大哭不止。袁并奏陈奉职无状,天命如此,请太后节哀等语。世续、徐世昌既用御宝后,将各旨陈于黄案,亦跪近清太后座右哭,并劝解说:"皇太后以爱民之心,俯顺民情,退出政权,改建共和,即系公天下之心,以保国基,非前代亡国可比。"清帝于清太后痛哭时,亦立近清太后怀中哭泣。并闻世续哭陈,有"臣所以不即身殉者,即报先皇厚恩,并我皇太后懿旨,饬臣等卫护圣躬"云云。时已十时余,即行退班。清太后哭仍未止,即由太监扶掖还宫。

退位各诏,系学部副大臣张元奇拟稿进呈,清太后交世续、徐世昌斟酌,经徐世昌删订润色,然后盖用御宝。

退位诏旨既下,袁世凯即传知国务大臣、冯国璋、曹锟、姜桂题、乌珍等,午后二时会议于内阁,所议事项,为关于辞政后一切维持大局办法,尤着在于京师治安秩序。

此次下诏退位,颁布共和,实以奕劻之力为多。当东南各省纷纷独立时,奕劻宣言,如以兵力平乱,犹抱薪救火,后悔莫及,故有清廷十九条约的宣布。袁世凯至京时,谤言百出,奕劻言救国者即是此人,故清太后信任日坚,北五省得以镇定。议和之说,亦由奕劻创议,其中波折,一日数变,又复暗中维持。

十二月初,反对者谓袁世凯有帝制自为之意,世凯自此决计乞休,奕劻复挽留再三。优待条件争执多日,奕劻又从中斡旋,得力极多。】

附　张竞生按语

辛亥革命是粤人孙中山先生做领导。事有凑巧,南北议和时的南方代表为伍廷芳,北方代表为唐绍仪,两人都是粤人,故可说辛亥革命是以广东人为骨干也不为夸张。

伍廷芳当时为南京临时政府的外交部总长，是崇美派。【他对共和政体貌为赞同。但这人是一个狡猾的大官僚，只知个人的名利，说不到主义不主义。他在满清时代为驻美公使时，卖官鬻位，撩得大把金钱，在上海买得一大座洋楼，我们南方代表的办公室就设在他的屋内。】

伍】此次议和，虽为南方代表，但【其人】毫无深远的见识，【他是老官僚，又是崇美派者，官僚与洋派混合一气，使人见之不快。可是他虽为代表，而】举凡重要的事宜，都由参赞汪精卫秉承南京政府主持，使他坐受议和的功绩。【实在不配。后来，又有人在越秀山为他竖一铜像，长衣马褂，表现出一副老官僚的可憎面孔，终于解放后被政府所推倒移去了。】

唐绍仪也是洋派十足的，【他一日就要抽雪茄烟至数元。】不过他比伍少官气【派】，【但也是极端崇美的。】他固知共和政体的优越性，但未能实力奉行。【总之，他不过是袁世凯的一个大走狗罢了。】

说到袁世凯，这个窃国大盗，当然更不知共和主义为何物了。他的议和，全是为自己个人利益计算。他知道南方革命实力如果消灭，他也如先前一样，必被满族排斥于政权之外，所以他极力拉拢利用革命党人为他巩固地位。当汪精卫、李石曾与我们一班人在京津组织"京津保同盟会"时，袁就派他的长子袁克定时常与汪、李联络，对京、津、保的革命活动暂不干预。【鼓励京津保的革命活动，】足见他是利用革命党的势力，以恐吓满族为自己利益计算的。

南北【在】会议时，孙先生表示，如袁赞成共和，就让他为总统。袁由此更加努力促成清廷的退位，实则他不过为自己打算。至于北方军阀受袁的指使，以段祺瑞为首的数十人也通电赞成共和，都是为自己利益打算，毫不知共和为何物，终于闹成后来若干年南北军阀的争权夺利，人民大受灾殃。

总之,这次讲和,只有达到推翻清廷的一结果,虽则暂时南北停战,但造成此后军阀的凶横,南北混战亘二十多【数十】年。故使当时不讲和,由南方革命势力组成北伐,其结果必定胜利,军阀当可铲除,国计民生定有成绩可观。

在此议和时,当孙先生提出让袁为总统,革命党人【我们一班人甚】多表示反对。【最少当对共和政体有一种实力的保障,】虽则初时袁也答应实行责任内阁制,但这是袁的别一种骗局,所以宋教仁一出组阁,便被袁派人暗杀了。

总之,当时除孙先生及南方一班代表实心建立共和政体之外,其余的,如以袁为首的北洋军阀,与南方的政客,都不知共和为何物,所以闹成民国数十年间徒有虚名,而底里却受军阀的灾祸。

议和【在此和议时,我们】不能抹煞汪精卫的功绩。他于出狱后,即与李石曾【及我们】一班青年组织"京津保同盟会",并组织敢死队,如炸袁世凯、炸张怀芝、炸良弼等,影响于议和的大局甚大。他的晚节,竟变为日本的大走狗,实为千古的罪人。

【末了,】我当时为南方议和代表办事处的职员,故稍知当日的实在情【状】况。除却亲为见闻的事件之外,其他事件在这"见闻录"所录出的,乃从报刊与档案中收集【代为介绍】,自知【当】有许多错谬,尚望读者指正。

一九五九年四月,竞生书于广州广东省文史研究馆

(原注:本文略有删改,小标题为编者所加。文中日期除注明者外,余皆为阴历)

"北大"回忆[1]

---

[1] 本文写于1960年,为省政协文史资料,未刊稿。后由张培忠整理,发表于2012年3月21日《南方日报》。

"北大"自"五四"运动后，不但为北京八校的领导，而且为全国最高的学府。但在俄国一九一七年大革命影响之下，智（知）识分子分为两派：一是赞同而一是反对的。在蔡元培为校长时，他本着大学的精神，对各种学说兼容并蓄：既有林纾等的古文派，又有陈独秀等的白话文；既有胡适等所介绍的美国实用哲学，又有李大钊的马列学派。蔡校长是尊师重道的，凡教授一经聘任，不管学生与外界怎样反对，一任其学说尽量发挥。

我是在一九二一年冬受聘为北大哲学系教授的。我到北京原意不想教书。那时我在法国读了十年书，归国后，眼见军阀的凶横、社会的腐败，无力挽救，本想自杀（一种美的自杀法，即在月夜乘海轮于海洋进行时，在船尾成为一条白浪中，跃身而下）。可是自觉的自杀法是第一等人类才能做到的（托尔斯泰意）。急性的自杀既未成，我就改为缓性的自杀法，即想在北京雇一骡车到新疆荒凉之区开辟一个新世界，以了此残生。

在出发前，经过广州，被中山先生惠邀便餐（我前在辛亥革命南北议和时，曾被中山先生任命为南方议和团秘书）。在座的有吴稚晖与张继，孙先生特请吴好好宣传北伐的必要，而反对陈炯明与吴佩孚的联省自治，实则为军阀割据的阴谋。孙先生又嘱我到北京时与蔡校长及北大一班师生介绍孙先生主张北伐的真正意义。

我到北大见蔡校长传达孙先生使命后，蔡极表同情。继则对我说新疆此时为军阀杨增新所统治，他不愿国内智识分子到新疆去揭穿他的黑暗政治，总设法子使你不能久住其间而有所作为的。到此，我的缓性的自杀法新疆行，又不能实现了！只好暂时留在北大为教授了。

我在哲学系中所教的为伦理学（被我改为"行为论"）与逻辑（归纳与演绎的统一观），但我在蔡校长提倡美学的影响之下，发表了《美的人生观》与《美的社会组织法》二书，受到了读者的好评（尤其是那时的书评大家周作人教授对我的《美的人生观》赞誉为有诗意的作品）。但自我在北京《晨报》发表《爱情定则》后，社会极为轰动。尤其是在我所发表的《性史》第一集后,全国更加轰动(我只发表《性史》第一集,其余的《性史》与《性艺》都是假我名的。《性艺》骂我到体无完肤!)。这些那些我在北大所表现的,或许是李大钊教授在北大二三百职员中,独一看中我可与他合作吧?(那时鲁迅的《阿Q正传》已出版,博得盛誉。但他对马列学说尚未有如后来那样热烈的提倡。)

李大钊教授领导了百几十位学生(大多数为北大学生,此中有许多CY,即共青团员)。他同时叫我也加入领导,我们的聚会地点常在北大或教授家中。所讨论多数是时局与政治问题,尤其是对俄国共产主义的动态。

李教授给我们深刻的印象是他有精悍的体格、刚强的意志与温和的表情。他待人接物都出以一片至诚,毫无虚伪的态度。他说话极少,但他所说的都是有的放矢,有言必中。例如我们谈到胡适所主张的"少谈政治,多谈问题"时,李教授反驳说:"问题——尤是社会问题,能够脱离政治吗?"谈到胡所喜介绍的美国实用哲学时,李笑说,这不过是美国的一种商品吧!可是当他谈到社会主义——共产主义时,李教授则口如悬河,滔滔不绝了。

在李教授所领导的这个学生集团,经过长久的时间讨论后,许多问题都已得到相当解决了,可是我那时的思想局限性,对有些问题尚搞不通,所以李教授有一日问我是否愿加入共产党?经过数日考虑之后,我向他提出下列三个问题,如能得到解决我就乐意加入了。

第一是名义问题——中国共产党当然是独立的,它与俄共是同盟不是附属的。我提出这个问题是因为那时中共在许多地方建立"苏维埃"政权,用这个俄国名字,使社会上——尤其反对党诬说中共是苏联的附属品。故我建议最好是在各地建立政权时,不用"苏维埃"名字,而改用中国自己的字眼。

第二是注全力于军队的运动。在我当时不正确的思想之下,以为我国的工人不多,农民虽多但无知识与无组织。故我国的政治运动应与欧西的不同。所以我主张以运动军队为主，而以工农为辅。以当时国民党反动派的腐败，我想选择多少共产党员而有军事知识者用贿赂买得营团长以上地位，待机起义。在国民党反动派的军政腐败中，只用数万元以上确实可以买到稍为高级的军官。这些贿款可向苏俄借用或由它义助。

第三是我那时以为，在国内的反动势力极大，新生的共产党势力是难以即时把它打倒取胜的。故应以新疆为根据地，一可以得到苏俄的助力，又可以为国内运动的策源地。

由后想起我那时何以提出这些问题的根源？因我仍然站在"孙文信徒"的立场，以旧民主主义为观点，尚缺乏资格去采用中共的新民主主义方法呢！

李教授在我提出上头所说的三条件后，极客气地对我说，待他与苏俄代表商量后再复。过了数日，他对第一、二条件不肯表示一点意见，只说关于新疆作为中共根据地，苏俄代表说本不成为问题，但因国际关系，暂时是不能做到以〔免〕引起国际的纠纷，只好待后来再算罢了。

本来，我这些条件当然是可以改变的，只要待李教授对我再加启发，或许我就无条件地加入中共了。可恨时局的突变是不容许我们再行考虑的。张贼作霖突占北京，他素来极恨北大，说北大为共产党的巢穴，派了刘哲为北大校长，而把李大钊烈士及十余位学生绞杀了！

幸而最被张贼作霖所痛恨的北大校长蔡元培已先离京不及于难。而我在张贼未入京之前，已向北大援例在职教授五年后得带薪到外国一二年读书或游历，因而到上海等待出发欧洲，而因张贼对北大摧残，在我自然不能得到北大的新帖（薪贴），只好居住上海开设"美的书店"了。

在上海时，得知李烈士壮烈牺牲，使我悲愤填胸。他虽死，他的音容永久留在我眼中心中。当我离开北大与他辞别时，我向他说，在这个北洋军阀势力之下，他的处境甚为危险，问他有什么方法可以解脱。李烈士极坚决严肃答我说："愿拼一死，使我国共产主义繁殖种子！"他为我念起文天祥的"人生自古谁无死，留取丹心照汗青"。又极激动地念起"落红不是无情物，化作春泥更护花！"，他死后，我每想起这些诗句，虽极伤感，但又觉得极痛快。真实地，李烈士的一死，留下许多共产主义的种子，这些种子不久就开花结实蔚成灿烂的世界了。大家都知道随李烈士在北大兼任图书馆馆长时，有一位馆员——伟大的毛泽东同志，在李烈士启发之下，就成为共产主义的领袖了。

在这次烈士牺牲中，我永久记起那位北大女生张挹兰[1]。她是缠脚解放的，她常到我家闲谈。她那副憔悴的面貌，瘦弱的身子，愤世嫉俗的表情，坚毅勇敢的性格，我知她在跟随李烈士上绞台时，有如希腊那位女共和党员在上断头台时那样高呼："死是不足怕的！死是快乐的！"

1960年6月9日

附　张竞生佚文《"北大"回忆》钩沉始末[2]

张培忠

《文妖与先知：张竞生传》的出版，使学界与公众对张竞生的重新评价成为可能。学界的破冰推动了机构的解冻。2011年8月15日，广东省档案馆收集整理部主任钟鸣先生持公函来访，要求将本人研究张竞生的成果收入该馆即将建立的张竞生名人档案专卷，钟鸣先生并

---

[1] 张挹兰（1893—1927），湖南醴陵人，早期国民党员，参加创办《妇女之友》杂志，1927年任国民党北京市党部妇女部长，同年3月被奉系军阀张作霖逮捕，4月28日，与李大钊等20位同志一起被绞死。可参阅作者《哀女生张挹兰》(《新文化》第4期）和褚松雪写的《哭张挹兰》(《中央日报副刊》1927年4月）。
[2] 原载2012年3月21日《南方日报》，选入时有删节。

且感慨地表示，以前也曾想把张竞生史料作为名人档案专卷保存，但因其名其文备受争议而未果，直到《文妖与先知》出版后，才找到可靠而有力的理由，并得以顺利实施。钟先生还希望我把有关张竞生的史料、照片复制一份给他，以供明年筹办张竞生史料展之用。大约为了取得我的切实支持，钟先生专门复制了一份刚刚找到的张竞生于1956年4月在政协广东省委员会第一届第二次会议的书面发言稿送给我。

我接过一看，只有两页的书面发言稿，篇幅不长，是应当时的广东省委书记陶铸的要求而做的发言，主要讲在当时缺肥少药的情况下，指导农民兄弟如何"堆肥"，以服务农作物的种植，解了农民兄弟的燃眉之急。

我深知这种史料，即使片言只语，也来之不易，更弥足珍贵。一方面表示感谢，另一方面提醒钟鸣先生，根据我的研究心得，张竞生是一个十分勤奋的人，涉猎很广，继续挖掘旧史料，估计省政协、省档案馆还会有张竞生的材料或佚稿。

钟先生表示，此稿得来十分偶然，也殊为难得。作为一个精通业务的档案专家，又是一位富于责任感的有心人，钟鸣先生答应回去试试看。

半个月后，就传来好消息。钟鸣先生告诉我有重要斩获，发现张竞生的重要佚稿《"北大"回忆》，而且过程颇为曲折，牵涉到政协文史资料征集的来龙去脉，也昭示着人的命运、学术的命运与时代的兴衰息息相关。

1959年4月29日，周恩来特地为60岁以上的政协委员举办茶话会，指出"戊戌以来是中国社会变动极大的时期，有关这个时期的历史资料要从各个方面记载下来"；"希望过了60岁的委员都能把自己的知识和经验留下来，作为对社会的贡献"。这篇讲话成为人民政协开创文史资料工作的标志。从此，征集和整理以"三亲"（亲历、亲见、亲闻）为特色的文史资料工作在全国政协和地方政协陆续展开。正是在这样的背景之下,广东政协的文史资料征集工作于 1960 年开始着手进行。

此前,在省文史馆任馆员期间,张竞生已写过《丁未潮州黄冈革命》《南北议和见闻录》等多篇史料。为响应周恩来总理的号召,张竞生应省政协之约写了多篇文史资料文章。其中,《在新加坡成为"中山信徒"的回忆》《中山先生关于"系统"的一番话》《中山先生在辛亥革命南北议和时口头的两个指示》等,曾刊载于《广东文史资料》。

《"北大"回忆》于 1960 年 6 月 9 日完稿,6 月 10 日即送到省政协。省政协文史资料来稿审阅意见表记录几位编审者的意见:

1960 年 9 月 1 日初审意见:"内容是作者亲历其境的回忆,但叙述个人的情况太多,如加以整理补充(应着重北大内部派别的斗争),可作选辑之用。稿酬拟留后酌发。"

1960 年 9 月 12 日复审意见:"约本人协商修改后,再作决定。"1960 年 12 月 6 日再提复审意见:"如能把李大钊同志在北大的活动,以及对胡适派的斗争加以充实,是一篇有价值的资料。"备注栏注明:"可先发资料费(发给资料费五元)"。从文稿处理单上看不出张竞生做过任何修改,稿件搁置。

1973 年 9 月政协广东省委员会文史资料研究委员会将张竞生《"北大"回忆》稿件在登记表重新登记,归入"文教"类别,无处理意见。

1999 年,根据时任全国政协主席李瑞环的指示,广东省政协开始清理库存文稿,经过四年多的努力,《广东文史资料存稿选编》第一卷于 2005 年 12 月出版。张竞生的《"北大"回忆》在此次列入政协《文史资料存稿选编》文化教育专题(分册)候选稿件,2001 年 4 月 8 日编审单位政协文史资料委员会提出了初审意见:"本文记述了作者在北大任教期间的一些情况,重要是作者与李大钊的接触及对中国共产党与共产主义的认识。从现在的角度看,本文是有史料价值的,但标题似可以再斟酌,作出改动。核校后可以采用。"其后,初审意见又补充了一句:"(此文)已收入江中孝编《张竞生文集》。"实际上,《张竞生文集》并未收入此文,但正是这句话,使这篇文稿未被《广东文史资料存稿选编》采用,而且险些被永远地遗弃直至消失。

2011年8月,政协广东文史资料存稿经过清理、出版的过程之后,存稿的原件移交广东省档案馆保存。省档案馆收集整理部对这批原稿逐件进行了除尘、分类等初步整理,并关注广东历史人物的手稿情况,准备对五十年前发黄易碎的原稿进行修复保护。张竞生的未刊原稿《"北大"回忆》就是在这个过程中从旧稿堆里面被发现的。

张竞生的未刊稿《"北大"回忆》不仅有史料价值,更具文献价值。它披露了在建党初期,我党的创党领袖李大钊如何筚路蓝缕、以启山林,如何以睿智的眼光对先进知识分子进行考察、教育与引导的,也反映了像张竞生这样的先进知识分子对共产主义由浅入深的认识,以及对国家的前途命运的严肃思考与不懈追求。这篇佚稿在作者写作、湮灭五十多年以后,又穿越岁月的风尘破空而出,得以展示在公众的视野,使人唏嘘不已,又令人回味无穷。

中山先生关于"系统"的一番话[1]

---

[1] 本文写于1961年,收入《文史资料存稿选编》之三《东征北伐卷》,林亚杰、邱捷主编,中国文史出版社,2002年。

当我第一次从法国留学十年回广州时，适孙先生任大总统，正在积极举行北伐统一中国，我与张继专诚［程］晋谒。孙先生知我新从欧洲归来，格外欢喜。在来晋谒之前，我已经准备一个专题，即"系统"的问题。我说："我觉得欧洲人比我们中国人，无论学问上与做事上，都较有系统地去干，这是什么缘故呢？"我说到此时，顺口念出 system 这个欧字。孙先生听此大为兴奋。他本有大演说家的口才，这次对我们更加发挥他的天才，滔滔地把这个"系统"问题一直说到两点多钟。我在此惭愧地不能全部介绍出来，只好择要来说一说。

孙先生说："欧洲人因为普遍受科学的教育，所以做事较有系统。因为'系统'就是对一种学术或一件事情，从头到尾，有始有终，认定一种有科学性的步骤去实现。例如我们的革命说，我们认定中国的革命即推翻清廷，建立共和，是符合科学性的世界潮流，一定必能实现的。所以不管在辛亥以前若干次起义的失败，我们总不灰心，一直坚持革命的精神，继续苦干下去，所以得到辛亥革命的成功。不幸，这个成果被袁世凯及一班军阀所盗窃，以致今日革命，尚未成功，所以我们仍然继续革命，主张北伐统一中国，以完成前此革命系统的事业。"

说到此，张继起立说："外间如陈炯明辈说革命到今日已许久了，永久在革命，在破坏。应该是建设的时期，不必去再说到什么革命了。"孙先生微笑说："革命目的在建设，但建设的目的又要在革命。革命－建设，建设－革命，二者是相因而至的。这个真理为陈炯明辈所不懂，所以他反对我北伐的主张。"

继而，孙先生对我说："你就要去潮州任金山中学校长了，我们就来谈一点教育系统吧。所谓教育的系统，就是从小学到中学到大学，是要有一个统一的系统逐步去发展的，完全不是如现在一样把它截开为几段的。故好的教育，在小学时期已教学生们具有科学与文艺初级的具体学问。到中学不过把这个初级的发展为中级，到大学发展为高级而已。这其间的学术，不过只有初级、中级与高级的分别，但根本的具体的学术是一样的。例如以最高深的天文学说，小学毕业生已能了然于所识天文学的大纲与具体的一切学问了。他们比大学的天文系学生，不过是初级的学问，但天文的一切具体的学问，并不比大学生为缺少。因为要这样，因为我们尚以小学为普及教育的基础，所以更要把一切科学与艺术在小学中建立一个整个的系统，然后人民普通文化的程度，才能在社会事业实践中逐渐提高。"

说到此，我起立向孙先生说："我在法国看到一本社会主义者的书，主张国民的普及教育应以大学为标准，即使人人不论男女，当读到大学毕业……"孙先生说："我已看到这本书了，本应是这样的。可惜现在各国只有少数人得到家庭财产的优越关系，始能读大学，而大部分国民被排斥于大学的门外了。在这个科学昌明，世事复杂的时代，人人要有高等的学识，即人人要大学毕业，才能对付得好的。希望我国的经济充裕后，规定以大学毕业为国民普及教育的标准吧。"

谈论的末后，孙先生更加兴致勃勃然为我们纵谈世界的大势说："苏俄已成功为社会主义国家了，它定能逐步达到共产主义国家的目标。不过就我国现时的经济与人民的文化说，我们主张先从'国家社会主义'入手，即把许多公众事业如矿产、铁路、银行等划归国营。至于普通工商业与农业暂由人民去自由经营，但须实行'节制资本，平均地权'的政策，以限制个人大规模的掠夺与剥削。"

在这两个多钟头的谈话，也可说是训话中，孙先生在电扇挥动之下，神采奕奕，然不吸烟，不饮茶，毫无一点的倦态，滔滔然如长江大河的讲演，时时夹入诙谐及譬喻与许多举例，使我们听者，觉得他不只是一个大革命家，而同时也是一位大学问家哩。

谈话毕时已到晚五点多钟了，孙先生向张继说你可去约吴稚晖老来一同晚餐，我有些话向他说。

张继去后，孙先生带我从那时的总统府（现在的中山纪念堂）后门一条木架的走廊上到达孙先生的寓所——一间木屋，内有一小厅与两间小睡房（现在竖立一个纪念碑，题为"孙先生读书治事处"），我们就在厅中晚餐。

食桌中，有一个大型的冬瓜盅（即把一个冬瓜割去一片头，内放入鸡肉火腿等好汤菜，把它整个煮熟的，这是广州的普通名菜品）与几盘普通的菜蔬。不饮酒，不吸烟，我们亲热地饱吃了一顿。

在席中，孙先生特向吴稚晖说，望他好好向陈炯明开导，劝他好好地赞成北伐的政策。并批评他与吴佩孚的"联省自治"的主张是要不得的，是各军阀割据各个地盘的一种借口云云。素性大滑头的吴稚晖那时是倾向于陈炯明的。他面对孙先生不好表示反对，只说"先生北伐的主张是对的，但时间尚有问题，不必太急吧。只好等待适当时机，进行未迟"云云。

中山先生在辛亥南北议和时口头的
两个指示[1]

---

[1] 原文写于1964年,最早刊于《广东文史资料》第15辑(内部发行),中国人民政治协商会议广东省委员会文史资料研究委员会编。

中山先生在辛亥南北议和时口头的两个指示

我是由中山先生任命为南方议和代表团秘书的。适是时团命我带数千元到南京为总统府经费，并由汪精卫专函介绍我向先生面受机密，以便传达。所以先生特在南京总统府一间密室里向我单人作了如下的指示。

首先，先生说这次南方议和代表团代表虽是伍廷芳，但实权我们暗中令汪精卫负责。伍虽是我方外交部长，此次由各省代表推荐为代表，表面是极适当的。但其人是大官僚，贪财，爱物质上的享受。当他由清廷派为驻美公使时，随员各职，尽行贿赂出卖。回国后在上海买一大洋楼（现暂为南方代表团借楼下为办公室），骄奢淫逸，他不是革命党人。在他任代表往上海时，他问我，这次议和，如能达到像英国一样成立内阁制度，清廷则保存虚君位，这样能否接受？我坚决向他说，我们革命的宗旨在"推翻满清，建立民国"，断不能再由清廷保留虚君位。总之，无论从何方面看，伍是不能真正代表我们革命宗旨的。我国各省代表推荐他，不能不任命他为代表，但我总怀疑他是否能称职。所以我们另命汪精卫、王宠惠、王正廷、钮永建等人为议和代表团参赞，暗中特授汪精卫全权，即是凡事须由参赞团同意，然后才能由代表签行。至于重要事项，又须由我们同意，然后才能执行。

先生说到何以信任汪精卫的理由时说，因为他前时暗杀摄政王与清廷拼命的行为，轰动世界，出狱后，又在天津组织"京津保同盟会"，仍然为了革命。这次议和，他还是会真心真意以达到我们革命党的宗旨的。所以我们授他全权，尽量发挥革命党人的意志。当然，他有时不免感情用事，所以我们又望参赞团与你们秘书团好好帮助他。

说到第二个问题时，先生更加沉着表示，对袁世凯要采用"利用方法"，使他入我们的圈套。袁是大官僚，狡猾成性。但他前受清廷的排斥，今虽起用，重行执权，可是他底里是要推翻清廷的统治，这一点上是与我们的目的一致的。至于他是否真心为民国，却是极可怀疑的。在这一点上，全靠我们利用他的方法，使他接受我们的宗旨。因此，为了达到革命的目的，我极愿让出总统，只要他能建立民国。这可以说，我是用总统的名义，利用袁接受我们革命的宗旨的。先生还分析当时的军事力量说,我们实在是不能与袁对抗的。我们虽有革命的勇气,但经费支绌(连数千元也要由上海议和团解来接济!),而且军权不统一,各省军人各自为政,不能统一指挥,所以我们只好利用袁世凯来建立中华民国(最少,在表面上,临时名义上来建立的)。

利用袁的势力来建立民国,当然危险性是极大的。可是我们革命党人如能团结一气,好好监督他为民国尽职,那么,他虽有野心,也不能不在我们的控制下做事。那么,初始虽则是我们利用他,结果还是希望能逐渐把他改变成为同我们一样拥护民国的人。

所以我常说不怕袁世凯,只怕我们革命党人有二心、不团结。现在形势,各省纷纷独立,大多是军人与政客所主持,我们如怕他们,就不能成功了。所以我们也要不怕他们,利用他们,革命才能成功。

先生说到此时,神情极度紧张,但志气表示极坚决。停一会儿,他又说,我愿意把总统让给袁世凯,有人说我是被迫的。这是根本不识大势的人说的。须知我不怕袁,而是利用他。不但是袁,无论谁,他如能"推翻满清,建立民国",我都极愿让出这位置;但无论何人,如不能做到这两点,虽用任何强力,都不能使我让出。我是终生抱定革命者的气节的,不但视总统是一个虚名,而且到必要时,虽身家性命也可牺牲的。总统是一个虚名,我不当总统,也可为国家做事。我立志让出总统后,就专心做实业救国的事务,并希望完成我的学说(孙文学说),以教人传世。试想总统有什么意义使我留恋呢?我所留恋的是"推翻满清,建立民国",而不是总统的名义。

临别时,先生神气极坚决地再次指示:第一,让伍廷芳名义上为议和团代表,而实权则由汪精卫操持;第二,我们设法利用袁世凯,不是袁利用我们。这二点,望向汪精卫道达。并望你们保守秘密,不要外传。[1]

---

[1] 这个说法在张竞生1957年的回忆文字《南北议和广东代表团之实权》曾出现过,可参考。

在新加坡成为"中山信徒"的回忆[1]

---

[1] 本文写于1965年,收入《文史资料存稿选编》之三《东征北伐卷》,林亚杰、邱捷主编,中国文史出版社,2002年。

在新加坡成为"中山信徒"的回忆

这是辛亥革命前三四年间事,我被广东陆军小学开除后(因为我的错失是为调整同学食桌位置事,本来校方可以准许降级复学的)[1],我不愿再读陆军了,不愿为清廷军官去屠杀汉人了,遂与一位王姓同学[2]到新加坡跟随孙中山先生做他的革命信徒。

说到这间陆军小学派头真不小,两广总督兼任为挂名校长,另派一位日本士官毕业生韦某为监督。这位监督不学无术,十足官僚,校务不管。可是幸而我们有一位副监督是大名鼎鼎的革命大家赵声(伯先)先生。可惜他无实权,只好自己读书与物色一些革命种子。赵先生在日本读书时,已接受中山先生革命的学说,回国后,为新军统领,因有革命嫌疑,遂降调为陆军小学副监督。在我们数百名学生中,他详细物色了一些革命种子。怎样物色呢?那时,我们同学中不过几人自行剪发。在清廷制度之下,若无保障,便有革命党人的嫌疑,不留辫子便有杀头的可能。我也是自行剪发的,这便是给予赵先生目为革命种子的标志,因而常叫我到他房间闲谈,便给我《扬州十日记》等禁书,这些是记述清兵屠杀汉人的实录。又给一些《民报》,这是鼓吹革命,铲除清廷的极有力量的宣传品。赵先生后来在广州"三·二九"起义时,领导一班革命同志做下了轰轰烈烈的事业。不幸,这次起义仍然失败,他幸而脱离敌人虎口,逃到香港,因积劳而病死了。

那时在新加坡,中山先生住在一间二层的小洋楼[3]。当我们谒见时,先生先批评我们思想上的错误。先生说,做革命党人要先做清廷军队的人物,然后才能得其军权去打倒他们。故先生劝我们还是好好地回归中国,如能加入军队更好,否则就做了革命的宣传者与实行家;至于说到介绍到欧洲留学一事,先生说他的财力实在不能支持。

---

[1] 1906年8月,张竞生考入广东黄埔陆军小学第二期法文班。读书期间,与陈铭枢、邓演达过从甚密,曾发生集体剪辫子事件,被学校处分;后又因留法受阻,学校伙食等问题与校方有冲突,1908年被学校开除。

[2] 王鸾,中国同盟会会员。

[3] 指晚晴园,位于新加坡中心区的大人路,孙中山在南洋从事革命活动的重要据点。

往后,先生向我们详细介绍他暂时在新加坡所做事,计有三项:首先揭发保皇党的无民族性与虚伪。先生说保皇党寄托满人实行的新政是全套落空的。因为此时执政是慈禧太后一派人,腐败到不堪言说。至于光绪皇帝已被禁锢废黜,即使他能复位,也不能有何作为。他不过是一个少爷派,毫无学问与政治才能。戊戌变法所以失败,便足证实光绪的少不更事,毫无政治手腕,以致被慈禧派所击倒。至于六君子以及康梁诸保皇党首领也都是书呆子,不晓得怎样执行新政治的。故就国内外时势看,非用武力把清廷打倒,一切新政是无希望能实行的。其次,先生说到团结华侨一事。他说南洋华侨素有洪门的组织,这个灭满复汉的社团是有深长历史性的。我们正好从华侨的爱祖国本性,联络洪门一切人物,鼓励他们:第一。脱离保皇党的影响。第二,团结华侨的革命力量,作到有人出人,有力出力,为祖国革命事业贡献一切。第三,中山先生对于如何在海外组织一班青年回归中国实行革命事业事,因为事属秘密,只向我们说些大纲罢了。

一个多月在新加坡追随中山先生学习其革命学说与实行工作,我们得益良多。在别前有一日反对党报纸上登载有广东清政府近密派两位青年(暗指我与王同学)来新加坡暗杀中山先生一件奇闻。我们知是反对党故意造谣,只好付诸一笑。别了,这个短短在新加坡为中山先生信徒的时间,使我们终生烙印在心脑中,虽不能为轰轰烈烈的革命领导人,但也成为革命马前的一个小卒了。

说到那时广东陆军小学的组织乃由北京陆军部直接统率的,所以两广总督兼任校长(挂名不到校的)。每年设有一班一百学生。第一班学日文,我是入第二班习法文的。照章每班三年毕业,再入南京陆军中学[1],又升到保定士官学校[2],毕业后就为军官。因为重视这个军

---

[1] 清朝陆军第四中学堂,设在南京的小营,收江苏、江西、浙江、福建、广东各陆军小学堂毕业生。

[2] 保定陆军军官学校,简称保定军校,中国近代史上第一所正规陆军军校。1902年创办于河北省保定市,1923年停办。

校，所请的教员都算优秀。尚有校医是日本人兼教生理学。此外，有四位日本军官专教操练。故名为小学，一切课程都等于当时的高级中学了。这间学校设立在黄埔江岸，风景宜人，每日散步于江边，共唱我们音乐老师在日本与友人合作的《中国男儿》长歌[1]。这是一首激昂慷慨的好歌，有如世界闻名的法国国歌《马赛曲》一样，它开头是高音抑忧，"中国男儿！中国男儿！要将只手撑天空！睡狮千年，睡狮千年，一夫振臂万夫雄……"，连接数十字，字字激昂慷慨。

总之，这间军校是具有革命气氛的，我们在其中自然接受了好多革命思想。况且，副监督赵声在其中秘密地散布革命的学说。他当然看我们的年纪不过十六七岁，也是可作为"革命种子"，但尚不能为革命实行家，所以他对我们只暗中供给一些革命禁书。每当我到他房间时，他极力勉励我为革命党人，奉行孙中山先生学说，实行推翻清朝建立民国为宗旨。赵校长在校中活动少，但常时到广州联络革命同志。

说到孙中山先生在新加坡所住的小洋楼（街名已忘记），这是一间极普通的二层小洋楼，离市中心不太远。孙先生极少外出，专心在住所接客与策划革命事宜。外出的职务都由胡汉民去执行。我被孙先生接见了三次。第一次，他对我说及他在日本、南洋与国内的革命计划。着重在对我国日本留学生——尤其是学陆军者的革命学说的宣传，以及他们回到国内的革命行动。他说我国的留学生受了日本人歧视的刺激，并觉悟到本国不革命即要亡国的教训，故将来国内革命，日本留学生一定会起领导的作用。

第二次，先生对我发挥他的三民主义与五权宪法的创议。他详细为我解释，平均地权（使耕者有其田）与节制资本，二政策即是国家社会主义的政策。他申说别种社会主义政策，就那时说尚未适合于我

---

[1] 石更作词，辛汉配曲，为清末民初"学堂乐歌"（类似于今天的校园歌曲）的代表作，1895年后为陆军军歌。

国的需要。但先行国家社会主义政策后，其他的社会主义如共产主义、无政府主义等等也可逐渐推行。

第三次，他对我详论系统的革命学说与革命行动，并且推论到一切学问总要做到系统，然后才能得到真实的学问。我在此极端感谢先生的教训，到今日我已 77 岁人了，尚在尊承先生的遗训，专心在写就"哲学系统"[1]一书。第四次，当我往见时，胡汉民下楼说今日孙先生极忙，不能接见，就由胡同志代表，说先生劝我应从速归国，好好跟随赵声先生实行革命的运动云云。

作者系中国同盟会会员（1965）

---

[1] 1967 年，张竞生在饶平写作《哲学系统》（又名《哲学的知识》），未完稿，手稿未发表。

京津保同盟会二三事[1]

---

[1] 本文写作时间不明，收入《辛亥革命回忆录》第八集，全国政协文史资料研究委员会编，文史资料出版社，1982年。

当汪精卫一出狱时，就在天津法租界组织"京津保同盟会"（初时是京津，后来才加入保定，而为京津保同盟会了）。汪当然是领导人，但李煜瀛（石曾）也加入成为领导人之一。李对汪极崇拜。在这一时期，他不知怎样认识了袁世凯的长子袁克定，大概袁等已极详细地调查了京津保同盟会的活动，所以拉拢李为介绍人与汪氏认识的吧。袁克定告诉汪、李说，他们对同盟会员（即天津的同盟会，下同）的一举一动都知道的。但同盟会可以放心去做。举凡可以威吓清廷与其贵族们，他们可以尽力帮助。须知袁世凯初时被起用，已经尝到前此被斥的苦味，所以乘革命势力方兴，借此以威吓满人而巩固自己的地位（袁以后的一切行动名为革命，实则为自己的利益，这已成为历史的事实了）。

我们同盟会内组织"敢死队"，自家制造炸弹。说起来好笑，我们外出时不论是散步、上食店、会朋友亲戚，各人的手巾都包上这样土制的炸弹（比鸡蛋大四分之一）几枚。这不是为炸敌人，只是一种风气，显出自己威风吧！况且，这样携带炸弹，不但于敌人不起什么作用，而且自己随时有被炸的危险。

在敢死队的活动中，有两件事应该特别提到。一是女会员郑毓秀。她穿起西装，有时还加上面幕，打扮得娇滴滴的，她那时不过二十岁，与比利时公使馆的一位比国办事员认识（或许是情人）。她常带一大包的军械品，到北京的东交民巷站就下车，如普通女子一样，从容地到比国使馆去放存所带的危险物了。二是东安门的东洋车夫暴动，这是得了袁克定同意帮助的。由同盟会派出数十人运动与收买几百位车夫，在那天晚上，无月光，黑暗暗地，叫起"打倒满帝"的口号，射放手枪并投扔了许多手榴弹，闹了几点钟。因为袁克定已暗中嘱咐军警勿加干涉，以致我们胜利示威而散。袁世凯当然是想借此警告满廷，证明在他们京畿之内、皇宫之旁，革命势力也极活跃，非他是无法对付的。

同盟会的经费多由汪的夫人陈璧君（富华侨家）资助，李石曾也是倾囊接济的。我们一班会员当然各出自己费用,偶然有公事活动,才由会中援助。例如,会中曾拨出几千元,叫我与张俞人二人带往烟台去奖助那时在此地起义的蓝天蔚的军队。殊不知我们到时,烟台的起义已失败,我们会不到蓝天蔚,只好回归天津了。

京津保同盟会最大的效力,就在于敢死队,在炸袁世凯、炸张怀芝、炸良弼三次举动上表现出来。这些烈士们都有传记,在此不再赘述了。至于在北京、天津与保定的群众鼓动上,同盟会也起了相当的作用,尤其是对学界的鼓动。当时的京师大学堂(即北京大学前身)是腐败势力的根据地。我是该学堂法文班学生,与同学孙炳文、甄元熙等向同学们鼓吹革命,提倡思想自己,并暗中散布了《扬州十日记》《嘉定屠城记》等书。

孙炳文同学,是一个有思想、有作为的人物,他在国民党虽是左派,后来加入了中国共产党。在国共合作时,道经上海,被反动派褚民谊等诱杀了!

附 录

漩涡内外自浮沉[1]

张　超[2]

一、如梦如烟忆故园

迫他离家的是爱妻

1949年底，大陆解放之初，"故园"的生活仍如平缓的流水照常运行。翌年秋，农村开始"八字运动"[3]。毕业于南京农校、终生乡居的叔父突然被戴高帽游街并从园前经过。家人惊骇异常，但父亲却若无其事。

不久，县政府通知父亲去领取证明及路费到广州学习。已乐于乡居的父亲未予理睬。稍后再次催促，仍未见行动。转眼已近年底，县长陈君霸亲自登门，送来证明及安家费并川资300万元[4]敦促尽快启程，其情殷殷。

父亲仍未明深意，迟迟没有行动。其时四邻各乡村头面人物陆续被游斗关押，风声日紧，他依然不当回事。素来敏感的母亲，深恐意外事态发生，与他吵了一场，甚至以死相逼，他才无可奈何收拾行装

---

[1] 本文最早发表在《浮生漫谈》书末，生活·读书·新知三联书店，2008年。
[2] 张超系张竞生次子。
[3] 指"清匪、反霸、减租、退押"。
[4] 相当于兑换后的第二套人民币的300元，在当时约可购大米4000斤。

（主要是书籍），依依不舍告别家园，时为 1951 年春节刚过。

此去竟成永诀

母亲并未意识到这是生离死别，强忍眼泪，道声珍重，嘱我送行。踊跃伴行的还有那头饲养多年、俗称"四点金"的大黑犬——"嘟嘟"。后来还是父亲在车前严斥，它才肯跟我回家。归途垂尾丧气，无精打采，极不情愿。也许它已预感到这是诀别，两眼隐含盈盈泪光，一路轻声呜咽。

父亲走后月余，两个民兵背枪持棒到故园命母亲把"嘟嘟"喊来。不知就里的母亲依命把爱犬叫到跟前，正当它摇头摆尾亲热依偎时，执棒的突然猛击其头。它惨叫一声倒地抽搐，七窍冒血，圆睁双眼无限怨恨地瞪视着主人。

母亲当场惊厥，好久都没回过气来，接着紧闭双眼长时间饮泣。一直在跟前目睹惨状的我，其情其境终生难忘。

母亲从此更加神经过敏，一闭眼就睹见爱犬那死不瞑目的哀怨眼神，总深责自己害死一条无辜的性命，时常心惊肉跳，担心大祸临头，人很快就憔悴不堪。

杀犬是为了查夜不被知觉，也可以无偿饕餮一顿。

爱犬的暴亡是一种征兆，血光之灾已隐现了。

父亲此去正是逃出生天。救他一命的何止《四鬼重生记》提到的那位公道待人的林美南，其实陈君霸县长，乃至母亲，都功不可没，只是当事人并未知情罢了。

宁为玉碎

1952 年春节，我家是在沉重的心态下度过的。

父亲在广州，几乎每日都有来信，还曾有过日寄两封的时候。

来信都编上号，百封之后周而复始，至 1953 年 6 月年间，竟达三百余封。

元宵后，突然音讯断绝。母亲已感不祥，随后乡间又传出父亲已解到汕头，不日就要押回公审了。

是时，土改正如火如荼，叔父已经以恶霸地主的罪名被枪毙。我见到油印的判决书上有"在恶霸张竞生的庇护下"字眼，归告母亲，她则日夜胆战心惊，梦魇缠身，茶饭无心，终日以泪洗面。又见妯娌受尽凌辱毒刑，最后还是死得不如条狗。她多次对我说宁为玉碎，也不想受那种非人的身心折磨，可以说早萌死志。

我因之寸步不离，夜不敢寐，还在楼梯上设置障碍，触动便有巨响。

母亲见无法摆脱，便诓我说绝不会抛下家人寻短见，而且强作欢颜，开始如常度日。清明那夜，我因多日守候，疲惫过度，一觉睡至鸡啼。发觉她已外出，情知不妙，跌跌撞撞寻至数十米外的浴室，只见木门紧闭，呼之不应。我急忙卸下门板，摸黑进去，却一头撞到她悬空的腹部。及至割断绳索，母子摔倒地上，虽经人工呼吸，却已回天乏术了。

不让飞蛾扑火

事后才得悉，父亲当时确已回到汕头，不过不是抓回，而是陪华南农业大学的柑橘专家林孔湘教授来潮汕调查出口苏联蕉柑的病害问题的。原打算在汕诱捕押回原籍，但被有良知的林关南挡住。而月余无信，是被农会截收。

在此前后，发生了一宗令人惊诧的事。有两位宗亲[1]，是樟溪的头面人物，受中共地下党指派，以"白皮红心"形式分别当上县参议

---

[1] 张国栋和张广实，1985 年由饶平县人民法院改判无罪，恢复名誉，家属得到安置。

和乡长。因对革命活动做过贡献,解放后准备安排其中一人为县财政局长(未就任)。忽然从省到地方曾长期搞地下斗争的各级领导干部,以地方主义或右倾的名义,都靠边站了,而由南下大军主持土改工作。于是这两位党的好朋友、进步人士从座上客变为阶下囚,没多久都给枪毙了。

那时我带着四个嗷嗷待哺的幼弟(最小的三岁),完全没有经济来源。这倒在其次,当务之急是向父亲瞒住这里的变故。因为他是情感派,爱子如命,若知此情,赴汤蹈火也要赶回故园,结局只能是都成覆巢之卵。一些至亲好友也暗中告诫我绝不能如实去信。

无奈的骗局

要让他不起疑,只有伪造母信一策。我当时十来岁,只有小学程度。而母亲则是文科大学毕业。幸好我小学时曾偷偷看过《三国演义》,多少掌握一些半文半白的语句。参照她塞在我口袋里的致夫君的绝笔,含泪苦练了两天,居然可以马虎乱真。每隔旬日便寄去伪造的家书。

浮山邮政代办所那位姓杨的好心大叔,极同情我的处境,把信件暗中转交给我,我这才知父亲已安然返回广州。父亲又寄来一些赡家款,我们兄弟才幸免饿毙。

后来见面时,父亲拿出一叠母亲去信,要我挑出真伪来。我说那还不容易,去年清明后都是假的嘛。此时父子相对无言,哭笑不得。

他对母亲的死虽极悲痛,但又伴生恨意。认为她薄情寡义,没有咬牙坚持。只有我深知母亲当时生不如死的心态。要抛夫弃子走上绝路,也是需要非凡勇气的!她起码保住了做人的尊严。

不相信成为地主

改划成分，是早已由工作队和农会内定了的事，划成分只是走过场，无非是痛殴一顿，进一步煞"地""富"的威风。

父母不在，十来岁的我便成了小地主。

一个春寒料峭的午夜，我被两条持枪弄棒的大汉押到农会。

只见吊着惨白汽灯的祠堂天井四周，错落坐满了人。我从未经历此种场面，已是战战兢兢，汗不敢出，尿不敢流，头脑一片混沌。人们喊叫着，挥舞着拳头，我却没感到痛，原来那是喊口号。我什么也没听清，就被按着跪下来，手被抓住在一张纸上按了指印。

这时一个熟悉的中年女声和蔼地叫我站起来，我才认出是以前常到家里帮忙挨砻舂米的芜菱婶。她对我说，你家余粮是多少千石，听清了没有：快写信叫你父寄来还！现在你回去。

父亲原分得祖遗三亩多水田，后来为了在故园下面田里种柑，就都调换到那里，并把四周的买下，总共六七亩，比租用的故园略小。

抗日时，柑价低贱，加上地势低湿，刚挂果就多枯萎，只得还原成水田，租给房亲。全家七口人，平均只有一亩上下。父亲在农校兼课，用半天时间打理故园的果树。他从不戴笠，只穿短裤，光身赤膊，晒得油黑，外表看比农民更农民。

他在广州南方大学学过土改政策，对照规定总认为只能算是小土地出租者。但那个时候是农会说了算。

我根本没有听清"余粮"具体是多少，只知道那是比天高的天文数字，有好几千石！大约相当那几亩田丰年时近百年的总产量。

人间自有真情在

为了还这无头债好让妻儿脱羁绊，父亲只得硬着头皮、厚着脸皮向海外亲友求援。

那时他的同学或学生均健在，比亲戚朋友更慷慨资助，他们主要是印尼、马来西亚、新加坡华侨。汇款源源不断寄到农会，因此我们兄弟也没受到苛待。但也不让我们去广州，就像人质。

到了1953年春末，农会已收足余粮款，但仍不让我们离去，父亲便找省里的土改城乡联络处申诉。复文说按政策可以把小孩领走，但你爱人已自杀身亡云云。

父亲接函后还怒斥其官僚主义，说明明不断接到她的信件哩。其实蒙在鼓里的是他自己。由上级发函通知，我才得以携四个幼弟到广州。

一直到1984年省委统战部和饶平县给父亲落实政策，恢复名誉，随邓崇禧副部长来饶的省文史馆管人事的李副馆长才告诉我，父亲的个人出身和成分是革命干部。反右时内定中右，但没有"戴帽"。这是他生前不知情的，这倒让我有点发蒙，唉，都过去了，可不是玩笑。

就是为了挣钱

在他筹款还"余粮"时，旅居新加坡的昔年同窗好友许唯心教授热心推介他在南洋报刊卖文挣稿费。《十年情场》先是在《南洋商报》副刊连载，后来才由"夜灯报社"出单行本。我见父亲不时去海关领回成叠的《南洋商报》。

20世纪90年代初，市面上出现一本书名分两行竖排的《十年情场》[1]，内容与前者雷同。我乃托北京友人质询该社，答云出版社是被冒名，也是受害者。此类笔墨官司，根本没法打，只好不了了之。

《浮生漫谈》是先在香港的《文汇报》副刊《新晚报》连载，后

---

[1] 编者原为前北京医科大学教师，后留美。20世纪80年代率先发表文章赞扬张竞生在性领域上的创新和贡献。

来辑录成书。1956年，报纸主编偕他的影星太太石慧女士特地到广州法政路作者家送稿费和样书，还送了一本当时极时髦的塑料皮活页笔记本。

《爱的漩涡》则先在香港《知识》半月刊连载，主编姓孟，是一位极能干的女学者，许多文章都自己执笔。这本杂志品位较高，在被喻为"文化沙漠"的弹丸之地香港，没维持多久便停刊了。幸好及时出了单行本。也可以说，这三个姊妹篇是无心插柳之作。

二、听风听雨话前人

重生之"四鬼"

《浮生漫谈》提到那"四鬼"，有三位是我熟知的。本书作者自不必说了。

与作者交往最频繁的是陈卓凡，因为他是同乡兼故友，解放前去过故园。他是澄海人，曾任少将师长、解放前的汕头专员；解放后则是农工民主党广东省副主委。他文质彬彬，毫无武夫之概。后来被打成"右派"，但免于下乡劳改。他住法政路坂桂坊，距我家仅半箭之遥。每逢潮汕故人来，均邀作者往晤并共家宴。

另一"鬼"是潮阳人郑巽甫，留德习军事，官至中将。他身材魁梧，相貌堂堂，是典型的东方美男子。曾赢得一欧籍丽人青睐，婚后携归中国，有两个身材相貌更胜乃父的混血儿，后因有新欢，欧妇愤而只身返国。他豪饮健谈，有佳酿必招作者共醉。他和陈卓凡都是起义将领。

还有一"鬼"未曾交往，已忘其名。

多谋善变话"娜拉"

作者多次提及的旧情人褚问鹃,后改名松雪,笔名松俦女士,是一位传奇人物。

她出身嘉兴官宦之家,祖父曾任道台。她读过师范,教过书,丈夫是小官僚。1923年见《爱情定则》讨论,弃家到北京与作者同居。

他们虽一起生活了两三年,但作者对其作为却知之甚少。只知道她曾任上海妇女部部长,与中共妇女运动领导人过从甚密。却不知她在国共第一次合作时期是以个人身份加入国民党并任妇女部部长的三名风云人物之一(另两位是谭平山、毛泽东)。

抗战时她在国军编抗日刊物,是第一位女上校,曾任罗卓英的秘书,抗战后在广州,作者虽曾风闻但未确知。临解放时她还跑到江西参加一个蒋军师长残部的反共游击队,不久游击队被解放军全歼,她却易装只身脱逃至上海,复偷渡至香港,因证件尽失滞留经年,至查得档案始赴台与子团聚。由此也可见她敢作敢为和多谋善变的投机本质。

她虽貌不出众,但文笔秀逸。《性史》第一集《我的性经历》作者"一舸女士"就是她的笔名之一。

她因护子而终身未再嫁。著有自传体散文集《花落春犹在》三卷等,可惜对其传奇经历讳莫如深。

20世纪末,享寿九十余得善终。

相思啼血泣"西子"

1933年,作者回饶平修公路、办苗圃,借住于张氏学塾,推荐两位曾在北京上学的新女性来此任教,并将学塾改名为"启新小学"(现为中学)。

独身多年的他不久便与那位被喻有西子"颦态"的黄璧昭成了恋

人,这里不谈他们的韵事,只略提她那令人欷歔的惨烈结局。

她出生于饶平首屈一指的大华侨家庭,在越南拥有良田数万亩,还经营贸易,家资不可胜算。家乡钱东镇仙洲村有一座数十间厅房俗称"五马拖车"的大厝,墙面贴着从欧洲进口的艳丽瓷砖,现虽已破败不堪,但那些艺术贴瓷仍光彩照人。因掌门人嗜赌,家道已于抗战后中落。

公路甫修通,作者即遭诬陷亡命香港,仓促间将爱子张应杰易名黄嘉托付与黄氏。不久她辞去教职,将小孩携到香港。后来其悲惨下场书中已述及,但略有出入。据目击者述,他俩是被"浸猪笼"的,插进喉咙的是削尖成矛状的榨糖的甘蔗。这里要补述一些身后事。

作者曾撰哀怨动人的悼文刊于泰国华文报纸,有华侨读后感触极深,多年后尚能忆述其事。土改时,从其家搜出一箱从南洋携回之中共宣传品,惜未留存。而主持杀人沉尸的两个家侄被人民政府枪毙,粗可告慰亡魂。

父妾与爱子

作者笔下恃宠放刁的父妾,其实是旧社会饱受歧视的悲剧人物。她生无名号,死无人送终,虽儿孙成群,但均呼之为"阿婆"[1],她是慈爱的老婆婆,持斋吃素,与贫困的小儿子住在一起。解放后住于村外小庙"娘宫"旁之斗室,晨昏焚香祷祝。

1952年初,农会将她赶出庙门。不久知长子被杀,几个幼孙成为饿殍,她也于一个苍凉的春夜自沉于家祠前鱼塘,翌日浮尸,被裹以草席草草掩埋,今已无人知其埋骨之处。

"娜拉"到香港接走的黄嘉,一直没有归宗复姓。抗战时随母生活于湖北恩施、重庆,就读于中央大学农学系,恩师是晚年成为中国

---

[1] 潮汕地区过去对小妾的通称。

农学会名誉会长的金善宝教授。抗战后到台湾糖业工作，与李登辉一同考入美国康乃尔大学农学系，次年因母病辍学。李登辉获博士后回台任"农复会"主任，即聘他为技正（总农艺师）。至90年代中期退休。有子女二名，均获高学历在美任职。

黄嘉侍母至孝，也因之与父绝交。50年代初，牵涉"共谍案"被捕，初被判死刑。其母利用原军政界关系，找国民党高层泣血求情得免死，转因火烧岛多年，后皈依基督教，获释后仍任原职，但绝口不谈内情，只称系蒙冤。

他对生父并非绝情。1984年闻我修父墓，还辗转送来薄金表达心意，母故后始萌归乡祭父之意，惜连续中风瘫痪并失忆。

80年代起与我以手足之情函电往返，近百封来信均妥为保存，清明时都替他献上一束素花。

心地善良的女乡长

在上面提过那位心地善良的芫荽婶，后来成为浮滨的首位女乡长。她是文盲，但记忆力很好，去上面开会，能把会议精神传达得八九不离十。但因弄不懂一些名词的含义，难免有一些失当。她曾说：农民兄弟，我们要打倒老封建，拥护新封建！以为新的就是好的。其率真如此。

她虽不主张用刑，但在泥沙俱下的大形势下，许多暴力她是无法控制的；还曾被工作队批评对敌斗争欠狠。划成分时我毫发未损，后来才知道是她事先特别交代。而其他地、富都难免一顿暴打，有的连爬也无法爬回去。我二伯母回去后思前想后，与其零挖碎剐不如痛快一死，狠下心来把一双小孙孙吊死，然后与子、媳一起悬梁。全家同归于尽。

我母亲自缢后，农会只有她到现场，面露悲色喃喃地说："唉！为什么'放掉阿奴（抛下孩子）'……"

80年代她离休回乡颐养天年，每年春节，我若回乡，第一个去拜望的就是她老人家。

最后的情人和"红娘"张次溪

自1951年春离家便一直独身的作者，父兼母职。1957年由情逾手足的挚友张次溪撮合，结识了徐娘未老的汪姨，这是他最后一位情人。

他描述其貌为杏脸桃腮，但尤嫌不足，似应添上樱唇皓齿。我见到第一面的印象是活像解放前月份牌上不施脂粉的丽人画像。很难相信这位经历过那么多辛酸、以保姆为业的中年女子的皮肤、身材和气质能够那么优雅。怪不得年轻时是金陵当红舞女并被大亨金屋藏娇。

她虽说一口颇为纯正的普通话，但难掩柔美的吴语声韵。说话柔声蜜语，端的是娇滴滴，极易获得听者好感。

在学校住宿的我回家第一感觉是凌乱的屋子变了样，两个幼弟亲热地呼之为"妈妈"；老父脸上常挂着幸福的微笑。我正庆幸有个完整的家，但我和两个大的弟弟又实在无法像两个小的那样叫妈。据说这也是促成她成为第二个"娜拉"的原因之一。这事很让我悔恨不已。

她确善于持家并精于女红，是上得厅堂、入得厨房的人物。闲时还认真练毛笔字。但若接触稍久，也能觉察她老于世故、视经济为首要的内心世界。

真是好景不长，未及两月，她忽然不辞而别。过了一段时间才回来收拾行李，只字不言原委及去向。出门时，只冷冷地对父亲说了句"我走了，你保重"，连再见也不说，前后判若两人，从此杳如黄鹤。

后来据传在佛山军区一师长家做保姆，只留下墨迹未干的"情人手抄本"。

她的出走太突然，对年已七旬的老父打击极为沉重。曾写下"她是仙姬还是妖魔"的慨叹，好在素能从哲学角度理解世事的他比常人更善于自舔伤口。越秀山上每天依然可以两度看到他略显佝偻的孤影。

那位热心的"红娘"为此深感抱愧，当事人反而百般宽慰。

张次溪是广东东莞人，父是鸿儒，本人是史学家和文学家，对明史特别是袁崇焕研究尤精。著述颇丰且多与此有关。曾任北京朝阳大学教授，肃反后去职。"文革"中遭遇未详。改革开放后我找到其原住处，已被挤占得只剩一室，仅有一个刚从农村回城的小儿子，云其父已故，别的一问三不知，鲁钝一如我那两个细弟。文化人之后代，求学之年适逢十年浩劫，一至于此，令人不胜欷歔！

2007 年 8 月 8 日于饶平

民元南北议和见闻录[1]（旧作）

张竞生编述，张次溪校录

（世人都以"性学博士"四个字的衔头，和张竞生三个字联在一起，实则张竞生少年时，参加过"京津保同盟会"，且曾为南方议和代表处的职员。1959年，张竞生回忆旧事，曾和齐白石老人的弟子张次溪合作撰成"南北议和回忆录"，今特刊载其原稿，俾读者获识这位"性学博士"晚年时期所撰写的一篇革命文献。）

公历一九一一年，即辛亥年（宣统三年）九月十四日，清廷派袁世凯为钦差大臣，督师到汉口。

袁世凯一面奏请停止进攻，一面遣员与湖北都督黎元洪议和。袁以刘承恩与黎元洪有同乡之谊，嘱刘承恩函黎达意旨。书两往，不获一复。刘承恩复于九月十五日续寄一书，详述种切，黎亦不答。袁世凯乃于九月十六日特派刘承恩、蔡廷干二人为代表委员，自汉口渡江与黎元洪晤商。

袁世凯奉清廷命督师南下，初驻扎于信阳州，迁延不进，复借口议和，以为缓兵之计。九月廿一日，刘承恩、蔡廷干请见民国鄂军都督黎元洪，先由传达官通知，黎都督即行许可。特派两员招待，并遣卫队十二名沿途保护。刘、蔡两委员乃于是日午后四时，由汉阳门

---

[1] 原刊1977年台北《艺文志》月刊总第146期。原题《民元南北义和见闻录》，收入时改正别字"义"。

入，直达军政府，招待员导入议事厅，黎都督及各部长均在，各行宾主礼毕，分别就座。首由黎都督询问两委员的来意，刘承恩即宣布此来的宗旨。兹将彼此两方的问答略述如下（这些档案都由当局汇送到南方议和团秘书处备查的）：

刘承恩说："都督首先倡义东南，十余省相继而起，实可钦佩。项城之意，不过三世受恩，不忍亲见清政府推倒，故特派代表等来协议。都督所以革命的原因，无非为清廷虚言立宪，实行专制，现在清廷已下诏罪己，宣誓太庙，将一切恶税苛捐全行改除，实行立宪，与民更始，目的可谓已达，倘再延长战事，生民益将涂炭。都督本为救民起见，是救之而反以害之，于心安乎？况某某两国均派水师提督带兵入境，不知是何居心，国内交争，恐彼等乘势袭取，致酿瓜分之祸。伏望都督统筹善策，顾全大局，传知各省，暂息兵端。一面公举代表入京组织新内阁，共图进行之策，朝廷仍拥帝位之虚名，人民已达参政之目的，所谓一举而两善存也。满人虽居心狡诈，然经此一番改革，大权均操诸汉人。清帝号虽存，已如众僧人供奉一佛祖，佛祖有灵，则皈依崇拜之；不然，焚香顶礼，权在僧人，佛祖也无能为了。"

黎都督答："项城真愚蠢，瓜分之言，可以吓天下人，能吓湖北人吗？现在各国领事均奉各该国政府命令，严守中立。各国皆文明之邦，以遵守公法为第一要义，微论必不干涉，即令各国中有不守公法的举动，我国十八省热血同胞，当尽牺牲生命以救国家。以我国四百兆人民与外人办正当的交涉，外人虽强，当也望而却步，向来外人对待中国的手段，百端强硬，其所以不实行瓜分者，畏满清政府吗？恐为畏我民气吧。满政府存留，能担保各国不瓜分吗？项城命二位来，其意不唯本都督所深知，即天下人民亦无不洞见其肺腑，彼要借此解散我省军心，令各省自相冲突。迨四方平定，彼握大权，然后驱逐满人，自践帝位。其用意虽毒，其奈人已不上他的当了。若余为项城计，莫若返旗北征，克复冀汴，冀汴都督即由项城担任，以项城的重望，将来大功告成，选举总统，当得首选，项城不此之为，乃行反间的下策，注定他必然失败，吾不知项城何以愚拙至此！如谓三世受恩，不忍坐视满室倾覆，此言尤无人格。以公仇论，满人贼也，我主也，我们被贼抢掠妻孥财产已二百多年。今贼反招彼为管事，彼当视贼为仇人或为恩人呢？以私仇论：溥仪即位后，逐项城于国门之外，虽幸未被刑戮，然已万分危险。置仇不报，而反视为恩人，项城虽愚，岂永久做梦未醒吗？满人素来待汉功臣，用之则倚如泰山，大功一成，即视如土芥。年羹尧的战功如许其大，其结果何如？项城岂忘却吗？总之，项城如同情革命，则当返旗北向；否则约期大战而已！我这一番言语，俱是忠告项城，项城不悟，直是满奴。二位均是汉人，平心思之，吾言果不谬否？"刘承恩到此，满面红赤，不能置答一语。

蔡廷干继起说："都督之言，实同金石，我等均为惊醒。复命时，定将都督之言，劝告项城。不日当有回复。"各部长均云，项城如甘为满奴，实在无人格，二位当剀切劝他为是。刘、蔡两委员到此均唯唯。

当晚黎都督盛筵款待刘、蔡，各部长均陪席，席间，畅谈革命原理及各国革命历史。十二时席散，两委员即宿于军政府。

二十二日，黎都督派卫队数人护送两委员渡江。议和消息中断。

到了十月初七日，袁命清军夺回汉阳，狂加劫杀，我们"京津保同盟会"同人，与全国人民一样极为愤激，恨袁的凶恶与对议和无诚意，遂激起同盟会会员张先培、黄之萌、杨禹昌三烈士炸杀袁世凯的义举。事虽不成，但也是使袁不敢全恃武力解决的一个原因。后经外人再复介绍两军议和，清军乃与民军约，先于武汉停战三日，继又一再展期，且及于全国。

武汉的停战，第一次为三日：自十月十三日早八点钟起，至十六日早八点钟止。第二次亦三日：从十六日早八点钟起至十九日早八点钟止。其后则号称全国停战者四次，从十月十九日早八点起到十二月十一日止。

今将武汉停战规约五则录于下面：
一、停战时各守现据界线，彼此不得稍有侵犯窥探。
二、停战期限订于十月十六日早八点钟起至十月十六日八点钟止，计共三日，两军不得在期内开战。
三、军舰不得借停战之期，泊近武汉南北岸，以占优胜地位，须至青山以下停泊，至停战期满为止。
四、停战期内，两军不得添兵修垒及一切补助战力等事。
五、停战之约，须有驻汉英领事官画押为中证人，庶免彼此违背条件，以重公法。

按清廷遣派代表与民军议和的原因之一，实由"君主立宪党"与"京津保同盟会"主持人汪精卫所发起的"国事共济会"于北京后，得到清资政院极意赞助，于是李家驹以此意面达袁世凯。袁谓调和两方固属善举，然谁能当此第三人的责任？须知第三人者，必须于两方均无关系，且与两方均无恶感而后可。寻有汉口英领事介绍议和之举，盖先时已有人运动英使朱尔典，英使以有关国际问题，乃授意驻汉英总领事为介绍人，而日本、美、法、俄、德诸国亦先后赞成，且其时汉口虽被清军攻下，海军继续起义；汉阳虽被清军所得，金陵复为民军所有，清廷库帑告匮，贷款无从，购械增兵，均束手无策。袁世凯迫不得已，乃奏明清廷，清廷即派袁世凯为议和大臣，袁旋请以唐绍仪为代表，与民军代表会同讨论大局，议和局面于是开始。兹将清廷特派袁世凯为议和大臣之谕旨录下：

十一月十七日清旨：现在南北停战，应派员讨论大局，着袁世凯为全权大臣，由该大臣委托代表人驰赴南方，切实讨论，以定大局。

钦此。

南北议和之理由有三：一为保全外人在长江流域之商务；一为保全东亚的和平；一为酌定此后中国的政体宜为君主或为共和。

又袁世凯同时通电各省，宣布议和的政见：则谓此次派唐绍仪赴上海议和，实为商议改革政治问题，本大臣向来坚持君主立宪政体，即英、德、法、俄、日本，亦均赞成君主而反对共和。故此次上海会议之结果，可预料决无改为民主之理，乞台端竭力抚绥，幸勿动摇云云。

袁世凯既委托唐绍仪为总理大臣之全权代表，其参赞有前署邮传大臣杨士琦、学部侍郎严修等，复就各省人士之服官北京者，委托参预议和事宜，计有直隶于邦华；奉天绍彝；吉林齐忠甲；黑龙江江庆山；河南陈善同；山东侯延爽（原派周自齐）；山西渠本翘；陕西雷多泰；甘肃刘庆笃；四川傅增湘；江苏许鼎霖；江西蔡金台；安徽孙多森；浙江章宗祥；广东冯耿光；广西关冕钧；福建严复；（原派陈宝琛）湖南郑沅；湖北张国淦；云南张锴；贵州蹇念益；蒙古熙钰等二十二人，均于十月十七日同集内阁会议，十八日都乘京汉铁路专车南下。

是时南方各省代表方集于武昌，会议组织临时政府事宜，议和之说既定，代表乃议决推一民国总代表，与唐绍仪议。于是江苏、安徽、江西、福建、湖北、湖南、广东、山西、陕西、云南、贵州十二省代表公推中华民国外交部总长伍廷芳为议和总代表。

十二省公推伍代表电：

沪都督转伍先生廷芳鉴：清袁内阁派唐绍仪为代表来鄂讨论大局，十二省公推先生为民军代表与之谈判，此举关系至重，元洪已委托苏代表雷君前往迎迓，务望辱临，至为盼祷。黎元洪叩印。辛亥十月十九日。

民国议和代表参赞及办事员题名：
伍廷芳　民国议和全权代表
温宗尧　参赞
汪兆铭　参赞
王宠惠　参赞
胡　瑛　湖北特派代表
王正廷　湖北待派代表

议和代表办事处职员：
张公室（即本文作者张竞生）、李范之、曾广益。以上专任议和事。
陈经、虞熙正、关文湛、余沅。以上兼任外交部秘书。
沈宝善、何智辉、曾广勷、蔡序东。以上兼任外交部翻译。
刘汝霖、朱文炳。以上兼任司法部秘书。
史丹钦、潘茂昭、谭熙鸿。以上电政局特派译电员。
照录照会原文：
中华民国中央军政府大都督黎，为照会事。照得鄂省起义，各省先后响应，即宜筹划进行之方，与对待之法。昨由英领事转袁世凯电，即日派唐绍仪来鄂开议，此时对待，非望实交孚之员，不足当斯重任。兹由代表团公举临时政府外交总长伍廷芳，学问纯深，阅历素优，洞悉外交机宜，堪充兹任，合函照会贵总长迅速首途来鄂，以便对待一切。须至照会者：
右照会
临时政府外交总长伍
黄帝纪元四千六百零九年十月十七日

十月十八日唐绍仪出都，初议以汉口为议和之所，盖鄂军都督黎元洪因唐绍仪由英总领事转告，谓议和一事，但认武昌主体，遂电告沪军都督陈其美，请伍廷芳赴鄂。各省在沪代表乃会议对于赴鄂议和之说全数否决,即电请黎元洪派巡洋舰护送唐绍仪至沪,以便开议,因伍如赴鄂议和,近于迁就,有损临时政府的威望,且汉阳新失,我方初遭挫折,若总代表赴鄂,似是自认败挫。所以主张和议地点应在上海。

二十一日午前十一点,唐绍仪至汉口,有英领事及英公政局局长与民国代表接至英公政局的客房休息。至二点钟,民国代表王正廷与唐开秘密会议。王问:"闻清军有乘停战期内,由汉口调兵至山陕,以攻民军,若有此举,殊非正道。"唐谓:"断无此事,可以自家性命相保。"王又说:"鄂军欢迎阁下来汉议和,本已电阁请伍廷芳来此。但伍因民军之外交部在沪,势不能来。余意请阁下至沪如何?"唐谓此事容为思索,再定行止。王乃告别。

至午后七点,民国代表胡瑛、孙发绪、王正廷等始与唐开正式谈别【判】。孙说:"阁下历游欧西,当知清廷不堪为中国的政府,阁下肄业美国,想也慕美之政治,阁下为汉人,岂不愿中国得到自由吗?"唐说:"此次我国起义,我也甚表同情。清廷以汉人击汉人的手段,我亦深知,唯此来总以保无战争为目的。"胡说:"阁下诚不愧为外交的干员,但某等初意本邀伍君来汉开会。伍君既未至,仍如王君所陈请,请阁下到沪何如?"唐表示允诺。孙君谓既承允诺,某等当请都督派兵轮护送至沪。唐说:"极感盛意,特余甚愿与都督一晤,不知能否请都督至美领事署面谈?"胡君表示当为代述。于是散会,此时已是午夜十一时了。

唐绍仪既允由汉口转往上海议和,乃于十一月二十四日在汉起程,二十七日到上海,以英人李德立前曾发起调停和事,且由驻沪英总领事介绍,唐即寓于李德立之戈登路寓庐。而定以英租界南京路的市政厅为议和会所。

各省在北京人士偕唐绍仪来者有:直隶吴毓麟;江苏赵椿年;安徽杨毓莹、汪彬;浙江俞文鼎、章福荣;广东欧赓祥、唐宝锷、唐汝沅、冯懿同、容尚谦、沈诵清;福建王孝绳;四川邓孝然;河南王敬芳；湖北胡大勋；湖南范源廉、陈嘉会、薛大可；贵州陈国祥诸人。唐绍仪在二十七日到沪，是日午后即用正式礼谒见伍廷芳。二十八日晨，伍廷芳答访唐绍仪，畅谈半小时。临行面订二十八日在南京路英租界市政厅会议。

十月二十八日午后二时，清总理全权代表唐绍仪与中华民国议和总代表伍廷芳会议于南京路的市政厅。

厅前警备的有西捕十余人，印度巡捕十余人，不着警服的暗探多人。一点半钟时，厅前不许人行走，而观者拥挤不堪，虽经印捕屡屡逐走，来观者仍如故。

二点钟时，唐之汽车即止于议事厅门前。车中唐之外，凡三人，一为英人李德立，余二人则为唐的随员。未几，又来汽车两辆，每辆中有清政府的代表二人。

伍廷芳乘马车，于两点零五分抵议事厅，同来者凡六人：内有胡瑛、王正廷等，皆鄂督所派来的代表。

是日之会，专为交换议案而设。

会议厅中设二长桌，两代表各据上座位，伍左唐右。左列各座均伍的参赞，右列各座皆唐的参赞，各有四人。而黎元洪所派为伍廷芳随员的王正廷，则坐于伍、唐二人的对面。所有随员，会议时皆不能有发言权。若伍的参赞欲发表意见，亦不能直与伍言，须由随员手书意见或低声向本方总代表陈述，再由总代表与对方总代表提出。

唐绍仪的参赞为许鼎霖、赵椿年、冯懿同、欧赓祥，而杨士琦则未与议。因上海电报局不允用密码通电，而关于议和事宜必须与袁世凯秘密商谈，所以唐绍仪遣杨士琦回京面晤袁世凯报告一切，严修则因事未来。

伍廷芳的参赞为温宗尧、王宠惠、汪兆铭（精卫）、钮永建、王正廷。

此外参预合议的，除发起调停的西商李德立外，尚有英日两总领事,均奉本国驻京公使命令,到场参预。而俄、德、美、法四国要求加入,也经双方认可,以故各国领事也得参列其间,他们宣布宗旨:注重调和,以免战事延长,妨害商业,而于两方的君主与民主大问题,仍听各自主持,绝不加以干涉。

唐绍仪伍廷芳既换验文凭毕,伍廷芳提议,请唐绍仪致电袁世凯,谓十九日停战以后,凡湖北、山西、陕西、山东、安徽、江苏、奉天各省,均应一律停战,不得进攻,候得确实回电承诺后,始行正式讨论。且开议以后,如再有此等情事,须彼此两方各将擅自行动的军队处以严罚。唐总代表允即电袁内阁,伍总代表亦电告武昌与山陕等省。会议延长至四时许之久,伍廷芳提出要求四事:

一、清帝退位;

二、改行民主政府;

三、以优厚的年金供给清帝;

四、八旗年老贫苦的人,或予以新政府的位置,或赐以恩给金。

当开会时,唐绍仪先发简单之报告,大概述此次奉命南来,希望和议有成之意,报告毕,即以委任书递交伍廷芳。伍将委任书审阅一过,亦起而陈述,希望此会有好结果,能使中华得莫大利益,随即以民军的委任书递交唐氏,会议就此开始。

是日的会议,为两方议和的预备会,当日决定电袁,要求北军在北方实行停战,候得袁复电允诺后,再定期开正式议会。

是日,伍廷芳即接袁世凯来电,准其用袁氏名义,电致各处清军,在此休战期内不得开仗。盖伍曾十数日前向袁氏抗议,谓清军不应乘休战之时肆行侵击。袁即答以电信能及之处,均已饬令停战。其电信所不能及的,伍或有法可以通信的,可即用袁某名义遍谕清军将领,借以表示袁的诚信等语。

事因北方停战问题,经豫、晋、秦、陇四省协会代表,以正式要求伍、唐,令山陕清军即刻停战,然后开议,伍唐均允代达,由唐两电清总理请其发令停战。清总理复电允办，四者代表始行对伍表示清总理既负责任，承认停战，当即允其开始和议，若清军不守约，则本会自有强硬手段对付，希即转达唐使，伍当即允诺办理。这是二十八日午后二时开第一次谈判时，由四省协会代表所要求的结果。

十一月初十日下午两点半钟，两方议和代表续开会议于上海英租界大马路市政厅。唐绍仪以清廷谕旨一份递交伍廷芳。所议各问题中，乃以召集国会应在何处为重点。民军各代表曾于下午两点钟时集齐伍的寓所先行会商然后再往市政厅。此次市政厅内外防卫之严，仍与前二次无异，英总巡勃罗斯亦亲自到场，清代表先到，民军代表也接踵而来。

是日议决条件如左：

一、国民会议由各处代表组织，每一省为一处，内、外蒙古为一处，前、后藏为一处。

二、每处各派代表三人，每人一票，若有某处到会代表不及三人者，仍有投三票之权。

三、开会之日，如各处到会之数有四分之三时，即可开议。

四、各处代表：江苏、安徽、江西、湖北、湖南、山西、陕西、浙江、福建、广东、四川、云南、贵州，由中华民国临时政府发电召集。直隶、山东、河南、东三省、甘肃、新疆，由清政府发电召集。并由民国政府电知各省咨议局。内、外蒙古与西藏，由两政府分电召集。

清廷对于议和的状况

代表回京——清廷所派往上海的代表抵沪后，均无发言权。而民军代表伍廷芳等坚持共和，不稍退让，致主持君主立宪等严复、许鼎霖、刘若斋、蔡金台等相续回京。

逊位问题——袁世凯接唐绍仪电，说伍廷芳等均恳请清帝退位，使共和政府早日成立，中国可跻富强，非特国民之福，亦皇室之幸，将来国民对于皇室的待遇，必极优隆等语。袁得电后，甚为踌躇，连日与庆邸及诸亲贵会商，尚无结果。唯清内阁连发数电嘱唐绍仪如承认共和，须先将优待皇室条件提出议妥。

退兵问题——袁世凯已允民军之请，于初十日电饬鄂督段祺瑞，将驻扎汉口、汉阳等处官兵，统限于日内一律撤退。

召集国会问题——临时国会办法，袁世凯意以为此事关系重大，决不可草率从事，大约须每县各举一人，至五个月后，方能开临时国会，袁世凯即委托李总裁家驹、吴参议廷燮、施参议愚等，将选举法妥速拟订。

辛亥年十一月十二日午后二点半钟，伍唐两代表续开正式会议，（前两次会议只是交换第一、二次的提案）议决各事如左：

一、山西、陕西由两政府派员会同往申明和约。

二、张勋屡次违约，且纵兵烧杀奸掳，大悖人道，唐代表允电袁内阁查办。

三、皖、鄂、苏、山、陕等处清军，五日之内，须退出原驻地百里之外，只留巡警保卫地方，民军亦不得追袭，须由两方军队签字遵守。

四、伍代表提议国民会议在上海开会，日期定十一月二十日，唐代表允电达袁内阁，请其从速电复。

五、上海通商银行先前收存南京解来银约一百万元，现在两代表拟定将此项拨出二十万元交与"华洋义赈会"，为各处灾区义赈之用。

唐绍仪等辞职

唐绍仪来沪议和，为袁世凯的全权代表，开正式会议之前，也经彼此互验文凭，既而唐代表在沪所订条约，虽经签字，但袁世凯往往电不承认。唐绍仪等左右为难，遂有联合随员电请辞职之事。其电文录下：

各电谨悉。此次奉派来沪，讨论大局，原为希冀和平解决，免致地方糜烂起见。到沪后，民军坚持共和，竟致无从讨论。初经提出国会议决一策，当亦全体反对，多方设法，方能有此结果。今北方议论既成反对，而连日会议所定条款，宫保又不承认。仪等才识庸懦，奉职无状。自明日始，不敢再莅会场。除知照伍廷芳外，请速另派代表来沪，不胜迫切待命之至。——唐绍仪、杨士琦、章宗祥、渠本翘、傅增湘、孙多森、张国淦、冯耿光、张锴、蹇念益、侯延爽、关冕钧、章福荣等同叩，文。（十一月十二日）

袁世凯允唐绍仪辞职电：

迭接来电，请辞代表之任。现经请旨，准其辞职，除电伍代表外，谨此电达。内阁监。（十一月十四日）

按自唐代表与伍代表会议以来，雍容衽席间，大事垂定。唐代表等的顾全民生，维护皇室，两面俱到。假使袁内阁早从唐代表之议，则国内早一日安全，万民早一日乐利。今袁有意挑衅，致唐代表不能终任，过失当然全在袁世凯与清廷。溯自袁世凯入京以后，深知全国民心倾向共和，而于清廷一方面，又不愿教以武力相角逐，使无数生灵涂炭。故于外则奏派代表赴南议和，于内则施以其沉毅狡猾的手段，务使清廷听其摆布，而使国家可免瓦解之患，无如清室一般顽固之流，不明袁世凯的用意，既不知赞同其宗旨，又不知协助其进行，以致诽谤横兴，而使唐绍仪不得不辞职。

袁世凯与伍廷芳直接交涉

自唐辞职后，袁世凯与伍廷芳直接商谈。可是以有限的文字，传达无限的议论，而种种不可明言的事实又不可以电报泄露于外，使清廷一方面另生枝节。是以袁世凯电请伍廷芳北行。伍廷芳也电请袁世凯南行。于事实上观之，伍廷芳不妨暂离香港，而袁世凯却万不能暂离北京，故所谓南行北行，皆表面之词。又唐绍仪与伍廷芳所签订的条约，断无推翻之理。而袁世凯一再以未与大臣商明为言，故作不能承认的理论，电函往还，两不相让，但这些尚是表面的官样文章。而此中争执最烈的则为国民会议一节，照袁世凯所开条件，非历数月不能办到，在袁世凯何曾不可通融办理，而所以斤斤电争者，亦未始非表面之词。一言蔽之：袁之讲和，不是为共和不共和，而是全为自己的利益计算。

在清廷亲贵召集国会公决之意说：实要将满、蒙、回、藏各属仍属其管辖，如汉族多数皆向共和，即将借口满、蒙、回、藏等处皆系主张君主，故要与民军协议，仍将满、蒙、回、藏割归清帝自行组织君主国。故自清太后降谕后，载沣（即宣统之父，当时为摄政王）、奕劻（即庆亲王，为当时的军机大臣领班，最有势力的）等立即召见在京蒙古王公，秘密会议，分电蒙、回、藏各部落迅速举员来京会议，如赶办不及，即以在京王公喇嘛等代之。于是分头运动蒙古王公及满洲官员于国民会议投票时赞助保存皇位。并许候政治解决后，蒙、回、藏等处即可实行联邦制度，任其独立，只存清廷君位名义上的尊称。

载沣等运动蒙古王公成熟后，面请清太后传旨嘉奖以坚其心。内有皇室存废，端赖额附王公诸爵等之忠义以资维持等语。（按：驻京蒙古王公贝子贝勒等先代皆为清廷前代之额附，故云。）

奉、吉、黑、直、汴五省的选举，袁世凯拟与各省同一办法。而亲贵欲将满洲（即奉、吉、黑三省）选举之额扩充，更欲将奉、吉、黑三省都选满人为代表，奕劻则并欲以在京满王公充之。

袁世凯自接唐绍仪电，谓国民会议地址在北京一节，伍廷芳决不承认后，即谒各国公使请促领事团代劝伍廷芳允从北京之请，谓会议地址应择汉满、蒙、回、藏各处的中心点，故以北京为宜。

袁世凯与伍廷芳直接议和以来，条件纷陈，实以清帝逊位为主要。袁世凯对清廷以此说进，而奕劻等后来亦以此说进，伍廷芳等以此说进，内外臣僚亦多以此说进。清太后为保存皇帝安妥起见，已有允许之意，奈不明大局者尚一再抗阻，以致议和的进行极形迟滞。

十二月初一日上午，清内阁开御前会议，亲贵如奕劻、载沣、载洵、载涛诸人及蒙古王公均到。禅位诏书本已拟就，拟由近支王公议决署名，而溥伟、载涛、载泽、铁良及蒙王某等反对极烈，乃由亲贵领袖的奕劻发言谓："我非欲主张共和，唯大局如此，当筹划保全皇室之法，似可采用共和，以和平了结，免致皇室别有危险。"溥伟又出而反对："吾国不能共和，万不得已，则南北分立。"载涛意见亦同。奕劻谓："我年七十余，无论君主与共和，我皆不及享受，有何成见，但今日君主之说既不能行，南北分立亦徒托空言，故不如径行共和以救危局。"铁良、载泽创议分南北为二国的提议，极形激烈，以致这次御前会议毫无结果而散。

十二月初一日午后三时，清内阁又开会议。国务大臣中唯袁世凯、康景崇未至。梁士诒先发言谓："袁内阁有病，不能出席，今以本大臣及赵、胡二大臣代表袁内阁，商议组织临时统一内阁之事。"赵秉钧接着说："此办法系将南京内阁先行解散，而在北方另行组织临时统一政府，暂理全国事务，一面由国民临时大会决定君主、民主的问题，因北方兵力不敷分布，且兵饷只敷二月，后即难继，现时尚能保存者除东三省外，只有直隶、山东、山西、河南四省，由四省人民亦主张共和，密谋起事，所在皆是。徒以兵队镇慑，但只能镇伏一时，万一民军北来，两宫的安宁与宗庙社稷皆有危险。今日之事，非空言所能解决，除组织临时统一政府外，尚未有别种办法，请为谨慎斟酌。"语毕，国务大臣退去，王公等自开会议。

清太后召见亲贵时，对他们说："时至今日大势已去。民军死争共和，非达目的不休，吾苦心焦思，终不得一良策以挽回大局。我朝二百余年的基业竟丧于吾手，真令人死不瞑目！"旋又谕令及早各自图谋生活，现无他法，唯有逊位而已。她语时啼泣不止。

初四日，清廷又开御前会议，满蒙王公均到，宗室王公到者不限近支，唯奕劻、载洵、载伦未至。七点钟后入内召对。清皇太后之意以从速决定为要，盖不欲久延不决以废时日。善耆、载泽、载涛、载沣，坚持君主立宪主张，而溥伟持之尤力，他并言着袁世凯辞职，我辈当另组织政府，即开临时国会，而在北京开会，主持君主立宪，此外不能承认。否则即与民军决战。各王公皆表赞同，但以奕劻既在假期，又系亲贵领袖，必须就商，以决定办法，遂公议俟协商后议决。

又闻是日王公入内，首由溥伟痛陈利害，说话极多，并说今日时局糜烂，为国家存亡危急之秋，唯有一条生路，就是君主立宪，臣等宁决然殉国，岂愿一日偷安。次由各王公群起参劾奕劻，并数其历年误国之罪，皆谓此次奕劻主张共和，实系个人私图，希望保存个人身家性命。旋有某亲贵奏言奕劻诸人已与民军协议，承认皇室经费年四百万，皇帝迁居颐和园等条约。清太后大怒，询问溥伟是否有此事。她说："此等事关系甚大。即使承认共和，亦应将条件商议明白，乃能成议。怎么奕劻个人胆敢这样自专！况此时并未承认共和云云。"诸王公唯有唯唯而已。

反对共和者，诸王之外，又以载泽为最力，他对清后说："袁世凯言库款支绌，军饷不足，不能开战，实则筹饷种种名目，如爱国公债，如短期公债，及向亲贵大臣勒捐等项，现已筹有一千余万，钱既到手，因何不战云云。"载沣闻之，乃谆嘱世续、徐世昌，谓有宣布共和谕旨，不得大家同意时，万不能钤盖御宝。

溥伦言词极为痛切，略谓："我族再主中夏，固已无望，即国民会议于我亦决无利益，袁世凯虽力欲保持君主，而势孤力弱，譬之片石，要去抗拒怒流澎湃，何能有济？目下和议虽未决裂，而南京已组织政府，北伐之声，日见加厉。京畿各处已有民军踪迹，袁世凯虽防御甚坚，设有疏虞，噬脐已晚。与其待兵临城下，服从武力，何如先自谦让，尚可稍留地位。优待皇室之说系由民军提出，决不中变，即民军欺我满人，亦决不能欺袁世凯。我满人恃有袁世凯可以不必深虑。"又说："新中国总统现虽举定孙文，但孙文未必能支此危局。主张推袁世凯者已不乏人，即孙文、黄兴闻也有电与袁，愿推荐他为总统，而外人也属意于袁。余观袁世凯理学气太重，日来辞职之意甚坚，吾人当劝他不可拘泥小节，只求能保全中国，则不独吾满人之幸。"亲贵中除上所说那些人反对之外，大多数都无异议，而奕劻个人始终赞成共和。

亲贵既退，国务大臣入对，首由胡唯德叩询各王公意见，清太后说彼亦无成见，但望善为办理。各大臣合词说："此次组织临时政府，实为不得已之举，但临时政府的组成，仍须召集临时国会，乃能决定政体的问题。今日之事究应如何解决，实非臣下所敢妄议。唯若战端再起，兵不敷用，饷亦无着，甚难措手。"清太后沉思极久，才说："现在仍以速召国民会议为正当办法，仍望汝等善为办理。"即散会。

溥伟、荫昌访问袁世凯质问近日计划，荫昌谓南军全恃虚骄之气，其实力究不如北军，与之决战，可期必胜。君何以专以礼让为事？以致老师糜饷，徒延岁月，今北方军队已跃跃欲试，望君主持。溥伟谓君前此不欲主战，借词饷项无着，今已颁发内帑及王公捐款、爱国公债，数额已近千万，可以支持数月。并说："和议决无可望，逊位之举，万不可行。民军处处违约进兵，若不速筹战备，必为和议所误。"世凯谓诸位卓见甚为钦佩，但余才力薄弱，不能负此重任，请自为之，等语。

初六日，清廷又开御前会议，王公大臣中之反对共和者，以载泽、溥伟为最，铁良又暗中运动，拟俟袁世凯内阁解散，将以赵尔巽为总理，铁良主持军务，荫昌督兵赴战，要全以兵力解决。更有主张借用外兵以平民军者。

袁世凯以蒙古王公极力反对共和，曾商请奕劻转劝，谓近与民军接续议和，政体尚未决定，今彼等倡言反对，窃恐有碍和局，请为婉言谕解，免启争端，而维大局，奕劻答应办理。

初七日，清廷又开御前会议，满蒙王公咸集。奕劻以南京所开五条件，已得北京的参议院同意，决不更动，故亦销假赴会。

初七日，南京开特别大会，磋商政策，对于和议及孙文自愿辞职，以总统推荐袁世凯一节，提出讨论。

一、和议所辩论的为民主抑为君主，须付国会议决。

二、孙文任总统，乃系临时性质，其去留自然不受有任何法律的约束。

三、今孙先生愿辞职，并请人民举袁世凯为民国总统，系出自己意，民党先前未有提及，后经孙先生再三劝导，始得公认，庶几国事问题可以和平解决。

四、孙先生请袁世凯为总统时，声明袁须依附民军，并须由袁世凯自行声明符合民军及中国人民的愿望，始能举他为总统。

五、前致满洲亲王条件，仍旧履行，倘袁如允诺这些条件，则他被举为总统时，亦当照前条件一样切实履行。

六、孙先生政策前后一辙，他极欲早日谋致和平及全国人民幸福，并无丝毫为自己地位起见。

七、近来外间谣言繁兴，不是民军公敌，便是民军汉奸，我辈当防备申斥。

初八日，段祺瑞联合北方诸将领姜桂题等四十六人，电请袁世凯代奏要求清帝退位，宣布共和，由外务部印送满蒙王公，并即进呈清太后，北方军队有此义举，使北方反对共和政体者更加减少势力。

此次请愿共和的军队列名者已达百分之九十余，其余少数亦由请愿的军队派员秘密运动。兹将北方军队首领电请主张共和者的姓名列表如下：

军队名称　统兵官之姓名　人数

第一军全军　段祺瑞　二万

武卫全军　姜桂题　一万二千

江防全军　张勋　二万二千

右军全翼　段芝贵　一万

豫皖新编各军　倪嗣冲　一万

河北镇练军　谢宝胜　六千

河南镇练军　马金钗　六千

第一镇　何宗莲　一万二千

第二镇　王占元　一万二千

第三镇　曹锟　一万二千

第四镇　陈光远　一万二千

第五镇　吴鼎元　一万二千

第六镇　李纯　一万二千

第二十镇　潘矩楹　一万二千

第二十一镇　孟思远　一万二千

以上各军官兵共十四万余人，均已全体要求共和，此外所余者唯禁卫军一镇，及张怀芝所统数营未与其列。旋知张怀芝、冯国璋亦均赞成，不复反对。（按：张怀芝曾为"京津保同盟会"会员所炸，遂不敢坚持反对共和。）

军队请愿共和的电奏既达，旋由内阁复电各军队，极予表扬，其大意录下："朝廷对于此次事变，始终一意，不欲以武力解决，但改变国体，事关重大，非付之国民公决，不足以昭慎重，若非关于国计民生重要问题者，朝廷亦决不忍坚持固执，以小害大。该军队等所请，发于忠臣爱国至诚，殊堪嘉纳，着各明白晓谕各该军队，静俟朝廷办理。"

当是时，议和之局大致将定，而武汉一方面，尚为南北两军所相持，黎副总统因派代表与段祺瑞接洽，段亦派员接待，声明彼此不愿再战。

初十月午后一点钟，有君主党多人，在西安门外西安茶园特开密议，诸亲王，及荫昌等多人，其会议地点均系临时指定，以期不漏消息。

又有满人设立的"君主立宪维持会",及"君主同志会",皆以反对共和为宗旨,其活动尚属于表面上的鼓吹。此中最重要机关,则以良弼所组织的"宗社党"为最。该党经费二十万元,出自内帑,其用途则专收买无赖之侦探在南京与北京做多种活动,尚有一部分经费为招买奉天红胡子及运动北京巡警之用。幸而良弼被京津保同盟会会员彭烈士家珍所炸死,但该党的活动仍继续不懈,并皆为亲贵所主持。

宗社党首领实为铁良,而良弼、舒清阿等副之,满蒙王公多为煽惑,而赵尔巽在奉天也附和之。铁良等在京谋借外兵,赵尔巽则在奉天招募勤王队,奉天勤王队屡有自请入卫之举,宗社党大力帮助,秘密召令来京,行至燕台,要求铁路运载,京奉铁路总办以未奉邮传部命令,不许载运,并由梁士诒密向袁世凯商筹对付之策。该党人以密谋泄露,又因良弼被炸死,铁良亦惧逃走,势力因之大衰,遂将机关移至奉天。

当决定改行共和时,清太后即有密旨交袁世凯,命其预备组织临时政府,迅即撰拟草案,召集国务大臣议定,这个草案计有十条,大旨如下:

一、皇帝辞政。为国利民福起见,所有保持安宁,恢复秩序,联合汉、满、蒙、回、藏等,断不可无统一机关,故特委袁世凯暂时组织临时政府,代掌一切政权,以期维持大局,主持外交。俟国会正式举行,选定大总统后,临时政府始行取消。

二、皇帝辞政后,仍驻跸原有宫禁,毋庸迁移地址,以维持京畿及北方秩序,俾免糜烂。

三、将来大总统府第,即在北京择地另行建筑,或以原有新建筑的监国府邸为总统府。

四、自武汉事起,至今三月有余,南北各省经济匮乏,不独国库为然,即南京临时政府亦事同一律,皇帝既经辞政,所有通国一切行政,即应统筹内局以图富强,但一切行政费用,所需甚巨,其东南已经独立省份，能否继续支持，临时再行磋商。至北方各省，国库如洗，目前已属难支，将来临时政府成立后，更须力促一切新政的进行，所需政费必较今日为巨，应如何对付之处，须预筹妥善办法，以免临时棘手。

五、皇帝既经俯顺舆情，自行退位，但政权必须统一，南北各省仍当化除成见，扶助中央，酌为筹解经费，顾全大局，倘有贫瘠省份因此属糜烂，实难兼顾者，中央亦可允其暂缓解款，以纾其旧。

六、皇帝辞政后，京中各行政衙门及国务大臣以下之官员，悉仍其旧。但组织临时政府，需款浩繁，所有各部署官员之津贴，自临时政府成立之日起，统计六个月内，暂不发给，以纾财力。

七、政费一项，以军饷为最关重要。所有北方军队之饷项，于此数月期内，无论如何，均须按月照给，以维秩序，而免哗溃。其南方各军队之饷糈，亦须通盘筹画，不得少有缺欠。至南北方军官将校，均仍供职，不稍更动。

八、现所组织之临时统一政府，一经各国承认后，一切外交事宜悉由临时政府直接交涉。

九、所有外债以及新旧赔款之担任，政体既定，即应继续依期偿还。各省无论如何，亦须依旧筹措，按期照解，以昭大信。

十、皇帝辞政时之谕旨，除刊刻誉黄颁行天下外，更须另颁谕旨于各军队，俾得晓然于朝廷辞政之深意，以免暴动，而维治安。

十一日晨，清廷又开御前会议，清太后召见亲贵及国务大臣并统兵各大员等，垂询和战办法。闻第一起系近支王公及蒙古王公；第二起系姜桂题、冯国璋、乌珍等；第三起系各国务大臣，唯袁世凯、奕劻均未到。清太后亦无成见，只有国务大臣奏云："现在大事，不外和战二者，和战问题，所关太大，非臣下所敢擅决，还请太后宸断。且太后并未垂帘听政，从前国政办坏之处，断不能归咎于我太后。各国改建共和，皆由人民流血强迫，若太后不待人民流血的强迫，即能俯从民意，则将来国民必感激太后，而太后的名誉亦万世不朽"等语。旋奉清太后谕，谓明日当召奕劻、载沣商议，决定办法。

十二日，清太后召集各国务大臣，商议退位事一旦宣布，对于皇族与各路军队应如何解决，以及各部种种的善后办法。嗣因各大臣议论不一，未能解决，故仍须改日再议。

段祺瑞既联合北方诸将电请清帝逊位，即派黄开元过江至毡呢厂与黎副总统接洽，黎亦派代表至段祺瑞营会商一切。十三日，段祺瑞遂商请英领事介绍，保护过江，与黎副总统面议，彼此约定，若清廷贵族反对逊位，则决计合兵北伐。

十三日，清廷又开御前会议，清太后先召国务大臣入内谕云："予于君主民主两端本无成见，故已屡次召集卿等详究利害，唯默观大势，国已趋向共和，殊难挽回，卿等有何意见？不妨详陈，时势已迫，今日应即将政体解决。"旋由胡惟德奏云："人心已去，固无庸讳，北军全体趋向共和，最是铁证；且民军曾先允特别优待皇室，若乘此机会，俯顺舆情，且可得禅让的美名。现在风云日紧，故敢冒犯直陈，唯乞宸断云云。"清太后点首，似以为善。各国务大臣退出后，复召见袁世凯，谕从速与民军商酌退位后的各项条件，俾得将共和诏旨早日宣布。

是日，各亲贵中奕劻仍赞成共和，载沣亦赞同，唯载泽、溥伟等初犹持异议，继由奕劻详陈北军解体的关系及满族主战的无把握。清太后至是大哭，载沣亦泣，溥伟等乃不敢坚持主战之说。然又闻某亲贵与蒙古王公密议后，请清太后与清帝暂驻热河，决计宣战。当奉清太后面谕，此事须有把握，不可徒逞意气，现在前敌诸将趋向共和，必不能战，不幸溃败，更难收拾，但求退位后永保宗社，于愿已足。

十三日，王公大臣至内阁与袁世凯会议国体问题，提出要求五事：一、用中国年号；二、皇帝仍驻紫禁城；三、满人有被选及选举大总统的资格；四、由共和政府岁给大皇帝俸一千万两；五、八旗俸饷不裁，直待筹出正当的生计为度。

段祺瑞联合诸将赞成共和电请清帝逊位后,并派代表吴光新、徐树铮等来鄂订立南北两军联合特约,黎副总统深恐民军方面或有误会情事,特派周士栋等驰赴孝感等处宣布事由,使民军对北军意见融洽,民军对此亦能仰意旨,奉行惟谨。

十四日,清廷又开御前会议。清太后对于国体问题,绝不固执,经已拟定采用虚君共和政体,并拟宣布召集国会,公举大总统及颁布君主不干预国政等谕旨。此后一切政事决定由大总统主持。唯王公、世爵、旗民人等,及各部衙门的善后办法,必俟双方认可,方能发表。

清廷亲贵反对逊位之说,一折于良弼被炸,再败于北军赞成共和,然仍未尽服,迨连日张勋败耗至京,民军北伐之势愈急,乃知清廷大局不可维持,至是,奕劻、溥伦辈之主张共和者,遂占优胜。

十五日,清廷又开御前会议,讨论国体。清太后颇主张和平,谓凡事由余一人担承,尔王公等反复推求,迁延不决,以致疑议繁生,将来必演出同室操戈,涂炭生灵的惨剧。语时辞意甚厉。并说:"此后我自主持,无须集议。"奕劻诸人乃各唯唯而退。

自屡次御前会议以来,政体问题,确已解决。清太后颇有见解,不为群说所动。唯宣布明谕,非得亲贵同意不可,连日召见王公及亲贵于御前会议时,主战之说,全由铁良、载泽主动,铁良向持排汉主义,此次江宁兵败宵遁,欲洗其失守之罪,乃向亲贵宣言:"江宁失守,实由袁世凯拥兵不救之故。"并谓清兵既克汉阳,英人遂出而调停,亦因袁世凯与民军暗相约定,要以和议阻碍清军进攻,使南京得从容组织临时政府,其居心实不可问云云。于是亲贵对清【袁】颇表疑心。铁良又骗冯国璋说:"蒙古诸王公,各愿回蒙练兵,以备勤王,可用为恢复的后劲,大功不难成就云云。"国璋亦为所动,故亦力持主战之说。铁良见其计行,遂于御前会议时力主开战,其实王公主战者,不过溥伟、载泽二人,余皆无一定宗旨,蒙古王公亦不认有练兵之说,又铁良、冯国璋二人私谋借兵日本,并谋调赵尔巽带关外马贼入京,先杀汉人,后攻民军,以破釜沉舟之力,保存满洲君主,非达到目的不止。可见他们二人的野蛮,实为全国人民的公敌。

十五日两点钟,袁世凯会晤驻京各国公使,系为清太后已允民军请求,建设共和政体,诏旨即行宣布,故先向有条约关系的各国声明大纲,一俟双方议定统一行政机关颁布诏旨后,再行正式通告。

十六日,清旨:"朕钦奉隆裕皇太后懿旨:前据岑春煊、袁树勋、陆徵祥等,及统兵大员段祺瑞等电请速定共和国体,以免生灵涂炭等语。现在时局阽危,四民失业,朝廷亦何忍因一姓之尊荣,贻万民以灾祸。唯是宗庙陵寝,关系重要,以及皇室之优礼,皇族之安全,八旗之生计,蒙古、回藏之待遇,均应预为筹划。着授袁世凯以全权,研究一切办法,先行迅速与民军商酌条件,奏明请旨核准,钦此。"袁世凯署名。

十二月十八日,南京参议院于九时开会,议员出席者二十二人,主席(议长林森)宣布提前开议政府交来停战展期案,并讨论政府交来优待清皇室各条件。续后,报告议和总代表、议和参赞、政府委员均来院陈述意见。嗣由议和总代表伍廷芳、参赞汪兆铭、政府委员胡汉民相继陈述意见,并答复议员的质问。主席宣布,应先行举定审议长一人,随用无记名投票法,以李肇甫(蜀议员)当选(八票)。刘彦(湘议员)提议,关于满、蒙、回、藏各族待遇的条件,不得与关于清帝优待的条件及关于诸王族优待的条件,一并正式电复,应仅以默许之意通知。并一面将关于满、蒙、回、藏待遇的条件附一宣言书,以正告满、蒙、回、藏,而释其疑惧。主席用起立表决法,多数可决。又将逐款研究公决后,再付审议会,审议会审议毕,审议长退席,议长始出席报告会议的结果。秘书长宣读议决各条款,由主席用起立表决法,全体可决。遂行散会。

十九日,清廷又开御前会议,清太后召见近支王公,国务大臣,咨询优待条件事宜,并决定发表清帝退位日期,唯应召者人数寥寥,多无成见。清太后对于此等优待条件颇为满意,载沣亦无异言。仅有某王对于皇室经费一层，持之甚坚，谓分文不能短少；又谓其余条件亦应酌为增益。清太后谓此项条件，乃自我提出，此时已无可更动之理，况亦无更动之处，某王乃无言。遂议定再召奕劻诸人妥商一切。

段祺瑞等前致各王公大臣联电，其意以为王公阻挠共和，破坏大局，要统率全军将士入京，与王公大开谈判。袁世凯既接此电，即于十九日在内阁公署邀集近支王公、蒙古王公、统兵大员、各部大臣，传阅该电毕，溥伟愤然说："段祺瑞此电近于胁迫，本爵等前因朝廷既欲让出政权，不敢再事反对，故已先后署名认可，何竟指王公为败类？"言时声色俱厉。幸袁世凯极力劝解。蒙古王公亦谓某等对君主民主并无成见，但愿双方和平解决，则为我五大族之幸福，况朝廷已欲颁诏退位，某等敬谨遵旨，决不反对。而姜桂题、冯国璋说："军士同是中国人，若再开战，是同胞互相残杀，为兵者虽多粗汉，然亦何忍出此，某等所希望的，即在和局早成，拯救百姓，于愿已足。"最后由袁世凯发言说："诸公政见甚是，如此则和局不难有成，诸王公既已俯顺舆论，允认共和，想退政谕旨不日可下。唯现时最紧要的系段军统有意率兵来京一事，如任其来，则互相猜疑，局面不免扰乱，拟即阻止，但须将各王公赞成共和意见向他表明，诸公以为何如？"众人称是，即拟成长电一通，由袁世凯领衔，王公大臣依次署名后，当时发出，遂行散会。

十九日，袁世凯既得南京参议院议决优待皇室条款电文，即入宫见清太后，商议良久。段祺瑞亦于十九日进京，即往见袁世凯，密商布置退位事宜。

二十日，清廷又开御前会议，其结果则颇一致，虽间有反对者亦无效。

二十日，清内阁会议，磋商优待皇室条件。民军对此已大部分认可，对于每年四百万两皇室经费则请减少，盖南方以四百万外，民军尚有担认特别典礼费及谒陵寝沿途费，一概共计不止四百万两，于国民负担太重，宜减为常年二百万等情。当时与议者为外交部、民政部、邮传部、农商部、海军部、度支部等部长，袁内阁以清既将政权让出，若再减优待费，何以对太后，即由阁丞华世奎起草电驳。

二十三日，袁世凯得伍廷芳电复，对于条件上有"世世相承不替"字样，坚不承认，且声明以后绝无商量的余地。二十四日，袁入内面奏清太后，请定办法。清太后谓此事仍须由汝作主，事已至此，除承认外，尚有何法，唯有速电上海，即日宣布谕旨。世凯谓此事仍当由近支王公协同议决。清太后谓伊等现皆逃避，其心中已不知有我母子，此事始终责成汝等办理，日后决无怨言。况近来若非妆等维持之力，我母子已不知生死存亡。世凯既退，即电复承认一切条件，遂于二十五日宣布。

清帝逊位之事，迭经南北电商，亲贵会议，以袁世凯一人周旋其间，北军、八旗皆能受其化导，不至一矢相加，这样革命得到和平的胜利，实为古今革命史所稀见。兹录逊位谕旨如下：

清廷逊位诏旨

其一：十二月廿五日，"朕钦奉隆裕皇太后懿旨，前因民军起事，各省响应，九夏沸腾，生灵涂炭，特命袁世凯遣员与民军代表讨论大局，议开国会，公决政体。两月以来，尚无确当办法，南北暌隔，彼此相峙，商辍于途，士露于野，徒以国体一日不决，故民生一日不安。今全国人民心理多倾向共和，南中各省既倡议于前，北方诸将亦主张于后，人心所向，天命可知，予亦何忍因一姓之尊荣，拂兆民之好恶，是用外观大势，内审舆情，特率皇帝将统治权公诸全国，定为共和立宪国体，近慰海内厌乱望治之心，远协古圣天下为公之义。袁世凯前经资政院选举为总理大臣，当兹新旧代谢之际，宜有南北统一之方，即由袁世凯以全权组织临时共和政府，与民军协商统一办法，总期人民安堵，海内宴安，仍合满、汉、蒙、回、藏五族完全领土为一大中华民国，予与皇帝得以退处宽闲，优游岁月，长受国民之优礼，亲见郅治之告成，岂不懿欤。钦此"。

其二：清旨，"朕钦奉隆裕皇太后懿旨：前以大局阽危，兆民困苦，特饬内阁与民军商酌优待皇室各条件，以期和平解决。兹据复奏，民军所开优礼条件，于宗庙陵寝永远奉祀，先皇陵制如旧妥修，各节；待遇满、蒙、回、藏七条；览奏尚属周致。特行宣示皇族暨满、蒙、回、藏人等，以后务当化除畛域，共保治安，重睹世界之升平，胥享共和之幸福，予实有厚望焉。钦此"。

（甲）关于大清皇帝辞位之后，优待之条件。

今因大清皇帝宣布赞成共和国体，中华民国于大清皇帝辞位之后，优待条件如左：

第一款：大清皇帝辞位之后，尊号仍存不废，中华民国以待各外国君主之礼相待。

第二款：大清皇帝辞位之后，岁用四百万两，俟改铸新币后，改为四百万元，此款由中华民国拨用。

第三款：大清皇帝辞位之后，暂居宫禁，日后移居颐和园，侍卫人等，照常留用。

第四款：大清皇帝辞位之后，其宗庙陵寝，永远奉祀，由中华民国酌设卫兵，妥慎保护。

第五款：德宗崇陵未完工程，如制妥修，其奉安典礼，仍如旧制，所有实用经费，均由中华民国支出。

第六款：以前宫内所用各项执事人员，可照常留用，唯以后不得再招阉人。

第七款：大清皇帝辞位之后，其原有之私产，由中华民国特别保护。

第八款：原有之禁卫军归中华民国陆军部编制，额数奉饷仍如其旧。

（乙）关于清皇族待遇之条件。

第一，清王公世爵，概仍其旧。

第二，清皇族对于中华民国国家之公权及私权，与国民同等。

第三，清皇族私产，一体保护。

第四，清皇族免当兵之义务。

（丙）关于满、蒙、回、藏各民族待遇之条件。

今因满、蒙、回、藏各民族赞同共和，中华民国所有待遇者如左：

第一，与汉人平等。

第二，保护其原有之私产。

第三，王公世爵，概仍其旧。

第四，王公中有生计过艰者，设法代筹生计。

第五，先筹八旗生计，于未筹定之前，八旗兵弁俸饷，仍旧支放。

第六，从前营业、居住等限制，一律蠲除，各州县听其自由入籍。

第七，满、蒙、回、藏原有之宗教，听其信教自由。

以上条件，列于正式公文，由两方代表照会各国驻北京公使转达各该政府。

二十五日午前九时，袁世凯等，以遵旨拟定退政各诏，候清太后升养心殿进呈，清太后览未终篇，泪如雨下，即交世续、徐世昌盖用御宝，清太后痛哭，袁世凯等亦大哭不止。袁并奏陈奉职无状，天命如此，请太后节哀等语。世续、徐世昌既用御宝后，将各旨陈于黄案，亦跪近清太后座右哭，并劝解说："皇太后以爱民之心，俯顺舆情，退出政权，改建共和，即系公天下之心，以保国基，非前代亡国可比。"清帝于清太后痛哭时，亦立近清太后怀中哭泣。并闻世续哭陈，有"臣所以不即身殉者，即报先皇厚恩，并我皇太后懿旨，饬臣等卫护圣躬"云云。时已十一时余，即行退班，清太后哭仍未止，即由太监扶掖还宫。

退位各诏，系学部副大臣张元奇拟稿进呈，清太后交世续、徐世昌斟酌，经徐世昌删订润色，然后盖用御宝。

退位诏旨既下，袁世凯即传知国务大臣、冯国璋、曹锟、姜桂题、乌珍等，午后二时会议于内阁，所议事项，为关于辞政后一切维持大局办法，尤着重于京师治安秩序。

此次下诏退位，颁布共和，实以奕劻之力为多。当东南各省纷纷独立时，奕劻宣言，如以兵力平乱，犹抱薪救火，后悔莫及，故有清廷十九条约的宣布。袁世凯至京时，谤言百出，奕劻力言救国者即是此人，故清太后信任日坚，北五省得以镇定。议和之说亦由奕劻创议，其中波折，一日数变，又复暗中维持。十二月初，反对者谓袁世凯有帝制自为之意，世凯自此决计乞休，从中复挽留再三。优待条件争执多日，奕劻又从中斡旋，得力极多。

附　张竞生按语

辛亥革命是粤人孙中山先生做领导，事有凑巧，南北议和时的南方代表为伍廷芳，北方代表为唐绍仪，两人都是粤人，故可说辛亥革命是以广东人为骨干，也不为夸张。

伍廷芳当时为南京临时政府的外交部总长，他对共和政体虽为赞同。但这人只知个人的名利，说不到主义不主义，他在满清时代为驻美公使时，获得大把金钱，在上海买得一大座洋楼，我们南方代表的办公室就设在他的屋内。

伍虽为南方代表，但其人毫无深远的见识，他是老官僚，又是崇美派者，官僚与洋派混合一气，使人见之不快。可是他虽为代表，而凡重要的事宜，都由参赞汪精卫秉承南京政府主持，使他坐受议和的功绩。

唐绍仪也是洋派十足的，他一日就要抽雪茄烟至数十元，不过他比伍少官派，但也是极端崇美的。他也知共和政体的优越性，但未能实力奉行，总之，他不过是袁世凯的一个大走狗罢了。

说到袁世凯——这个窃国大盗的袁贼，当然更不知共和主义为何物了。他的议和，全是为自己个人利益计算。他知道南方革命实力如果消灭，他也如先前一样被满族排斥于政权之外，所以他极力拉拢利用革命党人为他巩固地位，当汪精卫、李石曾与我们一班人在京津组织"京津保同盟会"时,袁就派他的长子袁克定时常与汪李联络,鼓励京、津、保的革命活动,足见他是利用革命党的势力以恐吓满族为自己利益计算的。

在会议时,孙先生表示如袁赞成共和,就让他为总统。袁由此更加努力促成清廷的退位,实则他不过为自己打算。至于北方军阀受袁的指使,以段祺瑞为首的数十人也通电赞成共和,都是为自己利益打算,毫不知共和为何物,终于闹成后来若干年南北军阀的争权夺利,人民大受灾殃。

这次讲和,只有达到推翻清廷的一结果,虽则暂时南北停战,但造成此后军阀的凶横,南北混战亘数十年,故使当时不讲和,由南方革命势力组成北伐,其结果必定胜利,军阀当可铲除,国计民生定有成绩可观。

在此议和时,当孙先生提出让袁为总统,我们一班人甚表反对,最少要袁对共和政体有一种实力的保障,虽则初时袁也答应实行责任内阁制,但这是袁的别一种骗局,所以宋教仁一出组阁,便被袁派人暗杀了。

总之,当时除孙先生及南方一班代表实心建立共和政体之外,其余的,如以袁为首的北洋军阀,与南方的政客,都不知共和为何物,所以闹成民国数十年间徒有虚名,而底里却受军阀的实祸。

在此和议时,我们不能抹煞汪精卫的功绩,他于出狱时,即与李石曾及我们一班青年组织"京津保同盟会",并组织敢死队,如炸袁、炸张怀芝、炸良弼等影响于议和的大局甚大。他的晚节竟变为日本的大走狗,实为千古的罪人。

末了,我当时为南方议和代表办事处的职员,故稍知当日的实在状况,除却亲身见闻的事件之外,其他事件,在这"见闻录"里所录出的,乃从报刊与档案中代为介绍,自知当有许多错漏,尚望读者指正。